Wandern
auf dem
Spanischen
Jakobsweg

Dietrich Höllhuber

Inhalt

Navarrischer Weg

Camino francés

Wandern auf dem Spanischen Jakobsweg

Wandersaison

Günstige Jahreszeiten sind Frühjahr (April–Mitte Juni) und Herbst (Mitte Sept.–Ende Okt.). April und Oktober können sehr kühl sein, im Gebirge ist mit Schnee zu rechnen. Bei den in diesen Monaten nicht seltenen Starkregen fließen die sonst trockenen *Arroyos* über und es kann sein, dass Wege nicht begehbar sind. Der Hochsommer ist besonders in León-Kastilien extrem heiß und trocken und die Herbergen sind überfüllt.

Anspruch

In der Rubrik ›Die Etappe in Kürze‹ wird jeweils darauf hingewiesen, ob es sich um eine einfache (+), mittelschwere (++) oder anspruchsvolle (+++) Etappe handelt.

Gehzeiten

Alle angeführten Zeiten sind reine Gehzeiten ohne Pausen. Sie sind Durchschnittszeiten und können individuell variieren. Rechnen Sie bei der Planung einer Etappe noch etwa ein Fünftel bis ein Viertel der Zeit hinzu, um Pausen für die Rast oder zum Fotografieren, Abstecher oder schlimmstenfalls ein Verlaufen zu berücksichtigen. Bei langen Etappen ist es sinnvoll, noch vor Sonnenaufgang, der bis zu 1.30 Std. später als in Mitteleuropa ist, aufzubrechen.

Wanderkarten

Spezielle Wanderkarten für den Jakobsweg gibt es nicht, die offiziellen spanischen Militärkarten 1:50000 sind unhandlich und für den Wanderer nicht geeignet. Die im Handel erhältlichen Karten für Nordspanien, z. B. die Michelin Nr. 573, 575 und 571 im Maßstab 1:250 000 bzw. 1:400 000, dienen nur zur Übersicht.

Wege und Markierungen

Der Jakobsweg ist durchgehend und meist in kurzen Abständen mit gelben Richtungspfeilen, Schriften und Farbklecksen markiert. Auf manchen Strecken wurden an Abzweigungen

Markierungssteine aufgestellt, daneben gibt es blau-gelbe Schilder mit Hinweisen, vor allem an Straßenübergängen. In Galicien stehen alle 500 m Kilometersteine, auf denen die Entfernung nach Santiago genannt wird. Die angegebenen Entfernungen sind allerdings durch Wegverlegungen nicht mehr korrekt.

Notruf / Krankheit

Polizei: landesweit Tel. 091
Medizinische Versorgung: In Spanien kann man nicht einfach zum Arzt gehen, man wendet sich immer zuerst an ein *Centro de Salud*. Eine sinnvolle Investition ist der Abschluss einer Auslands-Krankenversicherung mit Rücktransport.

Anreise, Rückreise

Die Anreise zu den Pyrenäenpässen, an denen die beiden Äste des Jakobsweges auf spanischem Boden beginnen, erfolgt mit dem Zug über Paris oder Lyon nach Toulouse und Oloron (weiter mit dem Bus bis Urdoz) bzw. nach Bayonne und St-Jean-Pied-de-Port. Ab Madrid fährt man mit Bus, Bahn oder Flugzeug nach Pamplona und weiter mit dem Bus nach Roncesvalles bzw. mit der Bahn nach Canfranc. Iberia bietet für innerspanische Flüge (z.B. Santiago–Madrid) einen ermäßigten Pilgertarif an.

Etappen auf dem Camino

Die 40 Etappen dieses Buches sind sämtlich als Tagestouren geeignet. Die Länge einer Etappe ist freilich von der Kondition abhängig und davon, wie viel Zeit man insgesamt zur Verfügung hat. Nur bei wenigen Etappen existieren keine alternativen Pilgerherbergen unterwegs, bei jeder Etappe werden auch Hotels, Hostales oder Campingplätze angegeben.

Pilgerpass

Den Pilgerpass, der zur Übernachtung in den Pilgerherbergen berechtigt, erhält man u. a. in Jaca und Roncesvalles. Im deutschsprachigen Raum stellt u. a. die Deutsche St. Jakobus-Gesellschaft Pilgerpässe aus: Harscampstr. 20, D-52062 Aachen bzw. http://home.t-online.de/home/jakobuspilger/aachen.htm. Eine Liste deutschsprachiger Jakobusgesellschaften findet sich unter www.jakobuspilger-zentgraf.de.

SYMBOLE IN DEN KARTEN

🏠	Pilgerherberge	🗿	Denkmal, Monument
⌂	Hotel, Hostal	✿	Mühle
⛪	Kirche	t	Wegkreuz
⌂	Kapelle	⌂	Höhle
⛪	Kloster	⌇	Wasserfall
⚑	Burg, Schloss	○	Quelle, Brunnen
⁘	Archäologische Stätte	⚲	Hervorragender Laubbaum

Zum Apostelgrab am Ende der Welt

Die Apostelgeschichte weiß über den Apostel Jakobus (den Älteren) kaum etwas zu berichten. Sein Märtyrertod (Ap. 12, 1–2) ist die einzige längere Notiz. Das Todesjahr war wohl 44 n. Chr. Von Reisen ist nichts bekannt, von Spanien auch nicht andeutungsweise die Rede. Wie kommen aber die Gebeine des Apostels nach Santiago de Compostela, wo sie im 9. Jh. aufgefunden wurden?

Der *Codex Calixtinus,* ein Sammelwerk mit verschiedenen Berichten und Wundererzählungen, ein Reiseführer auf den Jakobswegen, wohl um 1150 geschrieben, erzählt, wie es war: Der Apostel Jakobus hatte in Spanien missioniert, kehrte nach Jerusalem zurück und leitete die dortige christliche Gemeinde. Nach seinem Märtyrertod legten ihn zwei seiner Jünger, Athanasius und Theodorus, in ein Boot, das von Engeln geleitet in sieben Tagen nach Galicien segelte. Dort landete es am Bischofssitz *Iria Flavia* (heute Padrón) an, die Jünger nahmen den Leichnam aus dem Boot und bahrten ihn einige Tage in der Bischofskirche auf, bevor sie ihn an den Ort des heutigen Santiago de Compostela brachten und begruben. Die Überführung erfolgte an einem 25. Juli, dieser Tag wird heute als Haupt-Feiertag des Apostels begangen.

Die Gräber des Apostels und seiner Jünger gerieten in Vergessenheit. Auch die Wiederauffindung wird uns im *Codex Calixtinus* geschildert: Um das Jahr 842 wurde ein Einsiedler durch Lichterscheinungen und wunderbare Klänge auf die Gräber aufmerksam. Der Bischof Theodemir von Iria Flavia wurde herbeigerufen und ließ das Grab öffnen, der Inhalt wurde als die Gebeine des Apostels Jakobus identifiziert. Die Kunde verbreitete sich mit großer Geschwindigkeit – außer in Rom gab es nirgendwo ein Apostelgrab! Bischof Theodemir starb im Jahre 847, seine Grabplatte hat sich erhalten und gibt den Ereignissen historisches Gewicht.

Dass die Reliquien des Apostels Jakobus zum wichtigsten Pilgerziel des Mittelalters wurden, hängt vielleicht damit zusammen, dass der Apostel persönlich in die Geschicke des Landes eingriff. In einer Schlacht zwischen Mauren und Christen bei Clavijo südlich Logroño (Rioja) erschien der Apostel hoch zu Ross und betätigte sich als *Matamoros* (Maurentöter) – diese Bezeichnung ist nach wie vor populär. Über dem Hochaltar von Santiago de Compostela, also genau über dem Apostelgrab, reitet *Matamoros,* verteidigt die Christen gegen die Mauren, die Gerechten gegen die Schlechten. Lag es für die Gläubigen da nicht nahe, sich diesem mächtigen Fürsprecher und aktiven Kämpfer direkt und ohne Umwege anzuvertrauen? Nach Santiago zu pilgern, um ihm persönlich das eigene Leid, die eigenen Nöte zu Füßen zu legen und ihn zu bitten, zu helfen, wenn nötig auch mit dem Schwert?

Je mehr Pilger kamen, desto mehr wurde Santiago auch zum Patron, Fürsprecher und Helfer der Pilger, was ihn außerhalb Spaniens besonders populär machte. Viele seiner Darstellungen, in Deutschland fast alle, zeigen ihn als Pilger mit Pilgerhut, Pilgermuschel (Jakobsmuschel!), mit Wasser gefüllter Kürbisflasche und Pilgerstock.

Das Ritual des Pilgerns zum Apostel hat sich im Detail geändert, die Grundformen blieben in mehr als tausend Jahren gleich. Auch wenn heute die Fußpilger ihren Weg nur noch selten mit kirchlichem Segen (möglichst in einer Jakobuskirche) beginnen und die allerwenigsten zu Hause starten, geht doch kaum einer von ihnen unter rein sportlichen Gesichtspunkten. Eine tiefe, manchmal unbewusste Sinnsuche verbindet alle Menschen, die man unterwegs trifft, seien sie religiös oder nicht. Viele sehen sich auf einer Lebenspilgerschaft, viele haben einen Einschnitt in ihrem Leben hinter sich, den sie nicht leicht verkraften können, einige sehen Santiago als einen spirituellen, ja magischen Ort und einige sind einfach auf der Suche, und irgend etwas sagt ihnen, dass dies der Weg ist, auf dem sie gehen müssen, um sich selbst zu finden.

Bei der Pilgermesse in der Kathedrale blickt Santiago, als silberne Sitzstatue und als bunt bemalter *Matamoros,* auf die Pilger herunter, die das Ende ihrer Fahrt mit gemischten Gefühlen erleben. Nach dem Gottesdienst wird der *Botafumeiro,* das riesige Weihrauchgefäß, von acht Männern in Bewegung gebracht und durch die Seitenschiffe geschwungen. In dem sich ausbreitenden Rauch verschwimmen die Mühen des Weges, es bleibt das Glücksgefühl, das Ziel erreicht zu haben. Wer will der Kongregation übel nehmen, dass sie das Weihrauchkesselschwingen mit kräftigem Applaus belohnt?

Der Weg

Der Jakobsweg führt durch gänzlich unterschiedliche Landschaften. Über Berge und durch breite Flusstäler, über karge Hochebenen und durch fruchtbare Becken. Frische Bergluft wird zu drückender Tieflandatmosphäre, trockenes Steppenklima wird durch feuchtes atlantisches Küstenklima abgelöst. Einsame Landschaften werden durchschritten und belebte Regionalhauptstädte. Entsprechend unterschiedlich ist der Weg beschaffen: grundlose Pfade im strömenden Regen, Asphaltstraßen unter glühender Sonne, das Auf und Ab eines staubigen Wirtschaftsweges an einem kühlen, aber trockenen Tag. Leider verschwinden die ursprünglichen Wegstücke, die Pfade und Fußwege, die alten Maultierstraßen und primitiven Karrenwege, werden durch pflegeleichte Staubstraßen ersetzt, die wie weiße Wüstenpisten durch die Landschaft gebaggert und planiert wurden – oft in dem guten Willen, den Pilgern den Weg zu erleichtern, wie beim Bau von neuen Wegen parallel zu stark befahrenen Straßen, aber leider auch dort, wo es absolut nicht nötig gewesen wäre, wo alte Strecken des historischen Jakobsweges zerstört werden wie zwischen Carrión de los Condes und Calzadilla de la Cueza (Etappe 23), wo eine eintönige landwirtschaftliche Erschließungsstraße alle Reste älterer Wege zugewalzt hat.

Am schönsten, aber auch am anstrengendsten sind die schmalen Pfade und Steige. Solche Pfade, auf denen man nur hintereinander gehen kann, haben sich im Gebirge erhalten (Etappen 1, 2, 7, 8) oder wurden neu gebahnt wie zwischen Monreal und Tiebas (Etappe 6).

Der historische Weg diente nicht nur den Pilgern, sondern auch dem normalen Verkehr, den Händlern, den Soldaten, den Bauern, die mit ihrem Maultierkarren zum Markt im nächsten Dorf fuhren. Als sorgfältig gepflasterte mittelalterliche Straße, als *Calzada,* blieben nur wenige Stücke erhalten wie etwa in Leboreiro (Etappe 38). Eher haben sich spätere Pflasterungen mit Naturstein erhalten, die zwischen den Dörfern vorgenommen wurden. Diese Maultierstraßen sind heute zumeist im Verfall begriffen, die Pflasterung nur noch in Resten vorhanden, wie auf dem Aufstieg zum Cebreiro-Pass (Etappe 33). In Galicien waren viele Wege von Ort zu Ort früher gepflastert, diese *Corredoiras* sind heute meist in sehr schlechtem Zustand. Fußwege wie der heutige Camino Real zwischen Sahagún und Mansilla de las Mulas (Etappen 25, 26), auf gebahnter Trasse und mit befestigtem Untergrund, hat es bis 1991 nicht gegeben, seither dient dieser Weg als Vorbild für weitere Vorhaben.

Häufiger als diese Pfade und Fuhrwege mit ihrem tiefgründigen Lehm, die man bei Regen nicht einmal mit dem Traktor befahren kann, häufiger selbst als die modernen Fußwege sind heute die befestigten Straßen. Ob breite, schnurgerade verlaufende Staubstraßen, mit weißem Feinkies bedeckte Schotterstraßen oder geschobene, gewalzte Erdstraßen – auf ihnen verläuft heute ein Großteil der Strecke.

Leider gibt es auch Asphaltstraßen, neben und sogar auf denen der Pilger zu gehen hat. Man kann dankbar sein, dass die meisten wirklich schlimmen Passagen heute beseitigt sind, da man für die Heiligen Jahre 1993, 1999 und 2004 parallel zu den Fernstraßen verlaufende oder alternative Wege gebaut hat, so zwischen Frómista und Población de Campos (Etappe 22). Auch die problematische Strecke durch das Valcarce westlich Villafranca del Bierzo (Etappe 33), bis vor kurzem ein Spießrutenlauf neben starkem Autoverkehr, ist durch die Fertigstellung der Autobahn zwischen León und A Coruña sowie durch die getrennte Führung des Fußgängerweges (Betonsperre zur Straße) einigermaßen entschärft worden.

Der Pilgerweg nach Santiago ist mehr als die Summe seiner Etappen. Viele Pilger sehen sich als Glieder einer Kette, verhaftet in einer 1200 Jahre alten Tradition. Für sie ist der Weg vor allem durch die Zeugnisse des Glaubens markiert: Kirchen, Klöster, Kapellen, Steinkreuze, aber auch Brücken, die für die Pilger geschlagen wurden, Pilgerherbergen, Pilgerhospitäler. Gäbe es die gelben Pfeile nicht, man fände doch seinen Weg, auch wenn Bauten manchmal, wie viele Einsiedeleien, verfallen sind oder, wie die meisten alten Klöster, umgewidmet wurden. Zum tiefen Erlebnis werden Etappen, bei denen die historische Wegstrecke von sichtbaren Zeugnissen der Pilgerschaft begleitet wird, wie etwa die Strecke zwischen Villafranca Montes de Oca und San Juan de Ortega (Etappe 17): Der Weg verläuft auf einer im 12. Jh. vom hl. Juan de Ortega gebahnten Trasse, die zumindest im Aufstieg der Urtrasse entspricht. Der Wald, der sich bis heute erhalten hat, erinnert an die Einsamkeit des mittelalterlichen Pilgers, an seine Angst, die Herberge nicht mehr bei Tageslicht zu erreichen, von Räubern überfallen zu werden. Am Ziel steht die Pilgerherberge neben dem Kloster des Heiligen, in dem er begraben wurde, nachdem er Wege, Brücken, Herbergen für die Pilger geschaffen hatte.

Die Ausrüstung

Die wichtigste Frage bei der Zusammenstellung der Ausrüstung ist keineswegs: Was soll ich mitnehmen? sondern: Was kann ich weglassen? Fast jeder Wanderer auf dem Jakobsweg entdeckt nach ein paar Tagen, dass er zu viel eingepackt hat. Dann beginnt das Aussortieren und Wegwerfen. Das »gute Hemd« oder die »gute Bluse« – für die zwei Mal, die man in einem guten Restaurant isst, tun's auch Alltagssachen. Die Schuhe für den Stadtspaziergang, das handliche Spanisch-Wörterbuch, der dicke Führer, das zweite Handtuch, die Ersatz-Socken, 80% des Inhalts der großen Tube Handcreme und vieles mehr wird, je nach Charakter, zügig oder zögerlich aus dem Rucksack entfernt. Um das zu vermeiden, sollte man bereits zu Hause rigide auswählen und ein Gewicht von 10 kg für Männer, 8 kg für Frauen, nicht überschreiten – Getränke und Tagesproviant kommen ja auch noch dazu! Sinnvoll sind mehrfach einsetzbare Stücke, das spart Platz im Rucksack und Gewicht.

Die **Schuhe** sollten leichte Trekking-Schuhe sein, bevorzugt solche mit Thermo-Innenleben (Gore-Tex, Klima-Tex o.a.), das die Füße trocken hält. Sie sollten unbedingt bis über die Knöchel reichen, was für holprige Wegstrecken genauso wichtig ist wie für morastige Passagen. Die Schuhe sollten bereits eingelaufen sein, dennoch kann man in den ersten Tagen Blasen meist nicht vermeiden. Blasenpflaster (z. B. Compeed) sind besser als Verbände.

Der **Rucksack** muss vor allem leicht sein. Sinnvoll ist ein verstellbarer Innengestellrucksack, die Last bleibt nahe am Rücken und erleichtert so das Tragen, Außengestellrucksäcke sind für den Rücken weniger gut und bleiben auf Pfaden ständig an Ästen hängen. Günstig ist ein Rucksack mit zwei oder mehr Kammern, das erleichtert das Packen ungemein.

Nur wenige Pilgerherbergen haben Decken, manche haben nicht einmal Kissen, und wer spät kommt, muss auf Matratzen oder auf dem Boden schlafen: Ein **Schlafsack** ist deshalb essentiell. Zwar muss bis in den Juni hinein mit kühlen Nächten gerechnet werden, aus Gewichtsgründen sollte man dennoch einen Leichtgewicht-Schlafsack wählen und zum Schlafen lieber ein Paar Socken anziehen. Im Winter wird ein warmer Schlafsack benötigt, da die Schlafsäle in vielen Herbergen nicht beheizt werden (und in den Hotels die unzureichende Heizung und die dünnen Decken auch nicht sehr wärmen). Im Sommer muss wegen der vollen Herbergen und ausgebuchter Hostals mit Ausweichquartieren ohne Matratze gerechnet werden, in diesem Fall ist eine **Isomatte** bzw. Thermo-Unterlage unentbehrlich.

Als **Kleidung** eignet sich am besten Material aus Mikrofaser, das nicht nur trocken hält, sondern auch leicht gewaschen werden kann und schnell trocknet. Hosen aus atmungsfähigem Material mit abnehmbaren Beinen eignen sich besonders, als wärmender Pulli eignet sich am besten Fleece. Beim **Anorak** sollte nicht gespart werden: Der Wind aus dem Nordwesten bläst jeden Tag! Wenn über Anorak und Rucksack noch ein Regenumhang oder Rucksack-Poncho kommt, kann der Anorak eher atmungsaktiv sein als wasserabstoßend. Eine ganz leichte Baumwollhose für die Herberge, die als Schlafanzughose doubelt, ist sinnvoll, sehr leichte Sandalen, die man auch in der Dusche anziehen kann, ebenfalls. Beim frühen Aufbruch ist eine **Taschenlampe** hilfreich.

Ein breitkrempiger **Hut,** ähnlich dem klassischen Pilgerhut, tut bei jeder Witterung gute Dienste. **Sonnenschutzmittel** und **Sonnenbrille** nicht vergessen! Der Pilgerstock – bei spanischen Pilgern groß in Mode – ist, verglichen mit **Teleskopstöcken,** nur eine Notlösung, gegen aggressive Hunde sind zwei spitze Stöcke allemal besserer Schutz. Die **Wasserflasche** muss nicht mehr als 1 l fassen, für das Heilige Jahr 1999 wurden viele neue Brunnen angelegt. Ein kleiner Alu-Topf, ein Plastikbecher, Besteck und evtl. ein Plastikteller tun in Galicien gute Dienste, dort gibt es in den Herbergen nämlich Küchen, aber kein Geschirr.

Bargeld kann mit der Euroscheck-Karte oder einer Kreditkarte auch in den kleineren Städten am Bankautomaten gezogen werden. Ob man für Notfälle ein **Handy** mitnimmt, ist persönliche Entscheidung, auf sämtlichen Etappen ist ein Netz vorhanden. Freilich kann man auch von zahlreichen öffentlichen Telefonen, die manchmal sogar in den Herbergen angebracht sind, recht komfortabel telefonieren.

Ganz wichtig: Der **Pilgerausweis,** das *Credential del Peregrino,* den man sich schon vorher über eine Jakobusvereinigung besorgt hat, oder im Lande erwirbt (s. S. 7, 16, 44).

Noch etwas? Ausweispapiere, eine Pilgermuschel (wird auf dem Weg angeboten) und der vorliegende Führer. Und der Wille, durchzuhalten.

Die Herbergen

Die rasche Zunahme der Anzahl der Pilger zum Apostel Jakobus im 11. und 12. Jh. war sicher auch eine Folge der enormen Verbesserung der Reisebedingungen zu dieser Zeit. Besonders im 12. Jh. wurden unter königlicher Schutzherrschaft und oft in königlichem Auftrag neue und bessere Wege angelegt, Brücken gebaut, Hospitäler eingerichtet, Gasthäuser eröffnet und Brunnen angelegt.

Das Rückgrat des großen Unternehmens waren die Herbergen. Mit dem Rückgang des Pilgerwesens verfielen die meisten alten Herbergen, bis vor kurzem diente keine einzige mehr ihrem alten Zweck. Inzwischen sind Dutzende neuer Herbergen eröffnet worden, viele, wie die meisten galicischen, völlig neu gebaut, andere am alten Ort wieder eröffnet, wie in Azofra, oder revitalisiert wie in Trinidad de Arre. Einige von ihnen haben den Charme eines Obdachlosenheims (Ronces-valles, Puente la Reina, Santiago de Compostela), aber in anderen fühlt man ganz deutlich den Puls des Pilgertums (Artieda, Sangüesa, Azofra, Grañon, San Juan de Ortega, Hontanas ...). Auf jeden Fall aber gilt, dass das Erlebnis des Jakobsweges auch durch die Herbergs-Nächtigungen mitbestimmt wird, die abendlichen Gespräche mit anderen Pilgern, durch das vor allem in kleineren Herbergen aufkommende Gemeinschaftsgefühl.

Die Einrichtung und Erhaltung der Herbergen leisten Gemeinden, Pfarren, Klöster, vor allem aber lokale Vereine, durch freiwillige und unbezahlte Arbeit als Herbergseltern. Die Autonome Region Galicien hat eine ganze Kette von Herbergen eingerichtet und trägt die Kosten, andere Regionen, z.B. Navarra, unterstützen die Herbergen finanziell. Einige wenige Herbergen werden von Personen oder Vereinigungen getragen, die sich in der Nachfolge der mittelalterlichen Ritterorden sehen, so in Sambol und Manjarín. In Galicien ist die Übernachtung kostenlos, in den anderen Regionen werden in Privatherbergen Beiträge zwischen 3 € und 6 € erhoben.

Der Pilgerausweis berechtigt zur Benutzung aller Einrichtungen der Pilgerherberge für eine Nacht, eine zweite Nacht wird nur bei Krankheit und höherer Gewalt akzeptiert. Alle Herbergen müssen am Vormittag verlassen werden. Sie öffnen frühestens um 13 Uhr (manche erst um 16 Uhr oder später), bis 22 bzw. 23 Uhr (in Galicien) werden Pilger eingelassen. Zuerst werden Fußpilger untergebracht, dann erst, oft Stunden später, Pilger, die mit dem Rad gekommen sind. Wanderer mit Begleitauto sind generell unerwünscht und werden in manchen Herbergen gar nicht aufgenommen, anderswo müssen sie bis abends warten, ob noch Platz ist. Unter keinen Umständen können Plätze reserviert werden.

Wie viele Plätze eine Herberge offeriert, ist meist nicht präzise festzustellen, weil bei Bedarf weitere Räume mit immer weniger Komfort – ein Dach über dem Kopf, Schlafplatz auf dem Steinfußboden – geöffnet werden. Die Anzahl der Plätze kann in den Kurzinformationen zu jeder Etappe also nur ungefähr angegeben werden, eine unbekannte Zahl an Notplätzen wurden mit einem + gekennzeichnet, also etwa 20+.

Als Pilger muss man sich nach der Decke strecken, und die ist meist nicht vorhanden. Oft bekommt man gerade eben eine Matratze zugewiesen, den Rest hat man selbst beizusteuern. Auch die sanitären Einrichtungen sind in vielen Fällen nicht ausreichend, zumal die Notunterkünfte häufig keine eigenen Toiletten oder Waschgelegenheiten haben.

Ein großes Problem sind auch die Küchen. Die meisten offiziellen Pilgerherbergen – aber nicht alle! – haben eine Küche mit Geschirr, Töpfen und Besteck. Innerhalb Galiciens hat die *Junta,* die Regierung der Autonomen Region, in ihren Herbergen recht schöne Küchen eingerichtet, aber keinerlei Küchenutensilien beigesteuert. Die neueren liegen auch noch zumeist außerhalb kleiner Orte, in denen es kein Restaurant und keinen Lebensmittelladen gibt, was die Versorgung vor große Probleme stellt. Deshalb wurden bei den Angaben zu Einkehr und Verpflegung alle Orte mit Bar und/oder Tienda aufgeführt. Die kommerziellen Herbergen haben natürlich keine Küche, denn der Pilger soll im angeschlossenen Restaurant essen. Das ist am Morgen aber ein Problem, denn welcher spanische Wirt steht um 5 Uhr auf, um den Pilgern gegen 6 Uhr ein Frühstück zu servieren? Andererseits öffnen die Läden frühestens um 9 Uhr.

Nicht jeder will oder kann in Pilgerherbergen schlafen. Und der eine oder andere Pilger ist froh, wenn er sich zwischendurch mal bequem im gemachten Bett ausstrecken kann. Alternativen vom Camping über Hostals (einfache Hotels) bis zu guten Hotels werden bei jeder Etappe angeführt, in den großen Zentren wurde nur eine Auswahl genannt. Es werden immer wieder neue private Hostals und kleine Hotels eröffnet, es empfiehlt sich, an Ort und Stelle nachzufragen.

Pyrenäen-Vorspiel

Vom Puerto de Somport nach Jaca

Dieser eine Tag ist anders als alle anderen: ein Bergtag mit Almwiesen, sprudelnden Bächen, einer Klamm. Am Abend erst beginnt der eigentliche Weg: Die Bischofsstadt Jaca nimmt uns auf.

DIE ETAPPE IN KÜRZE

+++
Anspruch

8.30 Std.
Gehzeit

30 km
Länge

800 m
Abstieg

Charakter: Wegen der Länge und der immerhin 800 m Abstieg anstrengend; alpine Steige, Fußwege, Passagen entlang und – kurz – auf der stark befahrenen N 330

Markierung: Gelbe Pfeile und Schilder, rot-weiße Markierungen des GR 65.3

Einkehr und Verpflegung: Canfranc-Estación, Canfranc Pueblo (Bar), Villanúa, Castiello de Jaca, Jaca

Pilgerherbergen: Puerto de Somport: Albergue Aysa, auf spanischer Seite des Passes, 58 Betten, Mai/Juni und Okt./Nov. nur nach Voranmeldung geöffnet, Tel. 974 373023; **Canfranc-Estación:** Pepe Grillo, private Herberge, an der Hauptstraße rechts, 60 Plätze, Tel. 974 373123; **Canfranc Pueblo:** Rifugio an der alten Hauptstraße (Nr. 19), 100 Plätze, Tel. 974 373217; **Villanúa:** Hostal Tritón, private Pilgerherberge, Tel. 974 372881; **Jaca:** modernes Rifugio in der alten Pilger-

herberge, ab 16 Uhr, 32 Betten, Bezüge und Handtücher können entliehen werden; Calle Conde Aznar 3, 64 Plätze, Tel. 974 355758. Pilgerpass in der Kirche Santiago (bis 20.30 Uhr, Büro rechts vom Eingang).

Hotels/Camping: Puerto de Somport: Gîte d'Etape du Somport, auf französischer Seite des Passes, 12 Betten, Tel. (0033) 05 59 36 00 21; **Canfranc-Estación:** Hotel Ara*, an der Nationalstraße, Tel. 974 373028; **Villanúa:** Hotel Reno*, an der Nationalstraße, Tel. 974 378066; **Castiello de Jaca:** Hotel El Meson de Castiello*, an der Nationalstraße, Tel. 974 350045; **Jaca:** Hotel Ciudad de Jaca*, Sancho Ramirez 15, Tel. 974 364311; Hotel Conde Aznar**, Paseo Constitución 3, Tel. 974 361050; Hotel Canfranc***, Av. Oroel 23, Tel. 974 364979. **Camping** Victoria, 2 km westlich von Jaca (s. Etappe 2), Tel 974 360323

Der »Aragonische Weg« beginnt traditionell auf dem **Somportpass** (Puerto de Somport), den man von Norden her ab Oloron mit dem drei mal täglich verkehrenden Bus nach „Canfranc Frontière" erreicht, Oloron hat Bahnverbindung von Toulouse. Die Passstraße ist seit der Fertigstellung des Basistunnels wenig befahren, die Busverbindung wurde jedoch wieder aufgenommen – für uns Jakobspilger? Für den Frühbus muss man in Oloron übernachten und kommt sehr spät, für den ersten Wandertag zu spät in Jaca an. Besser nimmt man den Mittagsbus, erreicht den **Somport** mit seinen Nächtigungsmöglichkeiten (neben den erwähnten drei weitere) am Spätnachmittag und beginnt die erste Tour auf dem Spanischen Jakobsweg – eine der längsten und anstrengendsten – ausgeruht und frisch am nächsten Morgen!

Wer den alten Weg zum Somport nehmen will, folgt zunächst von Urdos (Bushaltestelle) bis zur Brücke über den Fluss Gave d'Aspe der Straße und biegt dann an einem Markierungsstein mit dem Zeichen des Jakobsweges nach links unter der alten Eisenbahnbrücke hindurch auf einen Weg ein (Schilder mit Muschelsymbol an den Bäumen). Bei Erreichen der alten Passstraße geht es 150 m abwärts (!) nach rechts und dann auf der anderen Straßenseite weiter auf dem Weg, der nach nochmaliger Straßenquerung etwas steiler auf den Somportpass hinauf führt.

Unsere Tour beginnt am nächsten Morgen auf dem **Somportpass** an der französisch-spanischen Grenze, wo ein Kilometerstein mit »858 Santiago« und blau-gelbe Hinweisschilder den Beginn des Aragonischen Weges anzeigen. In diesem Bereich ist der Weg auch mit den rot-weißen

Markierungen des GR 65.3 versehen, der aber immer wieder einen anderen Verlauf nimmt als der durchgehend mit gelben Pfeilen und Hinweisen versehene Jakobsweg.

Am Santiago-Kilometerstein beginnt mit einer kurzen Treppe ein alter Saumweg, der über nasse Almwiesen hinunter nach **Candanchú** führt, einer Skistation aus der Retorte, deren Standort aber durch ein altes – heute abgekommenes – Pilgerhospiz vorgegeben war (der Bau einer neuen Herberge ist seit längerem geplant). Bei den Tafeln, die uns das erzählen, wenden wir uns nach links und hinunter zu einem Asphaltsträßchen, zwischen dem und der oberhalb verlaufenden neuen Trasse der N 330 wir noch so lange einem Pfad folgen, bis uns die nach rechts führende Zufahrtsstraße von Candanchú nach links über die N 330 zwingt. (**Vorsicht** bei jeder Querung einer spanischen Fernstraße: Die Autofahrer nehmen nicht die geringste Rücksicht auf Fußgänger und geben eher Gas, als den Fuß vom Pedal zu nehmen.)

Unser Fußweg führt halblinks auf eine Senke zu, quert sehr blumenreiche Wiesen mit Enzian, Primeln und Orchideen – einige Erddämme sollen wohl Lawinen halten – und senkt sich dann als steiler Steig zu einer Wiese mit großem Haus, wo sich der Weg gabelt (1.15 Std.). Wir gehen nach links auf ein Fahrsträßchen und biegen nach 5 Min. scharf rechts in einen Pfad ein. Eine Steinhütte wird passiert, Schachbrettblumen zieren die Wiesen im Mai und Juni. Ein Treppchen führt zu einer Staubstraße, der wir nach links in ein Seitental folgen, um 5 Min. später mitten in einer Linkskurve einen Pfad nach rechts zu nehmen. Über verbuschtes Weideland geht es recht flach geradeaus bis zu einer gesperrten Fußgängerbrücke über den Río Aragón, die wir rechts liegen lassen. Leicht bergab geht es weiter, der Weg kann sich nicht entscheiden, ob er ein Pfad oder ein richtiger Weg sein soll, bis wir das erste Gebäude von **Canfranc-Estación** (eine Brotfabrik) erreicht haben, wo er sich zum Fahrweg mausert. 100 m weiter führt eine Brücke nach rechts über den Fluss in den Ort hinein (2.15 Std.), der in voller Länge durchlaufen wird (ab der Ortsmitte kann man links entlang der Brüstung über dem Fluss gehen).

Am Ortsende von Canfranc-Estación passiert man zunächst die Auffahrt der Schnellstraße zum Somporttunnel, geht auf der linken Straßenseite weiter und muss dann einen Tunnel der N 330 durchqueren (Sicherheitsbarrieren), unmittelbar danach führt eine Treppe zum Brückchen unterhalb einer Staumauer. Am anderen Flussufer führt die Markierung nach rechts auf zum Teil schlechten Fußwegen und Pfaden weiter, die in den nächsten 20 Min. steil über dem Fluss verlaufen. Dann erreicht man einen im Frühjahr sehr

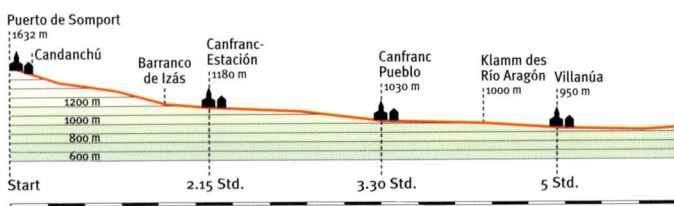

eindrucksvollen Wasserfall des Barranco de Ip, ein Brückchen führt unterhalb über den Bach. Wenig später ist der nördliche Ortsrand von **Canfranc Pueblo** erreicht, wo man wieder – über den Puente de los Peregrinos, die Pilgerbrücke! – zur rechten Talseite quert, die N 330 berührt und sie sofort wieder nach links verlässt und über die alte Hauptstraße in den Ort hineingeht. Die Umfahrung hat Ruhe gebracht, was auch der Pilgerherberge bekommt (rechts, 3.30 Std.).

Am südlichen Ortsende wendet man sich nach links und kommt über einen Pfad am Friedhof vorbei zu einer mittelalterlichen Brücke über den Río Aragón, die uns wieder auf die linke Talseite bringt. Ein Fußweg, deutlich markiert, führt weiter nach Süden in das enger werdende Tal. Nach ca. 1,2 km (20 Min.) entschließt sich auch die neue Trasse der N 330, die linke Talseite zu benutzen und zwingt uns zuerst in eine niedrige Unterführung, dann rechts des Tunnels auf einen breiten Weg und schließlich, am anderen Ende des Straßentunnels, unter die direkt darauf folgende Brücke. Dort tost der Fluss tief unter uns durch die **Klamm des Río Aragón**, die wir nun auf einem Maultierweg, der hoch oben auf der linken Talseite flussabwärts führt, in ganzer Länge bewundern können (am besten April bis Juni, während der Schneeschmelze).

Am Ende der Schlucht queren wir auf einer Brücke zur N 330 auf der

Im Frühsommer wachsen Schachbrettblumen auf den Wiesen

rechten Talseite, der alte Ort **Villanúa** (5 Std.) bleibt links. (Eine alternative Wegführung führt durch den Ort, sie entspricht aber nicht der Trasse des historischen Jakobsweges!) Nach kurzem Asphalt-Intermezzo verläuft der Jakobsweg als Staubstraße links parallel zur N 330. Eine halbe Stunde nach dem Ort quert er die Nationalstraße nach rechts und führt bei einem einzeln stehenden Haus nach halblinks auf einen schlechten Fahrweg (gute Markierung mit gelben Pfeilen). Nach 10 Min. nimmt man einen querenden Weg nach links, der schöne Ausblicke gewährt, aber bei Regen aus einer einzigen riesigen Pfütze besteht. Eine Brücke führt bald darauf über einen wasserreichen Kanal und eine Asphaltstraße, die uns nach links zur N 330 hinunterführt. Aber noch bevor wir sie erreicht haben, führt in spitzem Winkel ein schlechter Fahrweg nach rechts hinauf. Zwi-

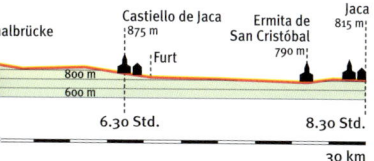

schen Buchsbaumhecken und kreuzenden Wirtschaftswegen wandern wir ohne deutlichen Richtungswechsel durch Bauernland, bis wir uns kurz vor einem mit Metalldraht umzäunten Gelände um ein Wirtschaftsgebäude nach links auf einen querenden Weg begeben (**Achtung:** das erste Zeichen für den Richtungswechsel befindet sich erst 10 m *nach* der Abzweigung!). In wenigen Minuten erreichen wir **Castiello de Jaca** (6.30 Std.). Ein steiles Sträßchen führt durch den alten Ort hinunter zur Nationalstraße, kreuzt sie und führt jenseits über eine Brücke auf die linke Seite des Tales. Dort halten wir uns gleich rechts auf einem schattigen Pfad, der in ein Seitental hinein führt, durch das der normalerweise nicht sonderlich wasserreiche Río Juez fließt. Eine **Furt** wird mit einer Doppelreihe unterschiedlich hoher Trittsteine begangen. Nach starken Regenfällen ist die Passage sehr gefährlich, man benutze dann bis zum Puente de Torrijos die Nationalstraße.

Nach der Furt geht es auf einem Pfad und bald darauf auf einem Fahrweg talabwärts bis zum nächsten Seitental, wo die N 330 auf dem **Puente de Torrijos** auf unsere Talseite kommt. Wir unterqueren sie und werden auf einen Weg gelenkt, der rechts der Nationalstraße (und weiterhin auf der linken Talseite) neu angelegt wurde. Eine halbe Stunde lang bleibt man meist etwas unterhalb neben der N 330, dann wendet sich unser Weg von der Straße weg nach rechts und führt über ein Brückchen an einer alten Einsiedelei vorbei, der **Ermita de San Cristóbal** (der Brunnen funktioniert nicht mehr). Auf dem Hügel vor uns sehen wir schon die Häuser einer Stadt. Wir haben ihn bald bestiegen und finden uns am Rand

Auf dem Puerto de Somport

der nördlichen Neustadt von **Jaca**. Geradeaus geht es weiter über die Avenida de Francia bis zur riesigen Festung *(Ciudadela)* und zur frühromanischen Kathedrale am Nordrand der Altstadt (8.30 Std.). Die Herberge erreicht man, wenn man nach Passieren der Kathedrale die von der folgenden Plaza Mercado in etwa geradeaus weiter führende Calle Obispo nimmt, der im rechten Winkel kreuzenden Calle Mayor nach links folgt und dann die links abzweigende Calle Conde de Aznar einschlägt.

Die Sehenswürdigkeiten

Jaca: Erster Bischofssitz Aragons, die *Kathedrale San Pedro* ist eine der vier ältesten romanischen Kirchen auf dem Jakobsweg (neben San Martín in Frómista, der Kathedrale von Santiago de Compostela und San Isidoro in León). Frühromanische Skulpturen des Südportals und der Kapitelle sowie der Dachkonsolen; romanischer Kapitelsaal, Kreuzgang mit *Diözesanmuseum*.

Einsiedlerklause unter Geiern

Von Jaca über San Juan de la Peña nach Puente la Reina de Jaca
In den einsamen Bergen von San Juan de la Peña liegt eine Einsiedelei, die seit Beginn der christlichen Reconquista in Spanien existiert – also seit 1200 Jahren! Obwohl der Besuch einen Umweg von einem halben Tag bedeutet, sollte man nicht auf ihn verzichten.

DIE ETAPPE IN KÜRZE

+++
Anspruch

11.30 Std.
Gehzeit

34 km
Länge

Charakter: Anstrengend und lang; Pfade, Wege in steilem Gelände, Forststraßen, z. T. asphaltiert, ein steiler und holpriger Abstieg, Passagen nahe oder auf der Schnellstraße. Weniger gute Geher sollten die **Variante** entlang der A 21/N 240 nehmen!

Markierung: Auf Abstecher ab Río Gas und bis Hotel Aragón nur die rotweißen Markierungen des Wanderweges GR 65.3.2, die Variante ist sparsam gelb gekennzeichnet.

Einkehr und Verpflegung: Santa Cruz de la Serós, Santa Cilia de Jaca, Puente la Reina de Jaca; kein Wasser zwischen Atarès und San Juan de la Peña

Pilgerherbergen: Santa Cilia de Jaca: Gemeindeherberge, 30 Plätze, wird gelobt, Tel. 974 377174

Hotels/Camping: Santa Cruz de la Serós: Hostelería Santa Cruz, Tel. 974 4361975; **Santa Cilia de Jaca:** Hotel Aragón** bei km 295 der N 240, an der Abzweigung nach Santa Cruz de la Serós, angenehmes, aber nicht billiges Hotel an der Straße, Tel. 974 377112; Centro de Vacaciones Pirineos, bei km 300 der N 240, Hotel, Camping, Appartements und Restaurant, Tel. 974 377351; **Puente la Reina de Jaca:** Hotel Anaya***, für seine Kategorie sehr preiswert und angenehm, das Hotel gibt Pilgerrabatte, Tel. 974 377411; Hostal del Carmen*, einfaches, nicht ganz billiges Hostal mit Restaurant, Tel. 974 377005. Beide an der N 240 in Richtung Pamplona

Information: Kleiner Info-Kiosk in **Puente la Reina de Jaca** im Juli und August

Man verlässt **Jaca** über die Calle Mayor und die geradeaus weiterführende Avenida de la Constitución. Der Jakobsweg ist auf diesem Teilstück anders und recht umständlich ausgeschildert, um die Kirche Santiago zu passieren, die man besser am Abend vorher besucht. An ihrem Ende wendet man sich links und folgt dem Camino Monte Pano, der allmählich näher an die A 21/N 240 führt, die man nach einer halben Stunde erreicht. 10 Min. geht man am Straßenrand, bis ein rechts verlaufender Viehtriebweg die Möglichkeit bietet, etwas abseits der Straße zu gehen. Dort, wo er in die Fernstraße mündet, quert man diese, passiert die nahe **Brücke über den Río Gas** (1.15 Std.) und findet 200 m weiter nach einem Fabrikgebäude *(Refabricados Aneto)* eine nach links abzweigende Staubstraße, die mit den rot-weißen Zeichen des GR 65.3.2. gekennzeichnet ist. (Der direkte Weg nach Puente la Reina de Jaca geht hier geradeaus weiter, siehe unten.) Es geht zunächst mäßig bergan. Am Hangfuß verlässt man die Straße in einer Linkskurve und geht nach rechts auf einen Weg. Kurz hinunter zum Bach, dann rechts den Hang hinauf, eine Telefonleitung bleibt rechts.

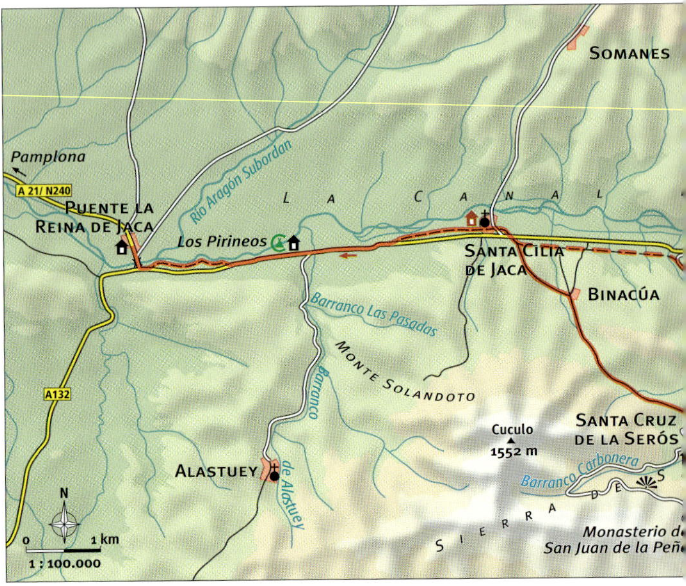

Der Weg führt auf ein Plateau, den **Monte Guaso** (2.30 Std.), umgeht eine Senke mit Feldern nach rechts am Waldrand und führt entlang einer stark überwachsenen Trockenmauer auf einen Einschnitt zu. Dort geht es auf breitem Fahrweg zunächst ziem-

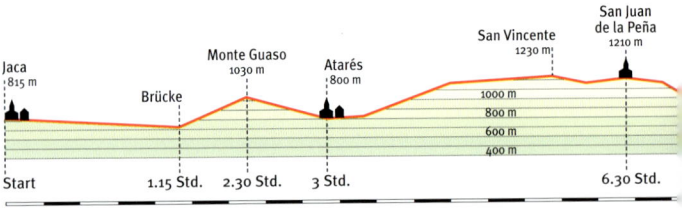

lich steil abwärts, aber gleich wieder links auf einem Pfad (Steinmann an der Abzweigung) gemächlich weiter am Hang entlang in Richtung Talgrund – der Weg zum Dorf zieht sich.

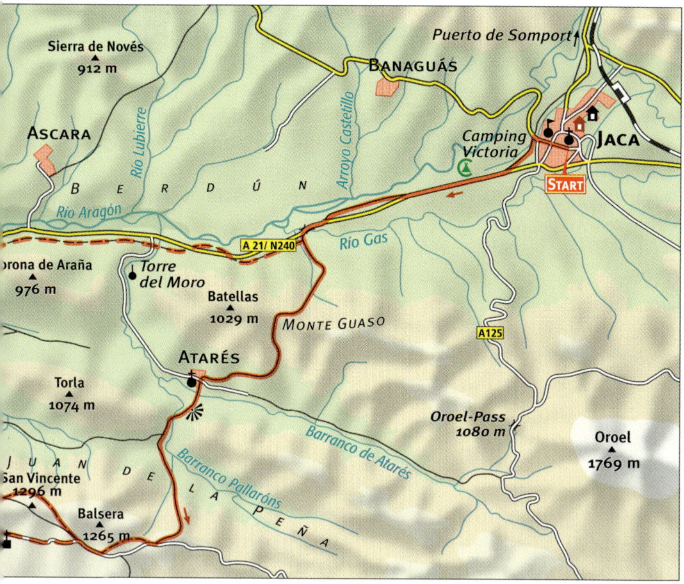

Im Dorf **Atarés** (3 Std.) passiert man die Kirche und nimmt am Dorfende einen das Tal querenden Fuhrweg, der den Barranco de Atarés quert und aufwärts in ein schmales Tälchen des Gegenhanges führt. An der Stelle, wo sich das Engtal ausweitet und den Blick auf eine höhere Sierra freigibt, führt der Fuhrweg am rechten Hangfuß nach Süden und dann nach rechts in ein Nebental hinein. Neu angelegte Forststraßen queren und verschleiern die Wegführung – auf Steinmänner achten! Im Nebental wendet man sich vom Fuhrweg nach links ab auf einen Pfad, der zunächst noch am Hangfuß bleibt und einen meist trockenen Barranco quert, dann aber ab dem Waldrand in Serpentinen durch schönen Kiefernwald bis zum Rand eines Plateaus ansteigt.

Der Nordrand des Plateaus (5 Std.), den wir eben bezwungen haben, wird von Norden her als Gipfelprofil wahrgenommen, wir sind also auf

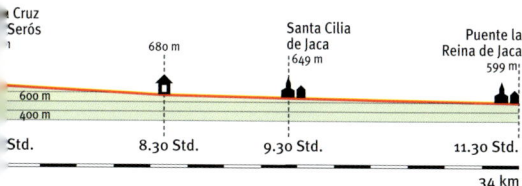

der Höhe der **Sierra de San Juan de la Peña**. Wir halten uns rechts, erreichen die asphaltierte Straße zum Kloster San Juan de la Peña und folgen ihr etwa eine halbe Stunde lang nach rechts, dabei wird eine Abzweigung linker Hand ignoriert. Nach einer leichten Gegensteigung verlassen wir die Straße wieder in einer Linkskurve und folgen dem markierten Weg nach rechts aufwärts zum Kamm, dem wir folgen, wobei wir etwas rechts vom höchsten Gipfel, dem **San Vincente** (mit Antenne), vorbeikommen. Durch Wald geht es auf der Nordseite abwärts, bis man an die Wegkreuzung **Cuatro Caminos** kommt. Auf dem Weiterweg werden wir hier nach rechts hinuntergehen, jetzt aber geht es zunächst nach links und ziemlich eben weiter, bis ein kurzer Anstieg zu einer querenden Staubstraße und zum **Kloster San Juan de la Peña** (6.30 Std.) führt, das sich unter dem riesigen Überhang eines senkrechten Konglomeratfelsens duckt. Alternativ und wesentlich einfacher, wenn auch weniger reizvoll, bleibt man auf der Straße und spart sich einiges Auf und Ab sowie die doppelte Begehung des letzten Wegstücks vor dem Kloster und eine halbe Stunde Zeit.

Zurück bei den **Cuatro Caminos** geht man diesmal nach links auf einen Pfad, der bald als alpiner Steig durch eine abschüssige Rinne führt. Diese steile, bei Nässe schlüpfrige und durch Lockersteine unangenehme Passage sollte man bei Regen mit größter Vorsicht begehen, eventuell ist es dann besser, ab dem Kloster die Staubstraße nach Santa Cruz de la Serós hinunter zu nehmen. Danach führt der Pfad in immer noch steilem Gelände mäßig absteigend nach links. Jetzt kann man sich auch der Natur widmen, den Pflanzen, den immer wieder zu be-

obachtenden Greifvögeln (vor allem Gänsegeier und Rotmilane), kann den schönen Blick auf die gegenüber liegenden Pyrenäen-Vorberge genießen.

Der Pfad verläuft über einen abfallenden Rücken weiter, links unterhalb ist Santa Cruz de la Serós zu sehen. Bei Markierungsstein M.P. 305 biegt man scharf nach links ab und folgt dem Pfad ins Tal, quert einen Bach und erreicht das Dorf **Santa Cruz de la Serós** (7.45 Std.) mit seiner eindrucksvollen romanischen Pfarrkirche, ehemals Kirche eines Klosters der Heiligkreuzschwestern.

Man geht zum unteren Ortsende, passiert die kleine romanische Kirche San Caprasio und geht nach links auf einen guten Weg (wieder rot-weiß markiert, Steinmann), der auf einen Einschnitt wenig höher zielt. Jenseits geht es ins Tal hinunter, es folgt eine längere recht flache Passage, das Dorf Binacúa wird gequert und kurz darauf erreicht man noch vor der A 21/N 240 den Haupt-Pilgerweg, dam man nach links folgt. Auf der Asphaltstraße geht es nach rechts in eine S-Kurve, an deren Ende man die Straße nach links über ein Brückchen verlässt, um auf einem Weg im spitzen Winkel zur A 21/N 240 zu gehen, die man quert. Jenseits der Straße geht es in derselben Richtung in den Ort **Santa Cilia de Jaca** (9.30 Std.), den man im großen Linksbogen durchmisst (Brunnen), um wieder zur Nationalstraße zurückzukehren. Bevor man sie erreicht, führt ein breiter Viehtriebweg nach rechts (Furt), der sich entlang der Fernstraße fortsetzt.

Eine halbe Stunde später muss man entlang der Fernstraße weitergehen, eine Viertelstunde darauf bei einer Brücke vor einer unübersichtlichen Kuppe zur linken Seite der Straße queren – **Vorsicht!** Vorbei an einem Campingplatz mit Restaurant geht es immer entlang der N 240 weiter, bis in einer S-Kurve der Straße ein deutlich markierter Fahrweg nach rechts abbiegt. Er führt durch Auwald und erreicht bei der Brücke über den Río Aragón wieder die Straße. Man überquert die Brücke, die dem Ort seinen Namen gegeben hat, nach rechts und steht in der kleinen Siedlung **Puente la Reina de Jaca** (11.30 Std.). Eine neue Herberge in Arrés, nur eine gute Wegstunde nach Puente la Reina de Jaca, gibt Pilgern, die ungern im Hotel nächtigen, die Möglichkeit, die Nacht in einer Pilgerherberge zu verbringen. Das verlängert die Tagesleistung aber auf kaum zu schaffende 12.30 Std. (s. nächste Etappe).

Variante entlang der A 21/N 240

Die eigentliche Streckenführung des Jakobsweges ist sehr viel einfacher und kürzer (4 Std.; 20,5 km), führt aber meist entlang der A 21/N 240.

Nach der **Brücke über den Río Gas** geht man noch 200 m an der Straße entlang, nutzt dann aber für etwa eine halbe Stunde einen rechts der Straße verlaufenden Viehtriebweg. Anschließend wird die A 21/N 240 gequert, jenseits geht man gute 500 m auf einem Waldweg, bevor man den **Barranco de Atarés** furtet und auf der anderen Seite zu einem Asphaltsträßchen hinaufsteigt, dem man nach rechts folgt. Nach 150 m, ganz knapp vor der A 21/N 240, biegt man links auf einen Fuhrweg ab, der etwas oberhalb der Nationalstraße bleibt. Nach einer Stunde, zuletzt mit einigem Auf und Ab, erreicht man wieder die Fernstraße. Kurz auf dieser nach links, beim nächsten einmündenden Asphaltsträßchen nach links aufwärts und nach 200 m nach rechts auf einen Pfad. Er führt bergab, quert links unterhalb der Straßenbrücke

ein Bachtal mittels einer Furt und führt hinter dem Gebäudekomplex des **Hotels Aragón** nach links zur Straße nach San Juan de la Peña, die man quert. Nach 100 m folgt eine Gabelung, man hält sich rechts und geht auf einem bei Regen schmierigen Weg zwischen Feldern und einem mit Macchie bewachsenen Hang weiter. Nach ca. 25 Min. erreicht man knapp vor **Santa Cilia de Jaca** den von Santa Cruz de la Serós kommenden Nebenweg (weiter siehe Beschreibung auf der gegenüber liegenden Seite).

Die Sehenswürdigkeiten

San Juan de la Peña: Der trockene Boden der großen Halbhöhle unter der senkrechten Felswand *(peña)* gab wahrscheinlich den Ausschlag für die Gründung einer bescheidenen Festung, in der sich westgotische Flüchtlinge im frühen 8. Jh. vor den arabischen Truppen verschanzten. Einsiedler nisteten sich zwei Jahrhunderte später in den Ruinen ein, die Einsiedelei entwickelte sich allmählich zum Kloster, das im 11. und 12. Jh. durch die Könige von Navarra stark gefördert wurde. Der romanische Kreuzgang, der damals entstand, benötigte keine seitlichen Gewölbe, er besteht nur aus Bogengalerien. Kraftvolle stilisierte Szenen schmücken die Kapitelle. Unter der Felswand liegen Gräber, die mittelalterlichen Könige von Aragón ließen sich seit 1134 hier begraben. Das Kloster selbst ist aufgegeben worden, das neue Kloster liegt 25 Min. östlich an der Straße nach Jaca.

Santa Cruz de la Serós: Romanische *Klosterkirche Santa Cruz* aus dem 11./12.Jh., heute Pfarrkirche, interessante Kapitelle; frühromanische *Kirche San Caprasio* mit strengem Dekor.

3 | Tour

Badlands mit Bergpanorama

Von Puente la Reina de Jaca nach Ruesta

Im Grün der Täler südlich des Río Aragón sind die Wildwest-Kulissen der Badlands besonders wirkungsvoll. Ruesta zum Abschluss und zur Krönung: ein verlassenes, erst seit einigen Jahren wieder erstehendes Bergstädtchen.

DIE ETAPPE IN KÜRZE

+
Anspruch

8 Std.
Gehzeit

30 km
Länge

Charakter: Einfach; wenige und geringe Niveauunterschiede, zur Hälfte verkehrsarme Asphaltstraßen und Fuhrwege oder Staubstraßen; zwei bei Regen nicht einfache Furten.

Einkehr und Verpflegung: Proviant und Getränke mitnehmen (Tienda in Puente la Reina de Jaca am westlichen Ortsende und in der Tankstelle); bis Artieda kein Wasser direkt am Weg! Einkehr im Albergue von Artieda nur zu den üblichen Essenszeiten, sonst evtl. Getränke. In Ruesta winzige Tienda in der Herberge, wird auf Wunsch geöffnet.

Pilgerherbergen: Arrés: Neuere Pilgerherberge,

unweit der Route, Hinweispfeile (Fußweg), 16 Betten; **Artieda:** Herberge (auch für Nichtpilger), in altem Haus rechts der Kirche, 20 Plätze, gemütlich, mit Mahlzeiten, Tel. 948 439316; **Ruesta:** Privatherberge, in zwei renovierten alten Häusern des verlassenen Ortes, 78 Plätze, mit Mahlzeiten (Frühstück erst ab 9 Uhr), Tel./Fax 948 398082

Camping: Campingplatz unterhalb von Ruesta am Stausee von Yesa.

Information: Über Ruesta, das Albergue und den Campingplatz informiert die Website www.ctv.es/users/cgtfc/acsocial/ruesta.htm

---

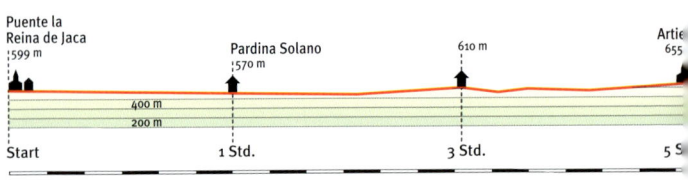

Puente la Reina de Jaca
599 m

Pardina Solano
570 m

610 m

Artie
655

400 m

200 m

Start   1 Std.   3 Std.   5 S

0

In **Puente la Reina** geht man zurück zur **Brücke über den Río Aragón** und wendet sich jenseits auf die breite Asphaltstraße nach Bailo und Huesca (A 132), folgt ihr aber nur 5 Min. und biegt dann nach rechts auf eine asphaltierte Nebenstraße ab. Sie führt – wie der Großteil der heutigen Strecke – am Fuß der Hügel entlang, die links von uns die fruchtbaren Terrassen des Río Aragón begrenzen. Nach zwanzig Minuten führt ein mit gelben Pfeilen markierter Weg nach **Arrès** mit Pilgerherberge (wer den Umweg macht, kommt an der unten beschriebenen Stelle in Bugalillo wieder an den Hauptweg).

Nach einer halben Stunde verlassen wir in der Gemarkung **Bugalillo** die nach links zum Dorf Arrés hinauf führende Straße, aber **Achtung!** nicht direkt in der Kurve, sonst landet man in den Feldern, sondern etwas nach links versetzt. Die Erdstraße erreicht den Gutshof **Pardina Solano** (1 Std.) und führt uns eine Viertelstunde später an einen Steilhang zwischen zwei alten Flussterrassen. Der Hang besteht aus grauem, etwas sandigem Ton und ist von vielen Runsen völlig zerfurcht und ohne jede Vegetation: typisch für die *badlands* im amerikanischen Mittelwesten, die dieser Erscheinung den Namen gegeben haben. Erstmals sehen wir von hier aus das auf einem von Steilhängen begrenzten kleinen Terrassenrest liegende alte Dorf Berdún, schon jenseits des Flusses Aragón. Früher verlief der Jakobsweg auf der jenseitigen Flussseite, aber die Aufstauung des Stausees von Yesa hat den größten Teil unter Wasser gelegt. Außerdem ist die am Nordufer verlaufende Nationalstraße mit ihrem starken Verkehr für eine alternative Wegführung kaum geeignet.

Wir bleiben am Fuß der Terrasse, einen links abzweigenden Weg beachten wir nicht. Etwas tiefer begleitet uns ein Bewässerungskanal. Dann erreichen wir wieder eine Asphaltstraße, die Verbindung von Berdún nach Martes (2.30 Std.), die wir überqueren, um auf einem Viehtriebweg direkt in Falllinie zu einem Hof hinaufzusteigen. In gleicher Richtung führt der Weg zu einem 300 m entfernten Gebäude, wo uns das blau-gelbe Zeichen der Muschel nach rechts auf einen breiten Fuhrweg zwischen Feldern lenkt. Nur 5 Min. später weisen gelbe Zeichen nach rechts, man fragt sich, warum man diesen Schlenker durch die Felder machen soll, und erfährt es bald: Eine herrliche Aussicht auf die Ebene des Río Aragón, den Ort Berdún und die aragonesisch-navarrischen Vorberge der Pyrenäen belohnt die kurze Extratour.

Einer schmalen asphaltierten Straße, die wir kurz darauf erreichen, folgen wir nur 100 m und gehen in der Rechtskurve geradeaus weiter auf einen Fuhrweg. Bei einem heute als Stall verwendeten Haus,

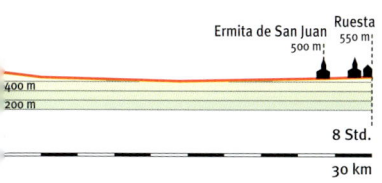

Ermita de San Juan
500 m

Ruesta
550 m

400 m

200 m

8 Std.

30 km

einem Rest der Wüstung **Calcones** (3 Std.), stehen wir plötzlich vor einem breiten Tal, durch das zwei Bäche fließen, der **Barranco de Sobrese-chos** und der **Barranco de Calcones**. Es lohnt sich, hier zu rasten und einen Felsen zu beobachten, der sich ziemlich isoliert zwischen den von Feldern überzogenen kleinen Terrassen erhebt, die das Tal ausfüllen. Schon nach wenigen Minuten wird sich von diesem idealen Auslug für die ganze Tallandschaft der eine oder andere große Vogel erheben, um nachzusehen, wer sich da am östlichen Talrand aufhält.

Der Fuhrweg führt im Bogen hinunter in das Tal, quert die beiden Barrancos mittels Furten (trotz des betonierten Untergrundes größte Vorsicht nach Unwettern!) und erreicht auf der anderen Seite die Oberkante des Tals mit prächtigem

Rückblick. Auch hier befand sich einmal ein Ort, die Flur trägt heute noch deren Namen, **Carrascal**. Nach einer Viertelstunde Marsch über flaches Weideland erreichen wir ein von links kommendes Asphaltsträßchen, dem wir 10 Min. in Richtung des Dorfes **Mianos** folgen. Noch bevor wir das Dorf erreicht haben, zweigt in einer aufwärts verlaufenden Linkskurve ein Weg nach rechts ab (4 Std.) und stößt nach nur 2 Min. (200 m) auf einen schlechten Fuhrweg, dem wir nach links folgen. In der Folge haben wir links über uns immer wieder Hänge mit Badlands-Charakter. In etwa gleicher Richtung geht es weiter in stetem Auf und Ab. Die Höhenunterschiede machen meist nur 10–15m aus, aber die Wiederholung summiert sie zur Anstrengung. Deshalb ist man in einer langen Linkskurve des Fuhrweges

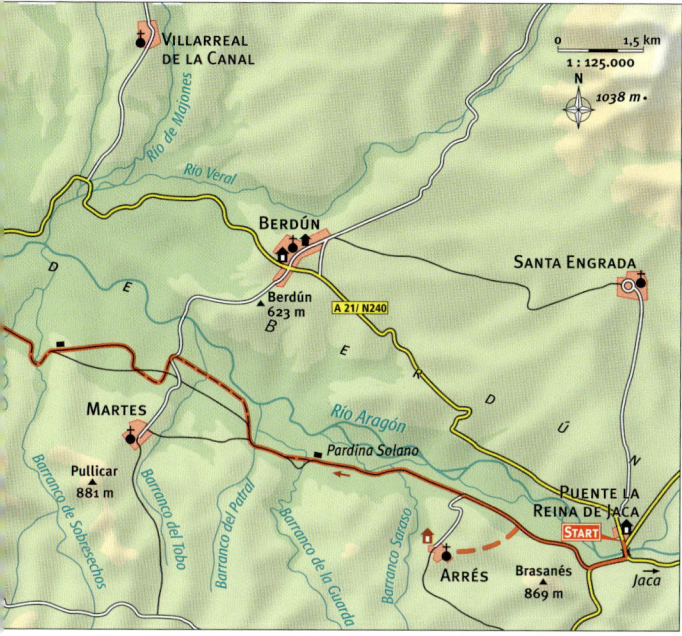

froh, den nächsten Ort vor sich zu sehen, in dem – wenn man zur richtigen Zeit da ist – eine Essenspause winkt, jedenfalls aber ein Getränk in der Herberge oder Wasser vom Brunnen. Also auf der nach der Linkskurve erreichten Asphaltstraße nach rechts und auf dem Abzweig hinauf in den Ort **Artieda** (5 Std.). Rechts der Kirche mit ihrem wehrhaften Turm liegt die Pilgerherberge, eine schmale Treppe führt hinunter in den Speise- und Aufenthaltsraum. Sollte man nicht doch schon hier abbrechen, fragt man sich, und lieber morgen eine Stunde früher aufstehen?

Aus Artieda geht man über die schmale Ortsstraße nach Westen hinaus, kommt auf eine Asphaltstraße, die zuerst nach links und dann in großem Rechtsbogen ins Tal hinunter führt. Dabei hat man schö-

ne Blicke auf den Stausee von Yesa und die Vorberge der Pyrenäen, vor allem die Sierra de Leire direkt nördlich des Sees. Nach 20 Min. mündet die Straße in eine weitere Asphaltstraße, der man nur 50 m weit folgt, um dann nach links auf eine teilweise geschotterte Fahrstraße abzubiegen. Leider mündet sie schon nach weiteren 10 Min. in eine Asphaltstraße, die A 1601, die aber so wenig Verkehr hat, dass man Viertelstunden lang kein Auto sieht und hört. Also nach links auf diese Straße und auf ihr weiter. Badlands begleiten uns links und rechts, manche so tief eingeschnitten, dass sich ein Reiter mit Pferd darin verstecken könnte. Die Vegetation zwischen den Badlands ist außerordentlich blumenreich, besonders das prächtige, bis 80 cm hohe Purpur-Knabenkraut *(Orchis purpurea)* fällt im Frühjahr

Badlands-Landschaft bei Artieda

nen etwas verwachsenen Pfad, der in wenigen Minuten zu einer Wiese führt, auf der die Ruine der **Einsiedelei San Juan** (7.45 Std.) steht. Von hier hat man noch einmal einen guten Blick über den Stausee auf das nördliche Ufer, im Nordwesten ist deutlich die große alte Abtei Leire zu sehen, die vom Jakobsweg nicht berührt wird, aber von vielen Pilgern auf einem Abstecher besucht wurde und wird (s. S. 32).

Vor der Wiese biegt unser Pfad nach links, bis zur nahen Asphaltstraße hat er stellenweise den Charakter eines alten Maultierweges. Zurückgekehrt auf die Asphaltstraße gehen wir nach rechts und sind nach wenigen Minuten im Städtchen **Ruesta** (8 Std.).

Ruesta

Das Zwergstädtchen wurde nach dem Aufstauen des Stausees von Yesa verlassen – die Ackerflächen unterhalb des Ortes wurden sämtlich im Wasser begraben, die Lebensgrundlage war verloren. Erst vor einigen Jahren kam man auf die Idee, den Ort wieder zu beleben, die auf steilem Felsen liegende Burg und die Kirche zu restaurieren, einzelne Häuser zu renovieren und für Touristen zu öffnen. Die Arbeiten zur Wiederherstellung sind noch im Gange, es wird noch Jahre dauern, bis der Ort wieder wirklich belebt sein wird. Inzwischen lohnt es sich, durch die schmalen Gassen zu streifen, nach den Taubenhäusern oberhalb der Durchgangsstraße zu suchen, dem Pfad zum Campingplatz und zum See hinunter zu folgen, der am alten Jakobsbrunnen vorbeiführt und die romanische Einsiedelei des Apostels Jakobus berührt.

(Mai und Juni) immer wieder ins Auge.

Obwohl der Stausee ganz nahe ist, sieht man ihn nicht. Nach einer Stunde auf der Asphaltstraße, nach dem **Brückchen** über den **Arroyo de Vidiella** (6.45 Std.), bietet ein markierter Fußweg nach links einen kurzen Abstecher durch die Wiesen an, dann sind wir wieder an der Straße. Endlich, fast 1 km weiter, erlaubt eine Straßenausbuchtung einen weiten Ausblick über den See. Der für diesen Kilometer alternative, rotweiß markierte Pfad, der meist zwischen Brombeerhecken weiter unten am See verläuft, bietet kaum Ausblicke.

100 m nach Kilometerstein 9 zweigt bei einem Markierungsstein mit gelben Pfeilen und Muschel ein Karrenweg nach rechts ab, der nach 250 m endet. Hier nach links auf einen

Einsamkeit im Grenzland

Von Ruesta nach Sangüesa

Wo vor tausend Jahren zwischen Christen und Mauren um jeden Meter gekämpft wurde, ist heute einsames Bauernland. Sangüesa ist purer Jakobsweg: Jakobuskirche und eine prachtvolle romanische Marienkirche.

DIE ETAPPE IN KÜRZE

++
Anspruch

6 Std.
Gehzeit

21 km
Länge

Charakter: Auf Erd- und Staubstraßen, kurze Strecken auf Pfaden, im Abstieg nach Undués de Lerda Maultierweg; wegen holpriger Abschnitte als mittelschwer einzustufen.

Einkehr und Verpflegung: Bar in Undués de Lerda (Hogar Social – von den Dorfbewohnern selbst geführt), nur dort Wasser

Pilgerherbergen: Undués de Lerda: Gemeindeherberge neben der Kirche, 56 Plätze, im Sommer oft durch Gruppen komplett belegt, mit Mahlzeiten, Tel. 948 888105; **Sangüesa:** Pilgerherberge der »Hijas de la Caridad«, eines sozialen Ordens, Calle Enrique Labrit (den Schlüssel holt man sich im Altersheim um die Ecke), 12 Betten, Küche/Aufenthaltsraum, Tel. 948 870042

Hotel/Camping: Sangüesa: Hotel Yamaguchy**, Ctra. Javier, teuer, Tel. 948 870127; Pension Las Navas**, Calle Alfonso El Batallador 7, preisgünstig, aber nur 6 Zimmer, Tel. 948 870077; **Camping** südlich des Ortes am Río Aragón, Paseo de Cantolagua, Tel. 948 430352

Information: Sangüesa: Calle Mayor 2 (gegenüber Santa María La Real; guter Stadtplan)

Vor der Herberge von **Ruesta** wendet man sich auf den gepflasterten Weg, der zwischen ihren beiden Gebäuden abwärts führt. Er passiert gleich unterhalb des Ortes den Jakobsbrunnen und überquert ein paar Minuten später den **Río Regal** auf einer modernen Brücke, die zum Campingplatz hinüber führt. Dieser wird gequert, ein Pfad führt auf der anderen Seite in den Buschwald hinauf. Gleich darauf passiert man die romanische **Einsiedelei des Apostels Jakobus,** von der die – verschlossene – Kirche erhalten ist. Eine Minute später ist eine schlechte Forststraße erreicht, wir gehen auf ihr nach links bergauf, bis sie eine Viertelstunde später auf einem Rücken in eine etwas bessere Forststraße mündet. Nun nach rechts. Eine große Wiese wird erreicht, die gelben Zeichen winken uns an einer **Gabelung** (1 Std.) auf einen Karrenweg, der nach links bergauf führt. (Wer hier stattdessen geradeaus geht, findet sich auf einem oberhalb des Stausees von Yesa verlaufenden Fahrsträßchen wieder, über das man nach 3 Std. die Nationalstraße zwischen Pamplona und Jaca und das Kloster Leire erreicht.)

Wir steigen ziemlich flott über eine breit gewalzte Erdstraße bergan, die an eine Skipiste erinnert, genießen bald einen wunderschönen Tiefblick auf den Stausee von Yesa und erreichen nach fast 1 Std. Steigung den Waldrand und den **Rücken** des Bergkammes zwischen Ruesta und Undués de Lerda (2 Std.). Schöne Ausblicke nach Westen und Nordwesten belohnen uns für die Mühe, man sieht über die Täler von Aragón und Irati weit nach Navarra hinein. Die Erdstraße stößt hier auf einen Querweg, ein Markierungsstein weist uns nach links, ein weiterer nach 50 m nach rechts auf einen schlechten Fuhrweg. Sanft abfallend führt er durch Wiesen und Weiden, erreicht einen breiten Rücken und ein einsames **Haus** mit einigen bebauten Terrassenfeldern, wo er sich nach links in Richtung des jetzt gut sichtbaren Ortes Undués de Lerda zu senken beginnt. An ein paar Stellen tritt hier Schwefelwasser aus, was nach Regenfällen und im Frühjahr besonders deutlich zu riechen ist.

Nach 10 Min. Abstieg wendet man sich bei einer einsamen Steineiche nach links auf einen Pfad, wahr-

scheinlich den originalen mittelalterlichen Pilgerweg, der genau auf den Ort zuläuft, das Tal des Río Regal quert und jenseits in den nördlichen Ortsteil von **Undués de Lerda** hinauf führt. Die Kirche und die Pilgerherberge befinden sich links am höchsten Punkt des Ortes (3.15 Std.).

Zurück zum nördlichen Ortsteil und auf einem deutlich markierten Fußweg nach Westen hinaus, der sich gleich nach Ortsende zum Pfad verengt. Niemand verwendet ihn

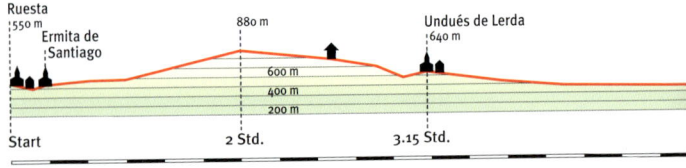

The map shows the region with labels: Arangüite 1353 m, Monasterio de Leire, SIERRA DE LEIRE, 834 m, YESA, Arroyo Valagrande, TIERMAS, Jaca A 21/N240, Camping O.S., Camping Mar del Pirineo, Barranco San Martín, Río Aragón, 699 m, BARDENAS, Embalse de Yesa, Jaca, START, Ermita de Santiago, RUESTA, Cruz 852 m, Arroyo de las Nogueras, 882 m, Arroyo de Molinar, Río Regal, UNDUÉS DE LERDA, A 1601, N, 0 — 1,5 km, 1 : 145.000, Sos del Rey Católico, Jaime 915 m

Sangüesa
400 m
...00 m
6 Std.
21 km

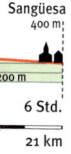

mehr, die brandneue Asphaltstraße links (südlich) von uns hat allen Verkehr nach Westen und Norden abgezogen. Unser Weg schafft es fast 20 Min. lang, der Asphaltstraße auszuweichen, kommt ihr allerdings ganz nahe, dann aber müssen wir sie zur anderen Seite queren (4 Std.). Große Schilder kündigen den Autofahrern das Queren des Camino de Santiago an, uns aber weist nicht ein einziger gelber Pfeil den Weg. Dass wir richtig sind, beweist der Grenzstein zwischen Aragón und Navarra,

der nach einer weiteren Viertelstunde links des Weges auftaucht, er trägt das stilisierte Zeichen der Pilgermuschel, das den Spanischen Jakobsweg auf seiner ganzen Länge markiert.

10 Min. später wird eine Asphaltstraße gequert (4.30 Std.) und es beginnt eine schnurgerade Schotterstraße, der wir etwa 1 Std. lang folgen. Dann macht unsere Straße auf einem Rücken plötzlich eine starke Rechtskurve, wir sehen auf das Tal des Río Aragón und auf Sangüesa. Hier zweigt ein Staubsträßchen nach links ab (5.15 Std.), das uns zunächst im Rechtsbogen und dann ziemlich geradeaus näher an den Ort heranbringt. Eine halbe Stunde später kommen wir auf eine Asphaltstraße, unterqueren eine größere Straße, halten uns rechts und stehen unversehens vor der Stierkampf-

33

Blick auf Undués de Lerda

arena von **Sangüesa**. Jenseits des Platzes beginnt die Calle Magdalena, die uns zur Pilgerherberge führt (diese liegt links) und in ihrer Fortsetzung (als Calle Enrique Labrit und dann Alonso el Batallador) an der Kirche des Apostels Santiago vorbei zur Hauptstraße Calle Mayor mit der Kirche Sta. Maria la Real (links) und der Touristeninformation schräg gegenüber.

Sangüesa

Die Brücke des Jakobsweges über den Río Aragón steht am Anfang der Stadtentwicklung von Sangüesa. Direkt an der Brücke erhebt sich die Kirche *Santa María la Real,* ein im 12. Jh. begonnener und erst zwei Jahrhunderte später vollendeter Bau.

Besonders eindrucksvoll ist das figurenreiche spätromanische Südportal, es schaut auf die Calle Mayor, die Pilgerstraße. Im Inneren beeindrucken die frühgotische Vierungskuppel, der Renaissance-Hochaltar des Jorge de Flandes und die prachtvolle Prozessionsmonstranz in einer Nische der Westwand. Die *Jakobskirche* ist ein gotischer Bau, die Pilger begrüßt eine Jakobusfigur über dem Hauptportal. Am Anfang der Straße nach Javier liegt das *Kloster San Francisco,* das vom hl. Franziskus persönlich gegründet worden sein soll – im Prinzip ist das denkbar, hat der Heilige doch 1212 oder 1213 Sangüesa auf seiner Santiago-Pilgerfahrt passiert. Und Paläste, Paläste, Paläste, schließlich war Sangüesa im 16. Jh. sogar kurzzeitig navarrische Residenzstadt!

Stiere und Wüstungen

Von Sangüesa nach Monreal

Etwas unwohl fühlt man sich schon, wenn man durch ein Gut mit einer wilden Stierherde wandert – aber man ist schließlich in Spanien. In Santa Cilia und in Olatz passieren wir abgekommene Siedlungen, hier ist die Einsamkeit dieser Etappe doppelt fühlbar.

DIE ETAPPE IN KÜRZE

++
Anspruch

8 Std.
Gehzeit

25 km
Länge

Charakter: Lange, aber einfach zu gehende Etappe auf Staubstraßen, Karrenwegen und Pfaden; Vorsicht bei der Passage des Stiergutes Olatz (Umgehung möglich)

Einkehr und Verpflegung: Das **Wasser** der beiden Brunnen ist möglicherweise nicht ganz einwandfrei – also genügend Trinkwasser mitnehmen; Izco (Bar der Herberge), Monreal (Tienda in der Calle Mayor, Restaurant im Hotel Unzué an der Nationalstraße oberhalb des Ortes)

Pilgerherbergen: Izco: kleines, gut ausgestattetes Albergue mit 8 Plätzen, Küche, Duschen, begrenzte Einkaufsmöglichkeiten, Tel. 948 362129; **Monreal:** Pfarrherberge, Calle de la Corte bei der Kirche, 2001 völlig erneuert, 26 Plätze, Küche, Aufenthaltsraum, Tel. 948 362081

Hotel: Monreal: Hostal Unzué**, an der Nationalstraße, Tel. 948 362008

Sangüesa kann man nach Westen nur über die Aragón-Brücke verlassen, also wandern wir auf der Calle Mayor an der Kirche Santa María la Real vorbei und über den Fluss. Am jenseitigen Ufer wenden wir uns nach rechts und eine Viertelstunde später auf das Sträßchen, das links nach Rocaforte abgeht. 2 Min. später zieht ein Weg nach rechts, der im großen Linksbogen zum über uns liegenden Ort **Rocaforte** (30 Min.) hinaufführt. Man geht nicht bis zum höchsten Punkt, sondern hält, wenn man erst einmal das Plateau erreicht hat, auf dem der Ort liegt, die Gehrichtung ein. Ein Staubsträßchen zieht vom Ort in Richtung eines Einschnittes, der sich bald als Trockental erweist – oder doch nicht ganz trocken: Links liegt in einer kleinen Grünanlage der Brunnen des hl. Franziskus *(Fuente de San Francisco)*, den der Heilige zumindest passiert hat, als er vor fast 800 Jahren Sangüesa besuchte und wie wir weiterging nach Monreal. Die Staubstraße steigt ohne bedeutende Richtungswechsel weiter sanft an, das Tal wird breiter, das Sträßchen schlechter, wird ab einem Gehöft mit Brunnen zum Fuhrweg und eine halbe Stunde später bei einem weiteren Brunnen zum Pfad. Die Hügelkette

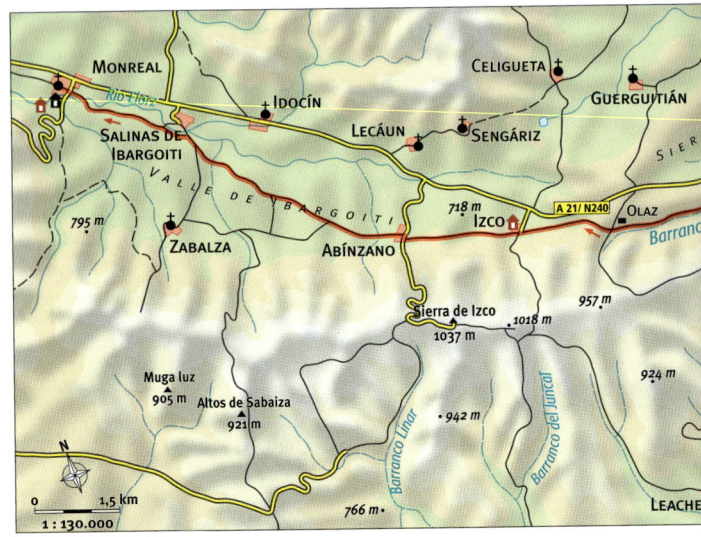

rechts von uns – Sierra de Izco – wird von einer Reihe von Windrädern gekrönt. Diese überdimensionalen weißen Anlagen sind Teil eines Windkraftwerkes, von denen Navarra mittlerweile etwa ein Dutzend besitzt. Bereits mehr als ein Fünftel des Energiebedarfs der Provinz wird durch Windkraftwerke gedeckt.

Der nächste Brunnen liegt in der Wüstung des Ortes **Santa Cilia** (2 Std.), von dem wirklich kaum mehr übrig geblieben ist als die Wasserstelle. Der Pfad führt nun etwas stärker bergan, viele Blumen begleiten den Wanderer. Er unterquert eine Asphaltstraße und erreicht den **Puerto Olaz** (2.30 Std.), eine deutli-

che Senke im Kamm der Sierra de Izco, von wo aus man einen prachtvollen Ausblick auf das Valle de Ibargoiti und die Berge jenseits genießt, die das breite Tal des Río Irati weiter im Norden und die nahen Pyrenäen fast vollständig verdecken.

Der Weg bergab beginnt mit einem hübschen Steig durch Wiesen, der uns knapp oberhalb der Asphaltstraße nach links zu einem Rücken führt, zuletzt auf einem Fuhrweg. Auf dem Rücken beginnt ein schmaler Pfad, der rechts abwärts zum Wald und durch diesen hindurch recht steil zu einem Staubsträßchen führt, das hier oberhalb eines kleinen Wasserbeckens ver-

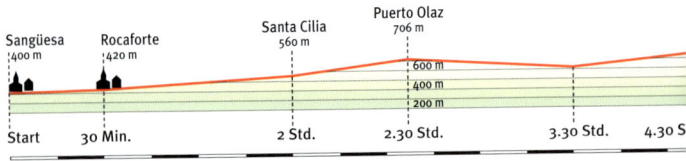

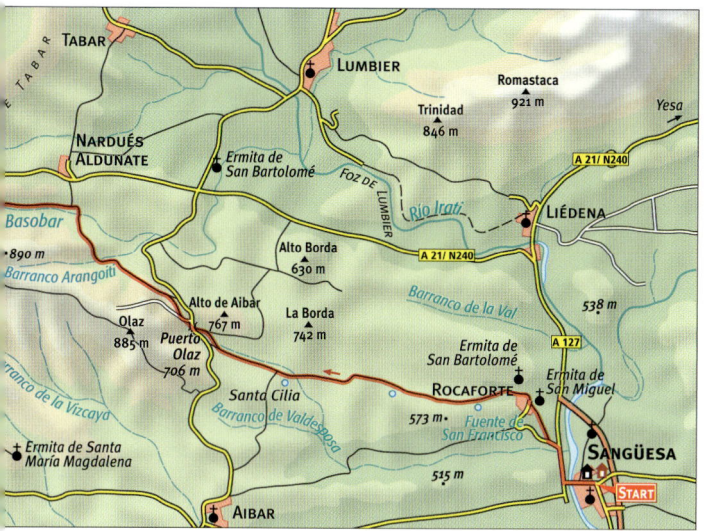

läuft. Wir folgen ihm kurz nach links und biegen nach nur 100 m nach rechts auf einen Pfad ab. Dieser führt uns ohne Niveauverlust in das Bachtal des **Barranco Arangoiti,** das wir nach rechts in Richtung eines Rückens mit Starkstromleitungsmasten queren. **Achtung:** Viele Wegspuren verlaufen quer zu diesem Weg, es sind die Trittspuren von Weidevieh, das hier zur Tränke kommt!

Auf dem Rücken wird ein schlechter Fuhrweg gequert, jenseits geht es fast völlig flach weiter, wobei sich schöne Blicke in das Tälchen des Barranco Basobar rechts unter uns ergeben. Wo der Pfad in einen Fahr-

weg mündet, geht man rechts, passiert einen Viehrost und hat 150 m weiter auf einem kleinen **Pass** (3.30 Std.) ein Gatter links von sich. Durch dieses Gatter führt der Weg weiter durch das riesige **Gut Olaz**, das von einer Herde von Wildstieren beweidet wird. Die Tiere sind normalerweise friedlich, liegen wie Kühe im Gras und sind mit Wiederkäuen beschäftigt oder fressen fleißig das Grünzeug ab, vertreten jeden Rest von festem Grund auf unserem auch unter besten Umständen lehmigen Weg und verzieren ihn mit ihren Fladen (bis nach Galicien haben Sie keine Gelegenheit mehr, so oft in Kuhfladen zu treten!).

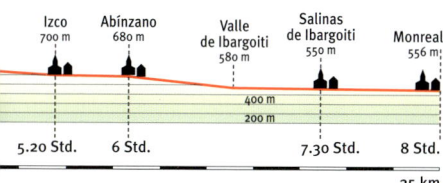

Variante: Wer dennoch vorsichtig sein will, geht auf dem Fahrweg weiter und ist nach einer Viertelstunde an der viel befahrenen A 21 (N 240), auf der er nach links gehend in etwa 1.15 Stunden die kurze Zufahrt nach Izco und damit wieder den Jakobsweg erreicht – alles in allem keine schöne Alternative.

Das Gut Olatz nimmt die Wüstung eines gleichnamigen Ortes ein. Man verlässt es erst nach einer guten halben Stunde Weges, wendet sich auf einer vor der Gutsausfahrt (4.30 Std.) querenden Staubstraße rechts und sofort wieder links auf einen durch Wald abwärts führenden Pfad. Wo er den Rand des Valle de Ibargoiti erreicht, führt er als breite Staubstraße zum Ort **Izco** (5.20 Std.) mit Brunnen gleich links am Ortsanfang (Pilgerherberge rechts oberhalb des Durchgangssträßchens).

Von Izco führt eine geradlinig gewalzte Flurbereinigungsstraße als Staubstraße weiter nach **Abínzano** (6 Std.) und Salinas de Ibargoiti. Dabei müssen drei Höhen überwunden, drei Tälchen durchquert werden, was trotz der geringen Höhenunterschiede am Ende eines langen Wandertages ganz schön in die Knie geht. Eine Brücke quert vor **Salinas de Ibargoiti** (7.30 Std.) den schmalen Río Elorz, auf einem Fußgängersteg gelangt man unmittelbar darauf zurück an das linke Ufer, wo ein Pfad beginnt und eine Quelle zum Trinken verführt. Der Pfad ist nicht ganz ungefährlich, da er auf dem Hochufer verläuft und teilweise abgebröckelt ist, also größte Vorsicht! Nach nur 400 m müssen wir nach links einen Bach durch eine **Furt** queren, jenseits beginnt ein meist schattiger Wanderweg, der uns in einer halben Stunde zur alten Pilgerbrücke von **Monreal**

(8 Std.) und hinauf in den Ort zur Kirche und Pilgerherberge bringt.

Geier über dem Jakobsweg

Auf der Strecke zwischen Sangüesa und Monreal haben wir noch einmal besonders gute Chancen, Raubvögel zu beobachten, besonders Geier. Jenseits der Tallinie, die von Río Aragón und Río Irati durchflossen wird und sich nach Nordwesten bis Pamplona zieht, liegen nämlich einige der größten Geierkolonien Spaniens. Die am leichtesten vom Jakobsweg erreichbare befindet sich in der Schlucht Foz de Lumbier, 7 km nördlich von Sangüesa. In der engen, von senkrechten Wänden gebildeten Klamm des Río Irati leben zahlreiche Brutpaare des Gänsegeiers. Von einem durch die Schlucht führenden Weg kann man sie beim An- und Abflug beobachten. Im weiten Umland sieht man immer wieder Gruppen von Gänsegeiern, die in großer Höhe segeln. Sobald sie Aas sichten, können sich mehrere Dutzend dieser eindrucksvollen Vögel versammeln. Auch andere Geier kommen vor, so der deutlich kleinere Schmutzgeier. Spaniens seltenster und größter Geier (Spannweite bis 2,80 m), der Bartgeier, brütet in den Pyrenäen von Huesca, östlich von Jaca, wird aber auch immer wieder hier gesichtet. Der Gesamtbestand des Bartgeiers wurde innerhalb Spaniens für 1999 auf 63 Paare geschätzt, einige *ménages à trois* eingeschlossen (so etwas gibt es also nicht nur bei uns Menschen). Der namengebende Bart unter dem besonders kräftigen Schnabel (*quebrantahuesos* – Knochenbrecher) macht ihn sofort erkennbar – doch so nahe werden Sie an ihn wahrscheinlich nicht herankommen.

Ruhe vor dem Sturm

Von Monreal nach Puente la Reina

Wer den Spanischen Jakobsweg am Somportpass beginnt, ahnt nicht, was ihn ab Puente la Reina/Gares erwartet: Pilger, Pilger und nochmals Pilger! Also noch einmal die Ruhe und Einsamkeit genießen und den Traumpfad über den Dörfern.

DIE ETAPPE IN KÜRZE

+++
Anspruch

8.30 Std.
Gehzeit

28 km
Länge

Charakter: Viel Auf und Ab mit geringem Höhenunterschied, aber insgesamt recht mühsam; im ersten Teil vor allem neue Pfade, im zweiten Staubstraßen, kurze Asphaltstücke

Einkehr und Verpflegung: Bis Tiebas kein Wasser; Tiebas (Bar, Bäckerei); Enériz (Restaurant/Bar Mesón del Camino, rustikale Küche), Obanos, Puente la Reina/Gares

Pilgerherbergen: Tiebas: Kommunale Herberge im Schulhaus (Schlüssel in der Bar), Calle Mayor 43, sehr einfach, Tel. 948 360002; **Eunate:** Private Herberge, 15 Plätze, Tel. 636 77384; **Obanos:** Neue Herberge an der Kirche, 36 Plätze, Tel. 676560927; **Puente la Reina/ Gares:** Herberge der Padres Reparadores am östlichen Ortsrand (Anmeldung: Calle Crucifijo 1), 100 Plätze, dreistöckige Betten, Küche, Aufenthaltsraum, zu wenige sanitäre Einrich-

tungen, eng, Tel. 946 340050; kommunale Herberge, Calle San Pedro 22, am westlichen Ortsrand, nur im Sommer geöffnet, 40 Plätze, keine Küche, Tel. 948 340007; Santiago Apostol, private Herberge, jenseits der Pilgerbrücke, 90+ Plätze, Mahlzeiten, Tel. 948 340220

Hotels: Puente la Reina/ Gares: Hotel rural Bidean*, Calle Mayor 20, mitten im Ort, auch Mahlzeiten, nicht billig, aber komfortabel, Tel. 948 340457; Hotel Mesón del Peregrino**, Ctra. Pamplona Logroño km 23, teuer, aber angenehm und ruhig, Tel. 948 340075; Hotel Jakue***, Irunbidea s/n, für seine Kategorie günstig, Tel. 948 341017. Beide an der Abzweigung der Straße nach Tiebas.

Information: Puente la Reina/Gares: Plaza Mena, im Rathaus, Tel. 948 340845

Südlich von Monreal erhebt sich der spitze Bergkegel des Higa. Er ist ein isolierter Gipfel der Sierra de Alaiz, an deren Nordfuß wir uns heute bis Tiebas bewegen werden. Der alte Jakobsweg verlief etwa dort, wo sich heute die Asphaltstraße befindet, die von uns begangenen Wege im untersten Bereich der Berghänge wurden zum Teil erst in den letzten Jahren zu einer Fuß-Verbindung zusammengestellt. Zu einer der landschaftlich schönsten, sicher zu einer der blumenreichsten des ganzen Jakobsweges!

Aus **Monreal** geht man über die Calle del Burgo in Richtung der oberhalb verlaufenden A 21 (ehemals N 240) hinaus. Noch bevor man diese berührt, zieht ein gut bezeichneter Fuhrweg nach links und führt uns zum Río Elorz hinunter. Wir folgen

ihm auf einem Fußweg bis zu einer Brücke, wo wir zum linken Flussufer queren und auf einem Fuhrweg genau auf die Spitze des Higa-Berges zuhalten, bis der Fuhrweg am eigentlichen Hangfuß nach rechts abbiegt und wir mit ihm. An einer Schulter, von der wir das Dörfchen Yárnoz erkennen, mutiert unser Fahrweg zum Pfad, der ein bisher nicht einzusehendes, steil eingeschnittenes Bachtal quert, um uns dann nach **Yárnoz** hinauf zu leiten. Wir bleiben etwas oberhalb des Dorfes, wo ein planierter Fuhrweg weiterführt, zuerst am Friedhof vorbei und dann in ziemlichem Auf und Ab bis oberhalb **Otano** (1.30 Std.), dem nächsten Dorf. Leider machen sich ab hier die Bauarbeiten an der unterhalb verlaufenden neuen A 21 be-

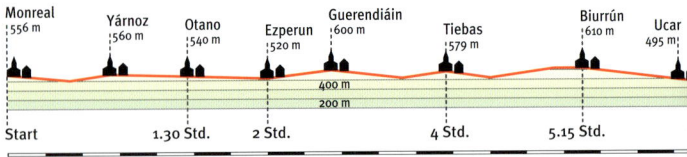

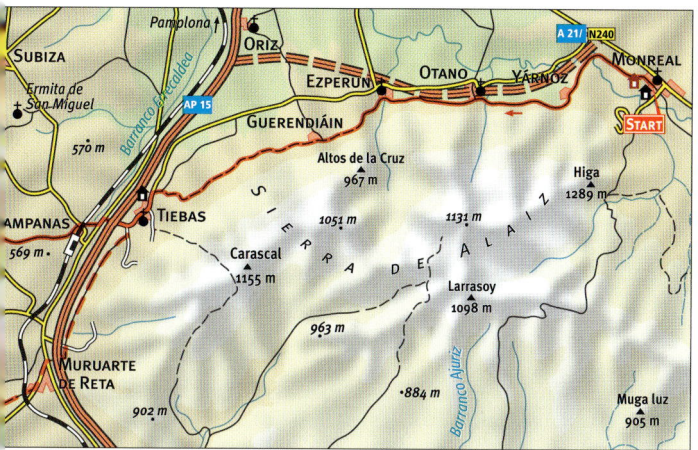

merkbar, sie werden uns bis nach Ezperun begleiten.

Geradeaus weiter, das nächste Dorf liegt wieder eine halbe Stunde entfernt. Bevor wir **Ezperun** (2 Std.) erreichen, werden wir nach links auf ein asphaltiertes Sträßchen gelenkt, das zu einem aufgelassenen Steinbruch hinauf führt. Wir verlassen ihn nach rechts auf einem Fahrweg, der in die Hänge oberhalb des Ortes führt. In der ersten Linkskurve gehen wir geradeaus weiter auf einem wunderschönen, aussichtsreichen Pfad durch Wiesen und Macchie. In **Guerendiáin** wird der Pfad unterbrochen. Man passiert den Ort oberhalb der Kirche, gelangt an einen weiteren Steinbruch, der geradeaus passiert wird, aber dann geht unser Pfad weiter, wenn möglich noch schöner als vorher.

Wald, lockere Macchie, blumenreiche Rasen wechseln einander ab, immer wieder gibt es wunderschöne Ausblicke auf das Tal unter uns. Wenn da nicht die Autobahn wäre …

Knapp vor Tiebas, dessen Burgruine schon zu sehen ist, versperrt ein riesiger Steinbruch den Weiterweg. Man muss hinunter zur Straße und ihr links hinauf in den Ort folgen. **Tiebas** (4 Std.) wird durch Nationalstraße, Autobahn, Bahnlinie, Steinbrüche und Schotterwerke eingezwängt und nahezu erdrückt. Kein Ort für eine lange Rast.

Von den beiden **Wegvarianten** zwischen Tiebas und Enériz beschreiben wir die landschaftlich reizvollere über Ucar, die auch den Vorteil hat, nicht lang an der Autobahn vorbei zu führen und gut markiert ist. Wir verlassen Tiebas auf der Hauptstraße in südlicher Richtung und gehen bei der nächsten Gabelung rechts hinunter Richtung Autobahn, die im Tunnel unterquert wird. Jenseits quert man die parallel laufende N 121 und geht auf einem alten Gleiskörper im Bogen nach links bis zum ehemaligen Bahnhof von

Tiebas im Ortsteil **Campanas.** Nachdem man eine Mehlfabrik passiert hat, wendet man sich nach rechts auf eine schmale asphaltierte Straße, die sich nach ca. 800 m zum Fuhrweg verschmälert und links eines großen, isoliert stehenden Mastbetriebes als schlechter Fuhrweg einen Hang erklimmt. Oben angekommen hat man schöne Blicke zurück auf Tiebas und die Kette der Sierra de Alaiz im Hintergrund, in Marschrichtung ist bald das nahe Dorf Biurrún zu sehen. **Biurrún** (5.15 Std.) quert man nach links, verlässt die asphaltierte Hauptstraße und biegt auf eine gegenüber dem Brunnen beginnende Staubstraße ab. Nur einen halben Kilometer geht man so geradeaus, dann wendet sich die Straße nach rechts und führt durch hügeliges Gelände mit Feldern und Resten von Steineichenwald hinunter nach **Ucar.** Wieder erlaubt ein Pilgerbrunnen, gleich rechts nach dem Ortsbeginn, das Auffüllen der Wasserflasche, dann ist man auch schon wieder aus dem Dörfchen hinaus, dessen Hauptstraße nicht zufällig Calle de Santiago heißt. Wieder Staubstraße, schattenlos. Nach Querung der schnellstraßenmäßig ausgebauten Umfahrung erreicht man **Enériz** (7 Std.) an der alten Straßenverbindung zwischen Tiebas und Puente la Reina. Beim – wasserlosen – Brunnen quert man nach links, überschreitet einen Bach, den Río Robo, und wandert nach rechts weiter auf einer Staubstraße. Eine halbe Stunde später weisen deutliche Zeichen nach rechts auf einen Pfad zwischen Feldern. Er führt zu einem der bekanntesten Monumente entlang des Jakobsweges, der Kirche Santa María de **Eunate** (7.30 Std.). Ein Brunnen mit kaltem Wasser auf dem Vorplatz bringt Erfrischung, bevor man die völlig einsam in den Feldern gelegene Kirche besichtigt (wenn sie denn geöffnet ist).

Weiter auf einem Pfad, der eine Viertelstunde später die Asphaltstraße quert und jenseits nach einem Linksknick eine andere Asphaltstraße erreicht, von der ein kurzes Sträßchen in das Dorf **Obanos** hinauf führt. Dies ist eine geschichtlich bedeutsame Stelle: Hier kamen vor dem Bau der heutigen Autostraßen der Navarrische und der Aragonische Weg zusammen, hier begann der *Camino francés.* Bauarbeiten, die an dieser Stelle das gesamte Tal queren, verheißen nichts Gutes.

Aus **Obanos** (8 Std.), dessen Kirche den Besuch lohnt, geht man auf dem mit »Puente la Reina« gekennzeichneten Fahrweg aus dem Ort hinaus (nicht auf der ebenso gekennzeichneten Asphaltstraße!). Er führt zunächst eben zu den letzten Häusern und dann recht holprig hinunter zur Talstraße, die wir vorsichtig überqueren. Jenseits rechts weiter, Puente la Reina ist nur noch eine Viertelstunde entfernt. Man erreicht den Ort bei einem modernen Pilgerdenkmal und hält sich links, an zwei Hotels vorbei und hat bald links von sich die Pilgerherberge am äußersten östlichen Rand der Altstadt von **Puente la Reina/Gares** (8.30 Std.).

Die Sehenswürdigkeiten

Santa María de Eunate: Templerkirche? Friedhofskirche? Wallfahrtskirche? Die einsam liegende achteckige Kirche mit ihrer achtseitigen Bogengalerie gibt keine Antwort, so wenig wie Ausgrabungen Auskunft geben. Die sorgfältige Bearbeitung des Steins, die feinen Rippen im Inneren der achteckigen Kuppel, der ganze

Aufwand sprechen auf jeden Fall für einen Auftraggeber, der sich Wertarbeit leisten konnte. Vielleicht war die Ende des 12., Anfang des 13. Jh. gebaute Kirche Teil eines großen Pilgerhospitals der Templer, das später von den Johannitern übernommen wurde. In der Kirche eine Nachbildung der Grabeskirche zu sehen, ist pure Phantasie; wenn die Templer Kirchen mit zentralem Grundriss bauten, dann nahmen sie sich dafür, wenn überhaupt, die Pfalzkapelle in Aachen zum Vorbild.

Puente la Reina/Gares: Der Doppelname des Ortes weist darauf hin, dass wir uns im Baskenland befinden. Die kastilische (»spanische«) und die baskische Ortsbezeichnung sind häufig völlig unterschiedlich. Das alte Navarra war ein baskischer Staat, Puente la Reina einer der wichtigen Orte dieses Staatswesens: Hier querte der Jakobsweg, die wohl wirtschaftlich bedeutendste Verkehrsverbindung des Staates, einen Fluss, den Río Arga, der zu wasserreich ist, um ihn zu furten. Eine navarrische Königin stiftete die Brücke, nach der der Ort immer noch benannt ist: Puente la Reina, Brücke der Königin. Welche es war, ist nicht bekannt, im 11., vielleicht im 12. Jh. hat sie gelebt.

Aus dem Mittelalter haben sich drei Kirchen erhalten, deren Besuch kein Pilger versäumen sollte: Kirche und Kloster (mit Herberge) *Santa María de la Vega y del Crucifijo,* Kreuzkirche und Kloster am östlichen Ortsrand; spätromanisch-gotisch ist die dunkle Kirche mit ihrem geschnitzten gotischen Gekreuzigten. In der Ortsmitte liegt die Hauptkirche *Santiago el Mayor,* also dem Apostel Jakobus d. Ä. gewidmet, dessen an der Nordwand stehende farbig gefasste Statue, Santiago Beltza, von jedem Pilger besucht werden sollte. Die große gotische

Santa María de Eunate

Kirche mit dem Renaissanceturm hat einen barocken Turmaufsatz und ein romanisches Südportal. Ein solches Portal mit viellappigem Bogen werden wir in ähnlicher Form am nächsten Tag in Cirauqui wieder sehen und später in Estella, wo San Pedro de la Rúa eine ähnliche Form hat. Hat sich der Schöpfer dieser drei Portale von den arabischen Bögen Andalusiens beeinflussen lassen? Man darf es annehmen. Am Westrand der Stadt liegt die Kirche *San Pedro Apóstol,* eine gotische Kirche mit sehr schönem geschnitztem Barockaltar, einer Barockorgel und dem Gnadenbild der Virgen de Txori (Unsere Liebe Frau mit dem Vogel). Die Marienstatue ist ein Abbild des Gnadenbildes von Le Puy, Hinweis auf die alten und intensiven Beziehungen des *Camino francés,* des Franzosen- (oder Franken-)weges mit Frankreich.

Bekannter als alle drei Kirchen zusammen ist die sechsbogige *Brücke* über den Arga-Fluss mit dem leichten Scheitelknick, zweifelsfrei romanisch. Heute wird sie nur noch von Fußgängern benutzt, von der südlich gelegenen modernen Brücke hat man einen schönen Blick darauf.

Tour 7

Auf Rolands Spuren

Von St-Jean-Pied-de-Port über den Cisa-Pass nach Roncesvalles

Der wichtigste Pyrenäenpass der Jakobspilger hat eine lange Geschichte. Schon als Karl der Große ein Frankenheer darüber führte, war die Römerstraße 800 Jahre alt. Und am Ziel der ersten Etappe, in Roncesvalles, werden seit 800 Jahren Pilger aufgenommen.

DIE ETAPPE IN KÜRZE

+++
Anspruch

8 Std.
Gehzeit

26 km
Länge

1250 m
Anstieg

Charakter: Anstrengender, langwieriger Anstieg auf z.T. asphaltierten Fahrwegen, sonst Fuhrwege mit kurzen Fußwegstrecken

Markierung: Rot-weiße Zeichen des Wanderwegs GR 65 sowie die gelben Zeichen des Jakobswegs

Einkehr und Verpflegung: Wasser nach Hunto und nahe der Grenze; Einkehr erst in Roncesvalles (Restaurants, vorbestellen!); keine Tienda

Anfahrt: Bahnverbindung Von Bayonne nach St-Jean-Pied-de-Port ca. 3 x täglich

Pilgerherbergen: St-Jean-Pied-de-Port: Refuge Vieille Navarre, rue de la Citadelle 39, hier gibt es auch den Pilgerpass, 40 Plätze, Tel. (0033) 055 937 0509; Refuge Esprit de Chemin, rue de la Chapelle 40, Tel. (0033) 055 937 2468; **Valcarlos** (an N 133 !): Gemeindeherberge, 4 Plätze, Tel. 948 790117; **Orreaga/Roncesvalles:** Herberge der Real Colegiata de Roncesvalles im Stift, 80 Plätze, keine Küche – Anmeldung und Pilgerpass im Pilgerbüro der Kirche, Tel. 948 760000; Jugendherberge auf dem Klostergelände Tel. 948 760302

Hotels: St-Jean-Pied-de-Port: Gîte d'étape (Zimmer mit Frühstück), route d'Urhart 9, Tel. (0033) 055 937 1208; Hotel Des Ramparts**, Place Floquet 16, Tel. (0033) 055 937 1379; **Orreaga/Roncesvalles:** Hostal Casa Sabina*, Ctra. a Francia, mit Restaurant, sauber und korrekt, Tel. 948 760012; Hostal La Posada*, Ctra. a Francia, mit Restaurant, Tel. 948 760225

Information: St-Jean-Pied-de-Port: Centre d'Information Saint-Jacques, rue de la Citadelle 39, Tel. 05593 70509, März bis Nov., sonst in der Touristeninfo, place Charles de Gaulle 14; **Orreaga/Roncesvalles:** Information zu Roncesvalles und zum Jakobsweg im ehemaligen Pilgerhospiz rechts unterhalb der Abtei

Der alte Pilgerweg verläuft dort, wo heute die moderne Autostraße von Frankreich über den Puerto de Ibañeta (Col de Roncesvalles) nach Spanien führt – er bietet also insgesamt kein Wandervergnügen. Sinnvoller ist es, der Route Napoléon über den etwas höheren Cisa-Pass (Lepoeder) zu folgen, wobei auch zur Hälfte Asphalt in Kauf genommen werden muss, aber wenigstens kaum befahrener. Dieser Weg hat immerhin auch 200 Jahre Geschichte auf dem Buckel, hat ihn doch Napoleon als Nachschubweg nach Süden angelegt, als er sich auf der Iberischen Halbinsel einmischte.

Man quert in **St-Jean-Pied-de-Port** die Brücke über die Nive und geht in Richtung Stadtmauer weiter, wo man die Altstadt durch die Porte d'Espagne verlässt. Leicht ansteigend geht es geradeaus auf der Straße weiter bis zur zweiten rechts abzweigenden Asphaltstraße, der D 428, die wir nun einschlagen. Sie führt uns an mehreren Bauernhöfen vorbei, so am Hof **Etchébastia** (45 Min.), hinter dem eine Straße nach St-Michel hinunter führt, die wir aber links liegen lassen. Am Ende des Weilers **Hunto** (1.15 Std.), wir sind schon kräftig gestiegen, erlaubt uns ein Viehtriebweg, der hier links abgeht, endlich einmal dem Asphalt zu entfliehen. Nicht lange, denn dort, wo sich der Aufstieg am Beginn eines nach Süden weisenden Rückens allmählich verflacht, erreichen wir die Straße wieder (2.15 Std.), aber auch einen Brunnen (der nächste ist 3 Std. und fast 650 Höhenmeter entfernt!). Die Straße folgt nun dem baumlosen Rücken, zunächst fast flach, dann allmählich ansteigend. Nach einer halben Stunde führt ein Fahrweg nach rechts. Ihm folgt man nur 150 m bis in ein Tälchen, wo ein

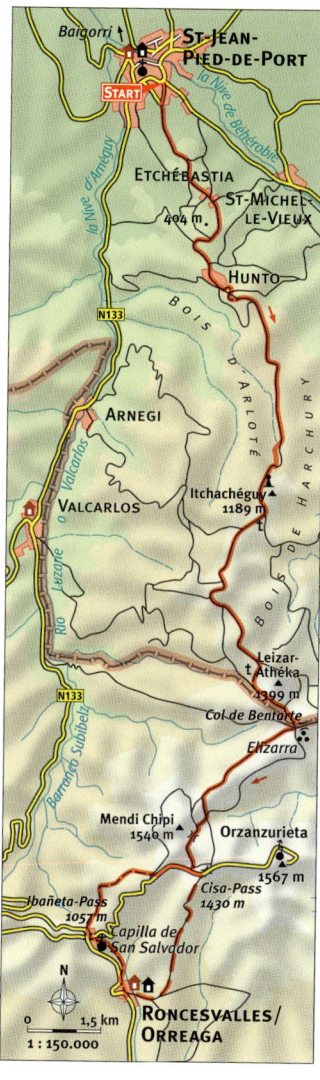

Pfad in der Falllinie nach links aufwärts führt und nach immerhin 120 Höhenmetern wieder die Straße erreicht. An einer Gabelung mit der **Marienstatue d'Orisson** (3.15 Std.) nimmt man das rechte, fast flach weiterführende Sträßchen, bei der

nächsten Gabelung das linke (rechts geht es auf sehr schmalem Sträßchen nach Arnéguy hinunter). Wo unsere Straße auf den markanten Pic Leizar-Athéka zuführt, der die sonst kahlen Kuppen, die uns bisher begleiteten, in Form und Höhe deutlich übertrifft, beginnt rechts ein Fußweg, der deutlich mit gelben und rot-weißen Zeichen markiert ist; das moderne **Steinkreuz Thibault** (4.30 Std.) gibt uns einen weiteren Hinweis. Er führt uns an der Westflanke des Pic Leizar-Athéka um diesen herum und zum **Col de Bentarte** südlich davon. Wir befinden uns jetzt unmittelbar an der **spanisch-französischen Grenze,** deren Verlauf wir noch ein kurzes Stück nach Süden folgen, bevor wir bei einer gut gekennzeichneten Weggabelung (5 Std.) den rechten Zweig wählen, der uns nach Spanien hinüber leitet. An einer Quelle können wir uns erfrischen, bevor wir auf einem Fuhrweg in westlicher Richtung über Hochweiden und durch Buchenwald weitergehen.

Man passiert die Ruinen einer Kapelle in der Flur **Elizaxar** (mit Unterstand) und erreicht kurz darauf einen Gebirgspass, den **Alto de Intzondorre.** Hier erst verläuft die Hauptwasserscheide der Pyrenäen, wechseln wir vom atlantischen zum mediterranen Einzugsgebiet. Wir passieren die Ostflanke des Mendi Chipi und erreichen einen weiteren Pass, den **Alto de Lepoeder,** den historischen **Cisa-Pass** (6.15 Std.), wo uns wiederum eine Asphaltstraße erwartet. Auf ihr oder auf dem zwar abkürzenden aber leicht zu verfehlenden Weg durch schönen Buchenwald, es gibt auch einen steilen direkten Weg nach Roncesvalles (Variante der Karte!), wandern wir nach rechts, bis wir nach 4 km auf dem **Ibañeta-Pass** (7.30 Std.) stehen, den die Franzosen geschichtsbewusster **Col de Roncesvaux** nennen. Denn hier spielt die Rolandssage, hier zogen Pilger über ein Jahrtausend lang nach Santiago. Hier stand auch das ältere der beiden Passklöster, die Abtei San Salvador, die bereits 1071 erstmals erwähnt wird und an die heute die kleine Kirche (von 1965) erinnert. Etwas erhöht steht ein Rolandsdenkmal (ebenfalls von 1965), sieht man doch im katholischen Spanien den tapferen Franken als einen christlichen Helden, der gegen die Ungläubigen focht bis zum Tode (dass diese »Ungläubigen« die Vorfahren der heutigen Basken waren, mag zum Nachdenken anregen).

Roncesvalles ruft. Fromme Pilger stellen hier aus Zweigen geflochtene Kreuze auf. Direkt vom Pass führt ein Fußweg quer über die Wiese bergab, bleibt dann unweit der Straße und erreicht in Kürze die Abtei von **Roncesvalles** (Baskisch: Orreaga; 8 Std.).

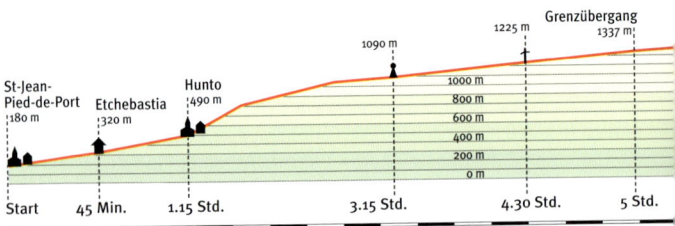

St-Jean-Pied-de-Port :180 m Etchebastia :320 m Hunto :490 m 1090 m 1225 m Grenzübergang 1337 m

1000 m / 800 m / 600 m / 400 m / 200 m / 0 m

Start 45 Min. 1.15 Std. 3.15 Std. 4.30 Std. 5 Std.

Roland und Roncesvalles

Als der fränkische Herrscher Karl, den wir heute den Großen nennen, 777/778 die Pyrenäen überschritt, um den umaijadischen Herrschern Spaniens möglichst viel Land abzunehmen, konnte er sich auf zwei noch existierende Römerstraßen stützen. Hinunter ging es über *Iuncaria* an der *Via Augusta* (heute la Jonquera), zurück über *Pompaelo* (heute Pamplona) und den *Summus pyreneus* nach *Imus pyreneus,* also über den Pass von Roncesvalles nach St-Jean-Pied-de-Port. Um den nachrückenden muslimischen Truppen die Möglichkeit zu nehmen, sich dort zu verschanzen, ließ Karl Pamplona zerstören. Das nahmen ihm die baskischen Bewohner krumm. Obwohl Pamplona schon jahrhundertelang Bischofssitz war, hielten viele von ihnen an ihrem alten Glauben fest, dem Christentum standen sie so fern wie dem Islam. Als das Heer sich in der Enge des Passes über die Pyrenäen befand, ließen baskische Freischärler den zahlenmäßig weit überlegenen Hauptteil passieren und griffen die Nachhut an. Wie es die Legende will, verteidigte sich diese mit allen Kräften, wobei sich besonders Roland (eigentlich *Hruotland),* der Graf der bretonischen Grenzmark, hervortat. Ganz Ritter, weigerte er sich lange, mit seinem Horn Olifant Hilfe zu rufen. Als er es dann doch tat, war es für ihn und alle anderen Franken zu spät. Karl fand nur noch Leichen vor. Die Volksmeinung ließ ihn die Helden in der großen Totenkapelle von Roncesvalles bestatten, die deshalb *Silo de Carlomagno* heißt, (Bein-)Haus Karls des Großen. Das war ein Stoff für Epen!

Roncesvalles

Das Kloster Roncesvalles entstand 1132, etwa 100 Jahre nach dem bald darauf aufgelösten und untergegangenen Salvator-Kloster auf dem Alto de Ibañeta. Wie das Kloster auf dem Pass war es seit der Gründung mit einem Pilgerhospiz verbunden. Vom ersten Bau ist in der Abtei selbst nichts erhalten, nur der Silo de Carlomagno (eigentlich Capilla Sancti Spíritus) südlich davon stammt aus dieser Zeit.

Die Abteikirche hat vollendete hochgotische Formen, das weitum verehrte Gnadenbild der Gottesmutter von Roncesvalles steht unter einem Baldachin über dem Hauptaltar. Die Abtei kann besichtigt werden: gotischer Kapitelsaal mit Grabmal des navarrischen Königs Sancho VII., Kreuzgang im Übergangsstil, Museum mit Klosterschatz: goldenes und silbernes Gerät, Reliquiare, Bücher, Gemälde und Skulpturen. Unterhalb der Abtei Santiago-Kapelle, gotisch mit spätromanischem Portal und romanischer *Silo de Carlomagno* (Heiliggeistkapelle). Die Information wurde im alten Pilgerhospiz (17. Jh.) unterhalb der Abtei eingerichtet. Bei den ersten Bäumen an der Straße nach Auritz/Burguete steht das *Rolandskreuz,* ein schönes Steinkreuz der Gotik.

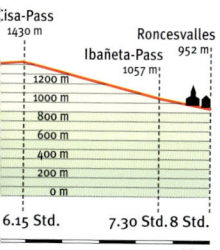

8 Tour

Im Land der Basken

Von Roncesvalles über den Erre-Pass nach Larrasoaina

Eine grüne Etappe: Wald, Wiesen, Weiden, klares Wasser, das die grünen Kronen der Pappeln und Weiden widerspiegelt. In den Dörfern wirken die ausladenden, weiß getünchten Bauernhäuser mit ihren steinumfassten Fenstern und Toren wie kleine Adelsansitze.

DIE ETAPPE IN KÜRZE

++
Anspruch

8 Std.
Gehzeit

26 km
Länge

Charakter: Mittelschwer, vor allem wegen des steilen, holprigen Abstiegs nach Zubiri; Pfade und Fuhrwege, kurze Passagen auf der Asphaltstraße

Einkehr und Verpflegung: Auritz/Burguete, Auritzberri/Espinal, Biskarret/Gerendiain, Zubiri, Illaratz (nur Wasser), Larrasoaina (Bar am südlichen Ortsrand mit Mini-Tienda)

Pilgerherbergen: Zubiri: Sehr einfache Pilgerherberge in der alten Schule, 46 Plätze, keine Küche, Tel. 948 304114; **Larrasoaina:** Gemeindeherberge im ehemaligen Rathaus an der Hauptstraße, San Nicolás 16, 40 Plätze,

Küche mit Kochutensilien, gute sanitäre Einrichtungen, Bettwäsche und Handtücher können entliehen werden – eine sehr angenehme Herberge, Tel. 948 304242 (Bürgermeister – er kümmert sich persönlich um die Herberge)

Hotels/Camping: Auritz/Burguete: Hostal Burguete**, San Nicolás 71, Tel. 948 760005; Hotel Loizu***, Avda. Roncesvalles 7, Tel. 948 760008; **Zubiri:** Hostal Zubiri**, Avda. Roncesvalles 6, Tel. 948 304329; **Larrasoaina: Camping** am Flussufer unterhalb der Brücke (große schattige Wiese) wird gestattet.

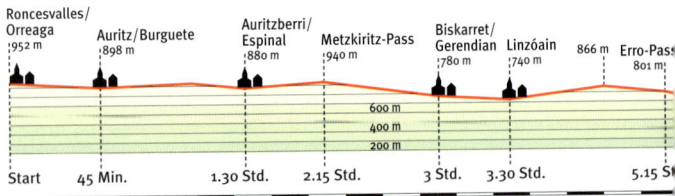

Roncesvalles/Orreaga 952 m — Auritz/Burguete 898 m — Auritzberri/Espinal 880 m — Metzkiritz-Pass 940 m — Biskarret/Gerendian 780 m — Linzóain 740 m — 866 m — Erro-Pass 801 m

600 m / 400 m / 200 m

Start — 45 Min. — 1.30 Std. — 2.15 Std. — 3 Std. — 3.30 Std. — 5.15 S[...]

0

Man verlässt **Roncesvalles** auf der N 153 (127) in Richtung Pamplona, schwenkt aber schon nach wenigen Metern – noch vor dem gotischen Rolandskreuz – nach rechts auf einen Pfad, der in geringer Entfernung von der Straße durch einen schmalen Waldstreifen zwischen dieser und den Weiden führt. Leider dauert dieser hübsche Wegabschnitt nur 20 Min., dann müssen wir bei einigen Häusern nach links (Markierungsstein) und zur N 135, der wir bis **Auritz/Burguete** (45 Min.) hinein folgen. Hier findet man einige der schönsten Beispiele für den navarrischen Hausstil in den Pyrenäen: Die breiten, meist dreistöckigen Häuser wenden ihren Giebel zur Straße, Tor-, Tür- und Fenstereinfassungen sind aus Haustein, die Wände dazwischen sorgfältig weiß getüncht, alles ist sauber und aufgeräumt, als ob man am Wettbewerb für das schönste Dorf teilnähme.

Noch vor dem Ortsende, etwa 100 m nach der Kirche, wendet man sich nach rechts auf einen Weg, der zum Bach hinunter führt. Wir überqueren ihn auf einem Steg und und wandern weiter auf einem Fuhrweg in das offene Weideland, das rechts durch die hier nicht sehr hohen Kämme der Pyrenäen begrenzt wird, links durch hügeliges Waldland, das wir im Laufe der nächsten Stunden durchqueren wollen.

Rolandskreuz in Roncesvalles

Man folgt dem Fuhrweg bis zu einem Bach, dessen zwei Arme über grobe Steinstege gequert werden, auf einem Pfad geht es am Rand eines Wäldchens weiter. Der Bach, der unseren Weg bisher begleitete, wird 7 oder 8 Min. später gequert, auch der nächste, wieder über primitive – obwohl neu errichtete – Steinstege. Unmittelbar danach führt ein ziemlich steiler, geschotterter Fußweg durch Buchenwald auf einen Rücken, auf dem wir uns nach rechts auf eine hier beginnende Forststraße begeben. Wir folgen ihr bergab und erreichen in einer knappen Viertelstunde das Straßendorf **Auritzberri/Espinal** (1.30 Std.). Eine moderne Kirche bleibt links, denn wir wenden uns auf der N 135 zunächst nach rechts und nahe dem Ortsausgang, vor einer Kuppe, wieder nach links, diesmal auf einen zunächst asphaltierten Fahrweg. Weideland wird gequert, dann zweigt bei einem Markierungsstein ein Pfad zwischen Zäunen nach rechts ab, führt zum Wald und erreicht den Bergrücken.

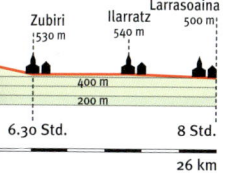

Zubiri
530 m

Ilarratz
540 m

Larrasoaina
500 m

400 m

200 m

6.30 Std.

8 Std.

26 km

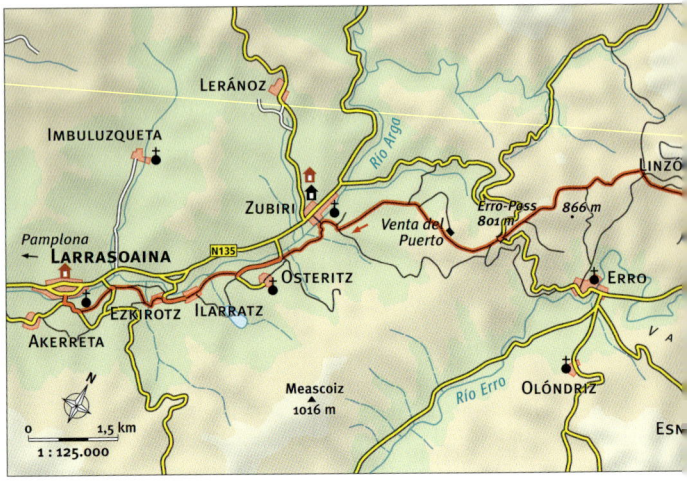

Ein hübscher, aussichtsreicher Höhenweg führt über den Bergrücken von Metzkiritz nach rechts und in 10 Min. zum **Metzkiritz-Pass** (2.15 Std.), wo wir die N 135 überqueren (Marienbildstock auf der anderen Seite rechts). Ein Waldweg führt nach links weiter durch herrlichen alten Buchenwald. Der Weg ist zunächst ein breiter Pfad zwischen Zäunen und verengt sich dann zum Steig durch den Südhang des Monte Errebelu. In einem Bachtälchen wendet man sich nach links, berührt gerade eben die Linkskurve der N 135 und geht noch einige Minuten auf einem Pfad weiter, bis dieser in einen modernen Steinplattenweg mündet. Hier nach links und abwärts bis zur Furt über den Río Erro (2.45 Std., parallel dazu Straßenbrücke), und jenseits, eine Asphaltstraße querend, auf die Fortsetzung des Plattenweges (die Passage ist nicht gut gekennzeichnet), der uns in einer Viertelstunde nach **Diskarret/ Gerendian** (3 Std.) führt, ein weiteres Dorf aus dem Musterbüchlein attraktiver navarrischer Gebirgsdörfer.

Der Rechtsbogen durch das Straßendorf (mit Querung der N 135) führt wieder zur Durchgangsstraße zurück. Bevor wir sie jedoch erreichen, nehmen wir einen nach links abzweigenden Plattenweg, der allerdings beim Ortsfriedhof endet. Eine schmale Staubstraße führt als Fortsetzung etwas bergab und endet bei einer großen Wiese. Hier führt rechts ein Trampelpfad unterhalb der N 135 noch 200 m weiter, dann aber müssen wir auf die Straße und ein Stückchen auf dieser marschieren. Nach 200 m führt auf der rechten Straßenseite ein Fuhrweg weiter (Schild). Er bringt uns in das Dorf **Linzóain** (3.30 Std.), das wir aber nur an seinem Nordrand berühren. Ein alter Maultierweg führt in der bisherigen Richtung zwischen Felsrippen aus dem Dorf hinaus und hinauf auf eine Bergschulter. Hier treffen wir auf eine Staubstraße, die wir queren, um leicht links versetzt in der bisherigen Richtung weiterzugehen. Doch **Achtung:** Nur 50 m weiter beginnt ein Waldpfad, der uns nach rechts zum bewaldeten Bergrücken

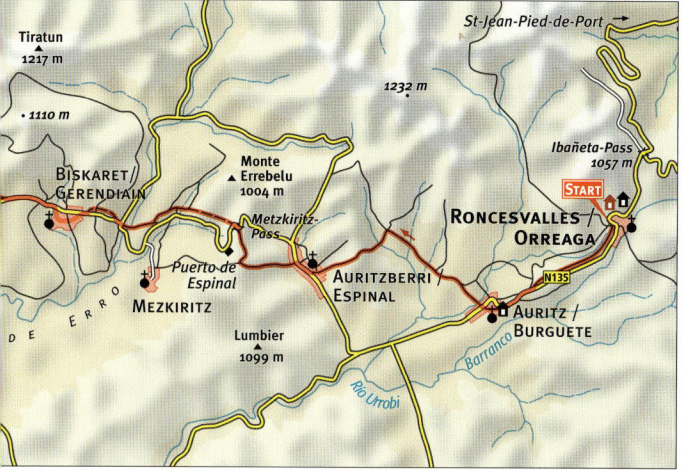

führt und auf oder knapp unter ihm aussichts- und blumenreich weiterführt, dabei wird eine rechts des Bergrückens verlaufende Staubstraße einmal berührt. Dann wird die Staubstraße gequert, auf der anderen Seite geht es auf einem Waldweg weiter. Kiefern, sommergrüne Eichen, Wacholder, Buchs im Unterwuchs. Nach dem höchsten Punkt des Weges – einen eigentlichen Gipfel gibt es nicht – wird es auf lehmigem Untergrund wenn möglich noch tiefgründiger als bisher. Die länglichen Steinformationen, die als *Pasos de Roldán*, als Schrittmaße des Riesen Roland bezeichnet werden, sind beim konzentrierten Versuch, den allgegenwärtigen Pfützen auszuweichen, leicht zu übersehen.

Nachdem zwei Sendemasten passiert wurden, wird der Weg zum schlechten Fahrweg, auf dem wir bis zur Kreuzung mit der N 135 auf dem **Passo Erre** (5.15 Std.) bleiben. Ein Schild auf der anderen Straßenseite zeigt uns hier, wie auch an anderen Stellen des Jakobsweges in Navarra, wo wir uns befinden. Wir gehen

50 m geradeaus, dann (Markierungsstein) bei einer Gabelung rechts auf einen Waldweg. Zunächst geht man sanft bergab, ein altes Bruchsteinhaus wird passiert: Die **Venta del Puerto** war eine wichtige Herberge auf dem Navarrischen Weg, heute dient das Gebäude als Stall. Ab hier wird es steiler und die Vegetation wird mediterraner. Im Mai und Juni finden sich hier Exemplare der rein mediterranen Wespenragwurz *(Ophrys tenthredinifera* bzw. *Ophrys aveyronensis)*. Es wird noch steiler: Der Pfad durch Gebüsch und lichten Wald ist so ausgetreten, dass sich daneben ein neuer Trampelpfad gebildet hat, der durch die starke Nutzung, vor allem durch Fahrräder, bereits wieder zum ausgewaschenen Hohlweg wird.

Vom Pass bis zur Brücke von **Zubiri** ist man bei vorsichtiger Gehweise mehr als 1 Std. unterwegs. Am anderen Ufer des Río Arga gibt es im Supermarkt und in der Bar Erfrischungen, außerdem hat Zubiri eine Pilgerherberge. Wer es aber vorzieht, gleich weiterzugehen, betritt

Bildstock am Metzkiritz-Pass

die Brücke erst gar nicht, sondern geht knapp davor nach links auf ein Sträßchen, das sich kurz darauf zum Weg verengt, der auf der linken Seite des Arga-Tales weiter führt. Man sieht schon das folgende Hindernis: das große Werksgelände einer Magnesitfabrik. Der Weg führt nach rechts hinunter zu einer Asphaltstraße, der man nach links aufwärts entlang des Werkszaunes und ein Stückchen weiter folgt, bis rechts eine für schweres Gerät geeignete Rollsplittpiste abzweigt. Man verlässt sie gleich wieder (**Achtung:** schlecht bezeichnet! Wer auf der Piste weitergeht, landet am versperrten Tor zu einem Stausee im Nebental) und wird links der Abraumhalden teilweise auf einem Plattenweg in eine Senke geführt, von der aus ein kräftig ansteigender Weg zum idyllischen Weiler **Illaratz** (Brunnen, 7.15 Std.) hinaufführt.

In Illaratz nimmt man das Asphaltsträßchen, das von rechts zum Ort herauführt und folgt ihm bergab, dabei passiert man die heute als Bauernhof genutzte ehemalige Einsiedelei Santa Lucía. Beim Zubringer nach **Ezkirotz** geht es dann wieder nach links und von der Asphaltstraße weg. Oben im Weiler trifft man auf einen Pfad durch Wald und, auf einem Fuhrweg, die Gebäude eines großen Gutes. Unmittelbar danach wird eine Asphaltstraße gequert, ein Treppchen führt zu einem neu angelegten geschotterten Pfad, auf dem wir durch Wiesen zu einem Sträßchen kommen, auf dem wir nach rechts das Tal des Arre, die mittelalterliche Brücke und den Ort **Larrasoaina** (8 Std.) erreichen.

Katzensprung zum Stierkampf

Von Larrasoaina nach Pamplona

Eine kurze Etappe, denn für einen Bummel durch Pamplona sollte Zeit bleiben. Aber auf einem Weg, der zwei uralte Pilgerbrücken quert, ein mittelalterliches Pilgerhospiz passiert und auch landschaftlich nicht ohne ist, kann man schon ins Trödeln kommen.

DIE ETAPPE IN KÜRZE

+
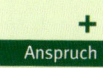
Anspruch

4 Std.
Gehzeit

15 km
Länge

Charakter: Gute Wege, Pfade und Staubstraßen, zuletzt längere Asphaltstrecken; geringe Niveauunterschiede, einfach

Markierung: In Pamplona kleine blaue Schilder mit dem gelben Muschelsymbol, sehr hoch angebracht und immer wieder von Verkehrsschildern verdeckt!

Einkehr und Verpflegung: Villava, Burlada, Pamplona/Iruñea

Pilgerherbergen: Villava (Trinidad de Arre): Pilgerherberge der Cofradía de la Stma. Trinidad im Kloster Trinidad de Arre jenseits der Pilgerbrücke, 40 Plätze, Küche, Tel. 948 394378; **Pamplona/Iruñea:** Pilgerherberge in der Pfarrkirche San Saturnino, 24 Plätze, Küche, zweckmäßig und freundlich – während der Sanfermines geschlossen! (Ausweichquartier Calle Dos de Mayo (Querstraße Calle Carmen), 100+ Plätze, Tel. 948 22 11 94 und (Juli/August) »Polideportivo« am Stadtrand.

Hotels/Jugendherberge: Burlada: Hotel Tryp Burlada**, Calle la Fuente 2, Alternative zu den überteuerten Hotels in Pamplona, regelmäßig Busse in die Stadt, Tel. 948 131300; **Pamplona/Iruñea:** Generell recht teuer, während der Sanfermines ausgebucht. Hostal Bearán*, San Nicolás 25, in der Altstadt, kleine, komfortable Zimmer, Tel. 948 223428; Pension Sarasate**, Sarasate 30, günstig gelegen, Gründerzeitvilla, jedes Zimmer ist anders gestaltet, Tel. 948 223084; Hotel La Perla*, Pza. Castillo 1, Hotel am Hauptplatz, von Hemingway frequentiert, Preise reflektieren weniger die Ausstattung als den Nimbus des Hauses, Tel. 948 227706; Jugendherberge Fuerte del Principe, Calle Goroarabe 36, Juli/August, unbedingt reservieren, Tel. 948 291205

Information: Pamplona: Calle Eslava 1 (an der Plaza San Francisco), Tel. 948 420420

Feste: Sanfermines 6.–14. Juli

Man quert in **Larrasoaina** den Arga-Fluss auf der alten Brücke und schlägt das Asphaltsträßchen nach rechts ein. Es führt nach **Akerreta**, wo man es bei der Kirche verlässt, um einem Weg nach rechts leicht bergab zu folgen. Nach einer Straßenquerung nähert man sich dem Fluss Arre, ein paar Stufen vermitteln hinunter zu einem ufernahen Weg, dem wir nach links, flussabwärts folgen. Nach einer Stunde Gehzeit ist der Ort **Zuriáin** (1 Std.) erreicht, hier wechselt man die Flussseite und muss nun etwas mehr als einen halben Kilometer auf der N 135 weitergehen, in der allgemeinen Richtung der Tagesetappe nach links und talabwärts. Danach biegt man links in ein Asphaltsträßchen ein, quert den Arga-Fluss, geht weiter bis zur ersten Linkskurve und dort geradeaus auf einen Weg. Dieser führt an einem Steinbruch vorbei, verläuft idyllisch zwischen Bergfuß und Fluss und erreicht schließlich das Dörfchen **Irotz**.

Von Irotz nimmt man die Zufahrtsstraße hinunter zum Fluss, quert den Arga über eine **Brücke** (2 Std.) und nimmt einen Weg der neben der N 135 verläuft. Man passiert den unteren Ortsteil von **Zabaldika** und nimmt 10 m vor der nächsten Straßenbrücke über den Río Arga einen Pfad, der nach rechts den Hang hinauf führt. Man geht auf steilem Hang hoch über dem Flusstal, die Ausblicke sind entsprechend ein-

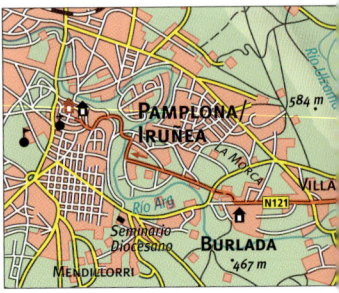

drucksvoll. Zum etwas tiefer gelegenen Weiler **Arleta** steigt man ab, geht dann eben weiter, unterquert eine relativ neue Schnellstraße und geht auf der anderen Seite auf einem ebenfalls neuen Fahrweg parallel zur Straße nach rechts. Vom höchsten Punkt des Sattels wandert man dann hinunter in das Tal des Río Ulzama und zur mittelalterlichen Brücke von **Trinidad de Arre** (3 Std.). Am anderen Ufer steht das namengebende Kloster mit seiner Pilgerherberge, deren Vorgänger bereits im 12. Jh. eingerichtet wurde. Etwas flussabwärts sind die Reste von Wassermühlen zu erkennen, die vom Kloster betrieben wurden, für dessen frühere Bedeutung auch die zum Teil erhaltenen Wirtschaftsgebäude sprechen.

Wie das Kloster verdankt das anschließende Straßendorf **Villava** seine Existenz der Brücke des Jakobsweges über den Fluss. Im Dorf wohnten die Arbeiter der Klosterdomänen: Müller, Bäcker, Holzarbei-

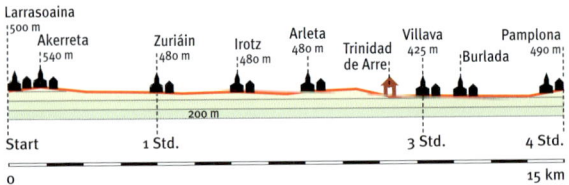

ter, Steinmetzen, Straßenarbeiter. Kloster und Hospiz gaben mehreren hundert Menschen Arbeit und Brot. Dass der Jakobsweg im Mittelalter ein bedeutender Wirtschaftsfaktor war, lässt sich hier besonders deutlich nachvollziehen.

Durch Villava – nach der Brücke links, dann in die Ortsstraße rechts – geht man geradeaus durch und erreicht bei einer Ampel den mit Villava verwachsenen Ort **Burlada. Achtung,** am Ortsende, unweit des Arga, heißt es, die Zeichen für den Jakobsweg nicht zu übersehen: Bei einer Autowerkstätte geht es nicht mehr geradeaus, sondern halbrechts weiter! (Wer geradeaus geht, landet auf der Autobrücke, die in den südöstlichen Teil Pamplonas führt.) Die gelben Pfeile führen zu einer stark befahrenen Straße. Man überquert sie und gelangt über den Camino de Burlada durch einen Park bis zum Ufer des Arga. Hier geht man kurz nach rechts und überquert dann den Arga auf der mittelalterlichen **Magdalenenbrücke** (3.45 Std.). Einen Park durchquert man nach halbrechts, geht noch einmal über eine Straße und steht am Fuß der Befestigungen von **Pamplona.** Ein Weg führt zwischen der äußersten Mauer und den eigentlichen Festungswällen halbrechts aufwärts, passiert die **Puerta de Francia** und

das innere Tor, die **Puerta de Zunalagarregui** mit einem schönen Wappen Philipps II. – und schon steht man in Pamplonas Altstadt. Die Calle del Carmen, früher Rúa de los Peregrinos genannt, führt geradeaus weiter, bei einer Gabelung kann man links zur Kathedrale gehen. Rechts geht es weiter in die Calle de Mercaderes und über die Plaza Consistorial, den Platz des Rathauses, zum Beginn der Calle Mayor, wo links die Kirche San Cernín bzw. **San Saturnino** steht, in deren Gebäudekomplex sich die Pilgerherberge befindet (4 Std.).

Pamplona

Die römische Gründung Pamplona war im Mittelalter die Hauptstadt eines Staates, der sich bis weit über die Pyrenäen hin erstreckte. Ursprünglich baskischsprachig, kam die Stadt jahrhundertelang unter französischen Einfluss, wurde aber wie der Großteil des Staates Navarra im frühen 16. Jh. Spanien einverleibt, die Umgangssprache ist heute *Castellano* (Spanisch).

Die imposanten Stadtmauern mit der aussichtsreichen **Redín-Bastion** und der **Puerta de Francia** wie auch die **Zitadelle** *(Ciduadela)* stammen in der heutigen Form aus der frühen

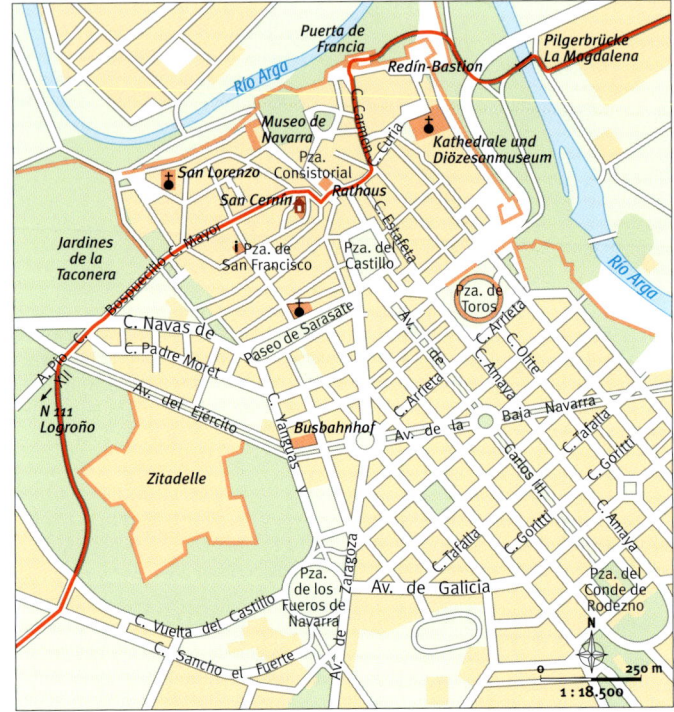

Habsburgerzeit (Wappen an der Puerta de Francia!). Die **Kathedrale** (Zugang nur durch das Museum) ist im Inneren ein stilreiner hochgotischer Bau, die Grablege des Königspaares Karl III. und Leonore Trastámara ist ein Höhepunkt flämisch-burgundischer Bildhauerkunst des frühen 14. Jh. Der ebenfalls hochgotische Kreuzgang enthält reichen Figurenschmuck. Das **Diözesanmuseum** (So geschl.) zeigt neben Skulpturen und Gemälden (im ehemaligen Refektorium) eine Sammlung von Kirchengerät aus Edelmetall. Noch bevor man das barocke **Rathaus** *(Casa Consistorial)* mit seiner etwas verspielten Front erreicht, biegt links die **Calle Estafeta** ab, die Stiertriebgasse der Sanfermines, außerhalb

der Fiesta eine reine »Fressgass«. Folgt man ihr, kommt man am Hemingway-Denkmal vorbei zur **Stierkampfarena** an der Plaza de Toros. Die nächste Gasse führt nach links zur großen Plaza del Castillo mit Bars und Straßencafés, wo sich nicht nur Hemingway wohl fühlte (er nächtigte im Hotel La Perla). In der **Kirche San Saturnin/ San Cernín** mit der Pilgerherberge steht die Statue der Schutzheiligen Pamplonas und des Jakobsweges, die Virgen del Camino. Das **Museo de Navarra** bietet in vier Stockwerken Sammlungen, die von gotischen Wandgemälden bis zu einem Gemälde von Goya reichen. Die **Kirche San Lorenzo** enthält die barocke Kapelle des Stadtpatrons San Fermín.

Hemingway und die Sanfermines

Ernest Hemingways Welterfolg »Fiesta« beruht auf den Erlebnissen des Autors während der Sanfermines in Pamplona. Was der Autor beschreibt, das Fest des Stadtpatrons San Fermín (hl. Firminus), findet alljährlich zwischen dem 6. und 14. Juli statt und lockt seit Jahrzehnten Zehntausende Gäste an, viele von ihnen Amerikaner. Das Fest zu Ehren des christlichen Patrons ist untrennbar mit einem archaischen Mannbarkeitsritus verbunden: An jedem der Festtage werden auf einer 850 m langen Strecke Stiere von ihrem Corral an der westlichen Stadtmauer durch die Altstadt zur Arena getrieben. Die Mutprobe besteht darin, vor und neben den Stieren zu laufen, möglichst nahe an sie heran zu kommen und erst im letzten Moment zu

flüchten. Die Fensterplätze über den zahlreichen Gaststätten der langen Gasse Estafeta, durch die Stiere und Menge jagen, sind monatelang vorher zu Höchstpreisen vermietet. Die Stierkämpfe in der Arena, das Tanzen auf den Straßen, die traditionelle Musik unterhalten die Menge während der Sanfermines ohne Pause.

Pamplona hat Hemingway für seine Popularisierung der Sanfermines mit einem Denkmal und der Benennung einer Straße nach ihm gedankt, schließlich spülte das Buch eine Menge Dollar in die Wirtschaft des Ortes. Für Pilger sind die Sanfermines allerdings kein guter Zeitpunkt: Die Herberge ist (auch schon ein paar Tage vorher) geschlossen, die Hotelpreise sind auf dem Doppelten oder Dreifachen des Normalen, das für Pamplona ohnehin schon hoch ist.

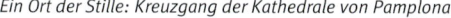

Ein Ort der Stille: Kreuzgang der Kathedrale von Pamplona

Berg der Windräder

Von Pamplona nach Puente la Reina

Kann ein nur knapp über 1000 m hoher Bergzug Klimascheide sein? Die Sierra del Perdón, die wir heute überschreiten, kann das: nördlich grünes Vorgebirgsnavarra, südlich trockenes Mittelnavarra. Und oben eine Kette gigantischer Windräder: hier zieht's immer.

DIE ETAPPE IN KÜRZE

++
Anspruch

7 Std.
Gehzeit

23 km
Länge

Charakter: Langer, anstrengender Anstieg, aber insgesamt nur mittelschwer; Fuhrwege, Staubstraßen, Pfade, anfangs Asphalt

Einkehr und Verpflegung: Cizur Menor; Uterga (Bar am Ortsende), Muruzábal (Bar social, keine Tienda), Obanos, Puente la Reina/ Gares; von Zariquiegui bis Uterga kein Wasser

Pilgerherbergen: Cizur Menor: Herberge des Malteserordens, 25 Plätze, Küche, Aufenthaltsraum; Herberge Roncal, 16 Plätze, Tel. 948 183885; **Uterga:** Winzige Pilgerherberge am Dorfbrunnen, 4 Plätze, Dusche, Tel. 948 344318; Camino del Perdón, private Herberge, auch Zimmer, Calle Mayor 57, 24 Plätze; **Eunate:** Private Herberge, 15 Plätze, Tel. 636 77384; **Obanos:** Neue Herberge an der Kirche, 36 Plätze, Tel. 676560927; **Puente la Reina/ Gares:** Herberge der Padres Reparadores am östlichen Ortsrand (Anmeldung im Kloster gegenüber der Kirche des hl. Kreuzes, Calle Crucifijo 1, Tel. 946 340050), 100 Plätze, dreistöckige Betten, Küche, Aufenthaltsraum, zu wenige sanitäre Einrichtungen, eng; kommunale Herberge, Calle San Pedro 22, am westlichen Ortsrand, nur im Sommer, 40 Plätze, keine Küche, Tel. 948 340007; Santiago Apostol, private Herberge, 90+ Plätze, Mahlzeiten, jenseits der Pilgerbrücke, Tel. 948 340220

Hotels: Puente la Reina/ Gares: Hotel rural Bidean*, Calle Mayor 20, mitten im Ort, auch Mahlzeiten, nicht billig, aber komfortabel, Tel. 948 0457; Hotel Mesón del Peregrino**, Ctra. Pamplona Logroño km 23, teuer, aber angenehm und ruhig, Tel. 948 340075; Hotel Jakue***, Irunbidea s/n, für seine Kategorie günstig, Tel. 948 341017. Beide an der Abzweigung der Straße nach Tiebas.

Information: Puente la Reina/Gares: Plaza Mena, Rathaus, Tel. 948 340 845

Die berühmte Brücke von Puente la Reina

Von der Herberge in **Pamplona** geht man nach links in die Calle Mayor, überquert die Plaza Recoletas, geht weiter auf der Calle del Boquecillo und erreicht jenseits der breiten Avenida del Ejército die Avenida Pio XII. Links führt ein asphaltierter Weg durch die Grünanlagen der Zitadelle. Man verlässt die Grünanlagen auf der Calle Fuente del Hierro, die bald die verkehrsreiche Avenida de Navarra und den Campus der Universität von Navarra quert. An dessen Ende hält man sich zunächst rechts und gleich wieder links, dem Schild nach Cizur Menor folgend. Die Straße überquert kurz hintereinander die Flüsschen Sadar und Elorz auf steinernen Brücken sowie die Eisenbahn (Vorsicht!) und schließlich auf einer Brücke die Autobahn, bevor man **Cizur Menor** erreicht (1.30 Std.). (Malteserherberge links, Herberge der Familie Roncal rechts.)

In Cizur Menor geht man zunächst auf der Asphaltstraße, die nach Süden aus dem Ort hinaus führt, wendet sich aber gegenüber dem interessanten alten Brunnenhaus nach rechts, quert ein Rasenstück, passiert einen hohen *Frontón* (die Wand für das baskische Pelota-Spiel) und findet sich auf einem Staubsträßchen wieder. Dieses mündet alsbald in eine Asphaltstraße, die um einen riesigen Reihenhauskomplex (Poligono Cizur), der zur Rechten liegt, herum führt. Sobald diese Asphaltstraße nach rechts zieht, nimmt man einen Feldweg, der zunächst geradeaus weiterführt. Nach einem Rechtsbogen zweigt links ein Pfad ab, der sich durch Felder aufwärts zieht und nach 10 Min. eine Asphaltstraße erreicht. Jenseits beginnt ein holpriger Fahrweg, der sich rasch verschlechtert und schließlich als Pfad in ein Tälchen hinein führt.

Unterhalb eines kleinen Stausees quert man das Tälchen und findet auf der anderen Seite einen weiter ansteigenden Fuhrweg vor. Eine Neubausiedlung oben am Hang unter dem Rückenprofil der Sierra del

Perdón ist längere Zeit zu sehen, bis man bei einer Verflachung erkennt, dass sie zu einem Dorf gehört, das man kurz darauf erreicht: **Zariquiegui** (3 Std.).

Nach dem Dorf (keine Bar, keine Tienda, aber spätromanische Kirche mit städtischen Maßen und Adelswappen an den schönen, großen Häusern...) führt ein Feldweg weiter, der 10 Min. später endet. Ein Pfad steigt nach links in den obersten Hang der Sierra hinauf – direkt auf die Windräder eines der großen navarrischen Windkraftwerke zu, die sich auf dem Kamm drehen. Der Pfad passiert kurz vor dem Kamm einen Brunnen (leider wasserlos) und erreicht die fast immer windige Höhe des **Puerto del Perdón** (4 Std.) bei einer Kapelle, einem modernen Pilgerdenkmal aus Metall und einem Orientierungsschild. Der Blick in beide Richtungen ist atemberaubend, und im späten Frühjahr ist es interessant zu sehen, wie unterschiedlich die

Landschaft im Norden und im Süden gefärbt ist: saftig grün in Richtung Pamplona, gelb und trocken in Richtung Puente la Reina. Beim Abstieg zeigt sich deutlich, dass die Bergkette trotz ihrer geringen Höhe eine echte Klimascheide ist: So trocken wie der folgende Steineichen-Buschwald war noch kein Stück des bisherigen Navarrischen Weges.

Man quert das Asphaltsträßchen und den Viehtriebweg und geht jenseits auf einem Pfad über die Wiese und in den lichten Steineichenwald, der den Südhang bedeckt. Am Fuß des steilen Hanges ziehen sich mit schmalen Bändern von Steineichen-Buschwald bewachsene Rücken herunter und ins Vorland hinaus, die flachen Böden der steilwandigen Kastentäler dazwischen sind mit Feldern bedeckt. Der Weg folgt lange einem dieser Rücken. Endlich muss ein breites Tal gequert werden, jenseits winkt nach dem Gegenanstieg eine idyllische Eichengruppe mit schö-

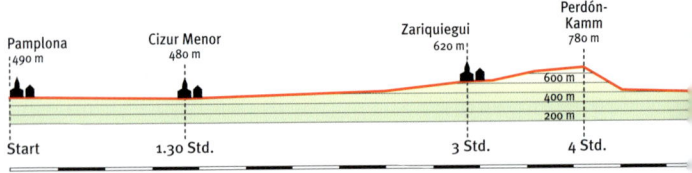

nem Rückblick. Kurz danach das Dorf **Uterga** (5 Std.). Der Brunnen existiert hier schon seit 1924, ziemlich am Ende des lang gestreckten Ortes, vor dem Bürgermeisteramt, gibt es auch einen Getränkeautomaten und eine Bar *»con bocadillos«*, doch eine größere Herberge (zwei Plätze!) hat die wachsende Zahl der Pilgerschar noch nicht bewirkt.

Kurz nach der Bar und knapp vor dem Ortsende biegt man von der Durchgangsstraße nach links auf einen Fuhrweg ab, erreicht ein Tälchen und wendet sich an dessen tiefster Stelle nach rechts auf einen Pfad. Dieser führt sehr aussichtsreich ins nächste Dorf, links die Felder, rechts der Hang des Tals mit Mandelbäumen, Wein und sogar ein paar Ölbäumen. Im nächsten Dorf, **Muruzábal** *(Bar social* links auf dem Hauptplatz), folgt man einem unmittelbar nach dem Ortsende rechts abzweigenden Weg bzw. Fahrweg nach rechts hinunter und jenseits des Ta-

les wieder hinauf nach **Obanos** (6.15 Std.). Im Jahr 2004 und wohl auch 2005 finden größere Bauarbeiten im Tal zwischen Muruzábal und Obanos statt, die Umleitungen sind gut gekennzeichnet. Im Tal selbst, nicht ganz genau an der Stelle, wo wir den Aufstieg zum Dorf begannen, kam früher der Aragonische Weg mit dem Navarrischen Weg zusammen, heute ist Obanos selbst der Knotenpunkt und damit der Beginn des *Camino francés.* (Für Autofahrer und die Vermarkter der Tourismusindustrie ist allerdings das nahe Puente la Reina die Schlüsselstelle.)

In Obanos geht man links der neugotischen Kirche über den großen Kirchplatz und durch das alte Tor nach Südwesten hinaus. Man kreuzt ein Asphaltsträßchen und nimmt die Calle San Salvador, passiert die gleichnamige Kapelle (links) und findet sich auf einem staubigen Weg, der links ins Tal hinunter führt. Unten angekommen nimmt man die Asphaltstraße nach rechts, sie führt zum Ortsrand von **Puente la Reina/Gares** und zum Pilgerdenkmal, das heute den Beginn des Camino francés markiert, und weiter nach links in die Stadt hinein – die Herberge liegt bei Erreichen der Altstadt linker Hand (7 Std.).

(Zu den Sehenswürdigkeiten von Puente la Reina siehe Tour 6, S. 43)

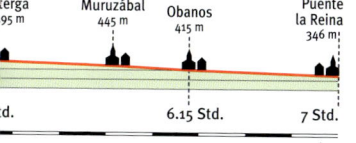

Gotische Brücken, giftige Flüsse

Von Puente la Reina nach Villamayor de Monjardín

Dreimal benutzt man alte Brücken auf dieser Etappe: eine römische, eine mittelalterliche, eine rekonstruierte mittelalterliche. In den Dörfern ist die Zeit vor Jahrhunderten stehen geblieben, so auch im alten Kern von Estella.

DIE ETAPPE IN KÜRZE

++
Anspruch

8 Std.
Gehzeit

29 km
Länge

Charakter: Stetes Auf und Ab auf Staub- und tiefgründigen Erdstraßen, Pfaden und über kurze Asphaltstrecken

Einkehr und Verpflegung: Mañeru, Cirauqui, Lorca, Villatuerta, Estella/Lizarra, Villamayor de Monjardín (die Bars in den kleinen Orten machen meist erst gegen Mittag auf!)

Pilgerherbergen: Cirauqui: Aterpea, priate Pilgerherberge, 28 Plätze, auch Zimmer, San Román 30, Tel. 678 635208; **Villatuerta:** Private Herberge in der Calle Mayor, 30 Plätze, Küche, Tel. 948 640083; **Estella/ Lizarra:** Freundliche Gemeindeherberge der Amigos del Camino de Santiago in Estella, gleich am Anfang der Altstadt links, 114 Plätze, gut ausgestattete Küche, Tel. 948 550200, im Sommer Ausweichquartiere; **Villamayor de Monjardín:** Hogar Monjardin, private Herberge der Oasis Trails Foundation Doorn (Holland), Plaza 12, Tel. 948 537136, 25 Plätze, mit Mahlzeiten

Hotels/Camping: Estella/ Lizarra: Pension Fonda El Volante, Calle Merkatondoa 2, Tel. 948 553957; Pension San Andrés*, Plaza Santiago, Tel. 948 550448; Hotel Yerri**, Avda. Yerri 35, Tel. 948 546034; **Campingplatz,** Calle Ordoiz, Tel. 948 551733; **Ayegui – Irache:** Hotel Irache***, an der Nationalstraße Estella – Los Arcos, Tel. 948 551150; **Camping** im Complejo Turistico Deportivo Irache

Information: Estella/Lizarra: Calle San Nicolás 1, neben dem Palast der Könige von Navarra, Tel. 948 556301

Man verlässt **Puente la Reina** durch die Hauptstraße, die Calle Mayor, und geht auf der mittelalterlichen Brücke über den Río Arga. Am anderen Ufer hält man sich links, quert die neue Trasse der N 111 und nimmt das alte schmale Sträßchen nach Estella. Bald wird das Sträßchen zum Fahrweg (sehr tiefgründig nach Regen), den man kurz vor einer Flussbiegung nach rechts auf einem Pfad verlässt. Dieser steigt recht steil aus einem Tälchen an und mündet in einen Fahrweg, dem wir nach rechts auf einen Rücken folgen, wo wir uns leider ganz nahe an der N 111 befinden. Der Weg führt links der Nationalstraße weiter, ohne sie zu berühren, an einem kleinen Sattel sehen wir erstmals auf die Dörfer vor uns. Wenige Minuten später erreicht man ein Asphaltsträßchen, das halblinks nach **Mañeru** (1.30 Std.) hinunter führt.

Man quert den Ort im Zickzack (gute Führung durch gelbe Pfeile) und findet sich auf einer Erdstraße, die in ein quer verlaufendes Sträßchen mündet. Unser Pfad aber führt geradeaus weiter und bringt uns nach **Cirauqui** (2.15 Std.), dem Dorf, das wir schon längere Zeit gesehen haben. Man muss ziemlich steigen, um zum höchsten Punkt zu kommen, wo der Jakobsweg unter dem Rathaus durchgeführt wird und Steinbänke zur Rast im kühlen Schatten laden. Auf der anderen Seite des Rathauses führt ein alter Weg (»römische Straße« genannt, aber wahrscheinlich im Frühmittelalter für den Jakobsweg gepflastert) ziemlich steil bergab zum Fluss, der auf einer (wahrscheinlich in den Fundamenten römischen) Brücke gequert wird. Diese kurze Passage durch den Ort, über die Pflasterstraße und die uralte Brücke gehört zu den eindrucksvollsten des gesamten Wegverlaufs des Jakobswegs auf spanischem Boden.

Nach der Brücke steigt man kurz an, quert die N 111 und nimmt einen zunächst oberhalb dieser Straße verlaufenden, dann aber nach rechts wegführenden Feldweg. Eine alte Maultierstraße wird kurzfristig benützt – ist sie die direkte Nachfolgerin der römischen Straße? Schmal senkt sich der Weg in ein Tal, quert

den meist ausgetrockneten Bach auf einem Holzsteg, nähert sich im Linksbogen der N 111, ohne sie jedoch zu erreichen, denn knapp davor wird man nach rechts auf einen Fahrweg gelenkt, der den Hang hinauf zu einer Gabelung führt, wo wir uns links halten, zunächst auf einem Fahrweg, dann auf einem Weg. Dieser führt von der Anhöhe hinunter auf ein Asphaltsträßchen, dem wir nach rechts folgen bis zur Abzweigung nach links zur mittelalterlichen **Brücke über den Río Salado** (3 Std.). Von diesem Fluss weiß der mittelalterliche Pilgerführer zu berichten, dass sein Wasser todbringend sei. Am Ufer des Flusses, so heißt es, saßen zwei Navarresen mit Messern in der Hand. Die Pilger fragten, ob sie hier ihre Pferde tränken könnten, was bejaht wurde. Die Pferde starben prompt und wurden von den Navarresen sogleich enthäutet, dazu hatten sie ja die Messer dabei. Also, liebe Pilger zu Pferd, hier nicht tränken, auch wenn Sie dazu aufgefordert werden. (Im nächsten Ort Lorca gibt es einen schönen Brunnen mit gutem Wasser.)

Nach der Brücke geht man links hinauf zur N 111, die man unterquert. Am anderen Ende des Tunnels führt die alte Trasse vorbei, auf der man sich rechts hält, um kurz darauf einen Weg zu nehmen, der recht steil nach **Lorca** (3.30 Std.) hinauf führt. Man geht der Länge nach durch den Ort (Brunnen links) und verlässt ihn auf einem asphaltierten Sträßchen (die alte N 111), das kurz darauf in die neue N 111 mündet, wo wir Pilger aber auf einen links parallel dazu verlaufenden Pfad gelenkt werden. Nach etwa 1 km zweigt eine Staubstraße nach links ab, die wir einschlagen, bei der nächsten Gabelung, 70 m weiter, wählen wir den rechten Zweig. 200 m weiter nehmen wir einen Pfad,

der rechts abwärts führt, um etwas tiefer als Fahrweg auf den nächsten Ort, das Dorf Villatuerta, zu zielen. Doch so einfach kommen wir nicht hin, denn eine neue Trasse der N 111 hat die Verbindung abgeschnitten, sodass wir schon in Sichtweite des Straßendammes im rechten Winkel nach links ausweichen müssen, um dann im Rechtsbogen auf eine Unterführung zuzusteuern. Nach der Unterführung gibt es keine Orientierungsprobleme mehr, das Dorf liegt vor uns und gute 5 Min. später sind wir in **Villatuerta** (4.15 Std.).

Wir durchqueren das Dorf, das mit einem Neubauviertel beginnt, gehen zuerst links, dann 50 m nach rechts versetzt in gleicher Richtung weiter, queren die alte Brücke, steigen etwas an und erreichen rechts der Kir-

che den höchsten Ortsteil, von wo die Calle Camino de Estella aus dem Ort führt. Wir folgen ihr bis zu ihrem Ende und nehmen dann den jenseits einer querenden Straße beginnenden, geradeaus weiter führenden Feldweg. Auf einem sanften Rücken liegt links einsam die Einsiedelei San Miguel, ein gotischer Bau. Nach Querung einer breiten Asphaltstraße (NA 132) führen einige Stufen und dann ein Weg in das Flusstal des Rio Ega hinunter, der auf einer neuen Fußgängerbrücke gequert wird. Jenseits führt ein Fahrweg weiter, der in eine nach Estrella führende Straße mündet. Man kommt in Estrella am östlichen Ende der »Rúa«, der Altstadtstraße an, mit der Heiliggrabkirche links und etwas erhöht dem Klosters Santo Domingo und der Pil-

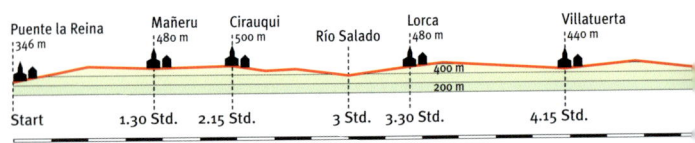

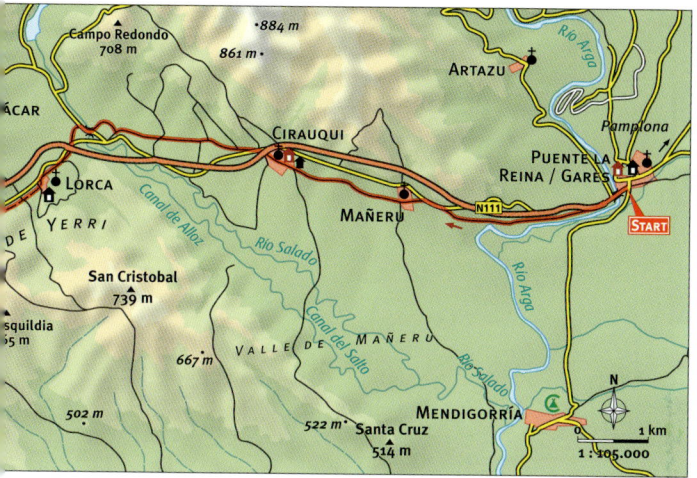

gerherberge gleich am Anfang auf der linken Seite (6 Std.).

Die Rúa führt uns auf die Plaza San Martín mit dem Rathaus und dem Palast der Könige von Navarra. Die romanische Prunkfassade ist besonders für die Kapitelle an den Arkaden berühmt, die Szenen aus den Legenden um den bretonischen Grafen Roland zeigen (links oben das Kapitell mit dem Kampf zwischen Ritter Roland und dem bösen Riesen Ferragut, einem maurischen Ritter, der Nájera gegen die Truppen Karls des Großen verteidigte). Durch die Calle San Nicolás (links Aufgänge zur Kirche San Pedro de la Rúa) geht man bis zum alten Ortsrand mit dem Stadttor Portal de Castilla.

Der Camino de Logroño, wie sich die Straße jetzt nennt, mündet kurz

darauf in die südwestliche Ausfallstraße Estellas, der man 200 m weit folgt. Dann nimmt man nach einer Tankstelle einen rechts aufwärts führenden Fuhrweg, der zum Dorf **Ayegui**, heute ein Stadtteil von Estella, führt. Im Dorf machen uns Zeichen darauf aufmerksam, dass wir links oder rechts gehen können, der Weg über das Kloster Irache ist aber sicher der interessantere. Also links hinunter bis zur N 111, dort wird die Nationalstraße vorsichtig gequert, jenseits führt eine Straße nach rechts und bergan. Man passiert auf ihr die Anlagen der Weinkellerei Irache mit dem schönen Pilgerbrunnen: er spendet nicht nur kühles Wasser, sondern auch einen ganz ausgezeichneten Rotwein, der in der Kellerei erzeugt wird! Noch ein bisschen höher stehen links die Gebäude des **Klosters Irache/Iraxe** (6.30 Std.), einer ehemals bedeutenden Einrichtung am Pilgerweg mit zwei Kreuzgängen und einer ausladenden Kirche. Hier geht man nach dem Ende der Klostermauern rechts, quert die alte N 111 und geht nach links weiter,

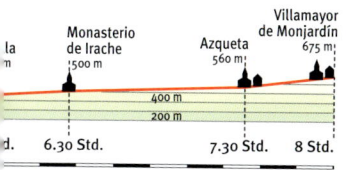

65

11
Tour

wobei man an der Rückseite des an der Hauptstraße stehenden Hotels Iraxe vorbeigeführt wird und dann ein besonders hässliches Neubauviertel durchquert. Umso angenehmer ist es, anschließend den wunderschönen Steineichenwald zu durchwandern. Dort, wo man freien Blick hat, kann man bereits den Bergkegel Monjardín über dem Ort Villamayor ausmachen. Man quert eine Asphaltstraße, geht noch ein kurzes Stückchen durch Felder und Wald und erreicht dann, knapp neben der N 111, den Weiler **Azqueta** (7.30 Std.). 300 m weiter führt ein Fuhrweg nach rechts in eine Senke und passiert einen Hof mit großem Stall. Unmittelbar nach diesem Gebäude wendet man sich nach links und steigt auf einem Pfad aufwärts,

dabei hat man links von sich einen Weinberg. Rechts taucht der Brunnen Fuente de los Moros auf. Zwei gotische Bögen stützen das Dach, eine breite Treppenflucht führt hinunter zum flachen Wasserbecken.

Wenig später haben wir **Villamayor de Monjardín** (8 Std.) erreicht. Die Kirche liegt links von uns, zur Herberge kommen wir, wenn wir nach rechts zum Nordrand des Dorfplatzes gehen.

Die Sehenswürdigkeiten

Cirauqui: Zwei Kirchen, *Santa Catalina,* vor allem aber die auf dem höchsten Punkt stehende Kirche *San Román.* Ihr romanisches Trichterportal mit dem viellappigen Bogen erinnert an das

Estella

San Martín nennt sich der Hauptplatz mit dem Rathaus). Das bedeutende Judenviertel befand sich rund um die heutige Kirche *Sta. María Jus del Castillo,* auf die man zugeht, wenn man die Ega-Brücke quert.

Die Kirche *San Miguel* nördlich des Ega, spätromanisch mit figurenreichem Nordportal, war diejenige Kirche mit der die Pilger bei Eintritt in die Stadt konfrontiert wurden, ihr Nordportal mit dem Christus in der Mandorla als Weltenrichter sahen sie als erstes. Am Südufer des Ega ist vor allem die oberhalb stehende Kirche *San Pedro de la Rúa,* die älteste Kirche des Ortes, von Bedeutung. Ihr Portal und den Kreuzgang mit gedrehten Säulen erreicht man auf zwei Stiegen, die von der Hauptstraße Calle San Nicolás abgehen. Als Estella im 12. Jh. eine Zeit lang Sitz der navarrischen Könige war, errichteten diese einen Palast, den *Palacio de los Reyes de Navarra.* Er beherbergt das Museum des Malers Gustavo de Maeztu, das man schon deshalb besuchen sollte, weil man im Obergeschoß die wunderschönen romanischen Kapitelle des Baus von nahem bewundern kann!

Irache/Iraxe: Die ausgedehnte Klosteranlage Santa María la Real wurde 1051 vom navarrischen König García III. Sánchez el de Nájera als Pilgerherberge gegründet. In dem vorwiegend romanischen und gotischen und aus der Renaissance stammenden Klosterkomplex mit seinen beiden Kreuzgängen finden sich noch Erinnerungen an diese frühere Funktion, so wird die Vierungskuppel der Klosterkirche von überdimensionalen Pilgermuscheln gestützt.

Südportal der Kirche Santiago in Puente la Reina/Gares! Dieses Portal aber kommt ganz ohne Figurenschmuck aus, durch die Ornamentik mutet es noch arabisch-orientalischer an als das Portal in Puente la Reina.

Estella/Lizarra wurde von den navarrischen Königen um 1090 gegründet, um die Wirtschaft auf dem Jakobsweg anzukurbeln, als Siedler wurden Franken (Franzosen) in die Stadt gerufen, die sie ursprünglich unter Ausschluss der Navarresen bevölkerten. Die Franzosen brachten auch ihre Gnadenbilder mit, Nôtre Dame de Le Puy (*N.S. del Puy* auf dem Hügel nördlich der Stadt) und Nôtre Dame de Rocamadour (*N.S. de Rocamador* südlich der Stadt an der Pilgerstraße), und natürlich ihren Nationalheiligen, den hl. Martin (Plaza de

Maurenkuppel und Borgia-Grab

Von Villamayor de Monjardín nach Viana

Die Kunstdenkmäler dieser Etappe könnten auch für drei Tage reichen. Wie gut, dass man in den wichtigen Orten unterbrechen kann, dass es Pilgerherbergen und Hotels gibt.

DIE ETAPPE IN KÜRZE

++
Anspruch

8.30 Std.
Gehzeit

29 km
Länge

Charakter: Breite Staub- und Erdstraßen, Wege und Pfade mit z.T. holprigem Untergrund, kurze Asphaltstrecken, wegen der Länge und des erheblichen Auf und Ab mittelschwer

Einkehr und Verpflegung: Urbiola (1 km südlich des Weges, Bar mit Essen und Zimmern, Tel. 948 537032), Los Arcos, Torres del Río, Viana; kein Wasser vor Los Arcos!

Pilgerherbergen: Los Arcos: Albergue Isaac Santiago, geführt von belgischen Freiwilligen, 40–70 Plätze, ausreichend Duschen, Küche, Masseur verfügbar, Tel. 948 640230; Casa de Austria, Travesía del Estanco 5, von österr. St. Jakobs-Bruderschaft gesponsorte neue Herberge, angenehm, Küche, Tel. 948 640797; Albergue Romero, Calle Mayor 19, privat, Tel. 948 646083; **Torres del**

Río: Private Herberge in zwei renovierten Häusern, Calle Mayor 3, 30 Plätze, keine Küche, aber Mahlzeiten, Tel. 948 648051; **Viana:** Andrés Muñoz, Gemeindeherberge in einem renovierten Haus neben der Kirchenruine San Pedro, Calle San Pedro, 40–54 Plätze, enge Schlafsäle, aber große Küche, Aufenthaltsraum, Trockenraum für die Wäsche, Tel. 948 645530

Hotels: Urbiola (s.o.); **Los Arcos:** Albergue Alberdí, Calle Hortal 3, einfache Pension, neben der Herberge Santiago, Tel. 948 640764; **Viana:** Casa Armendáriz**, Calle Navarro Villoslada 19, gutbürgerliches Restaurant, Zimmer, Tel. 948 645078

Information: Los Arcos: Calle Fueros, Tel. 948 441142; **Viana:** Plaza de Fueros, Tel. 948 446302.

Man verlässt **Villamayor de Monjardín** auf dem 20 m nach der Kirche beginnenden und ins Tal führenden Asphaltsträßchen und schlägt in der ersten Linkskurve einen nach rechts in die Weinberge führenden Pfad ein. Er mündet in einen sehr breiten neuen Fuhrweg, der am Fuß der rechts verlaufenden Hügelzone bleibt. Nach 25 Min. wird eine asphaltierte Straße überquert (rechts steht ein Haus), Landschaft und Straße ändern sich nicht: breite Staubstraße, Felder, die alle Hügel überziehen, wenige Weinberge, einige höhere Kuppen von Waldresten bestanden, kein Busch, kein Baum, kein Stückchen ursprüngliche Natur. Nach einer weiteren Dreiviertelstunde wird der Fahrweg nach einer starken Linkskurve verlassen, man geht rechts aufwärts in Richtung eines rechts des Fahrweges liegenden verfallenden Gehöftes (Corral Santo, 1.30 Std.). Der Hang rechts von uns, stark überweidet, hat noch Reste seiner natürlichen Vegetation: Thymian, verbissene Eichen, Affodil.

10 Min. später ist ein Joch erreicht, hier verlässt man den Fahrweg und wandert auf einem Feldweg nach links, um kurz darauf nach rechts wieder in die vorherige Gehrichtung einzuschwenken. Der Weg senkt sich leicht, schwenkt nach links und strebt eine Öffnung zwischen den uns begleitenden Hügelzügen an. Bei einem Wegestern nach diesem relativ engen Talabschnitt wenden wir uns nach rechts auf einen Fahrweg, der recht steil einen Hang erklimmt und uns, wenn wir den Rücken erreicht haben, einen ersten Blick auf **Los Arcos** erlaubt. Den Ort betritt man von Norden, die lange Hauptstraße führt uns zum Hauptplatz. Dort müssen wir uns nach rechts wenden, denn der Jakobsweg macht hier einen Knick, kurz nach dem Knick passiert man die Herberge Casa de Austria. An der Kirche Santa María vorbei und durch das westliche Stadttor führt die alte Ausfallstraße, jenseits der Brücke über den Río Odrón steht rechts in zweiter Reihe die Herberge Isaac Santiago (3.15 Std.).

Von Los Arcos nimmt man die alte Pilgerstraße (Calle San Lázaro) in Fortsetzung der Achse von der Kirche Santa María zur Brücke. Sie setzt sich als sinnlos breit – für wen? Für uns Pilger? Für den einen Traktor, der uns begegnet? – geschobene Staubstraße fort, die man nach einer Dreiviertelstunde, nach einem kleinen Steinbau, nach rechts auf einem Feldweg verlässt. Er mündet am Hangfuß in einen Fuhrweg, der nach links weiterführt. Einige Ölbaumpflanzungen mischen sich unter die vorherrschenden Felder, am rechten (nördlichen) Horizont taucht das stark gezackte Profil eines Gebirges auf: die Kette von Codés an der navarrisch-baskischen Grenze.

Leider mündet die Straße wenig später in eine – allerdings sehr verkehrsarme – Asphaltstraße, auf der wir nach links zum Dorf **Sansol** wandern. Im Zickzack geht es durch den Ort (gute Markierung) und weiter hinunter zur N 111, die in einer unübersichtlichen, gefährlichen Kurve gequert werden muss. Man geht noch 50 m weiter, dann erreicht man einen Fußweg, der nach rechts ins Tal hinunter führt. Auf der anderen Talseite liegt schon **Torres del Río,** das wir von seinem südlichen Ortsteil her erreichen (5.30 Std.). Um die Tienda (mit improvisierter Bar) zu finden, wendet man sich noch vor der berühmten Kirche Santo Sepulcro nach rechts, zur Herberge geht man direkt vor der Kirche nach links hinauf. Den Schlüssel zur Kirche mit ihrer maurischen Kuppel (die nur von innen zu sehen ist) bewahrt abwechselnd eine von drei Frauen im Ort – wer das gerade ist, weiß man auf jeden Fall in der Tienda.

Rechts von der Kirche geht es weiter: Ein Betonsträßchen führt hinauf zum Friedhof, dann dürfen wir wieder auf einem Fuhrweg wandern. Nach einer knappen halben Stunde

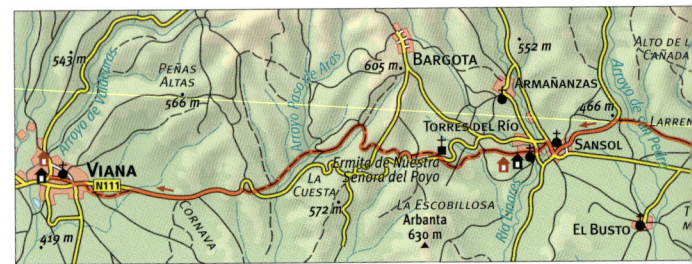

erreicht man die N 111, bleibt aber unterhalb, quert nach einem Tälchen zur anderen Straßenseite und läuft nun oberhalb der Straße weiter. Eine einsam stehende Kirche taucht auf, die **Einsiedelei Nuestra Señora del Poyo** (6.15 Std.). Man hat einen schönen Blick auf ein links sich öffnendes, stark eingeschnittenes Tal. 100 m weiter muss man zur N 111 hinunter, geht eine Linkskurve aus und findet an deren Ende einen nach rechts aufwärts führenden Pfad. Kurz darauf gabelt er sich, hier geht man nach links und erreicht ebenes Terrain. Der Pfad führt zu einer Asphaltstraße (Zubringer für den Ort Bargota), der man 50 m nach links folgt, dann wendet man sich nach rechts auf einen Fahrweg, der in das breite Tal des Barranco Matabarros hinunter führt. Schöne Blicke auf dieses Tal und die von vielen Tälchen gegliederte hügelige Landschaft südlich von uns. Zwischen Ölbaum-, Wein- und Getreideterrassen haben sich immer wieder Stücke mit Macchie erhalten, die zwar stark ab-

geweidet ist, aber doch noch viele Arten von niedrigen Bäumen, Sträuchern und Blumen enthält.

Der Fahrweg wird im Abstieg an ein paar Stellen durch kurze Pfade unterbrochen, man trifft ihn aber auf der Talsohle wieder und folgt ihm talauswärts. Kurz vor Erreichen der N 111 verlassen wir den Talboden und wenden uns nach rechts einen Hang hinauf, rechts steht ein kleines Kiefernwäldchen. Man quert die hier ebenfalls ansteigende Nationalstraße und geht recht steil auf einen Rücken zu, auf dem man leider wieder auf die Nationalstraße trifft. Nun geht man etwa 120 m auf der N 111 nach links, kann kurzzeitig auf einen Pfad wechseln, muss dann aber weiter die Nationalstraße entlanggehen, bis man ca. 200 m nach Kilometerstein 78 auf einen Fußweg stößt, der nach links durch die Felder führt und uns zum Ortseingang von **Viana** bringt. Im Ort folgen wir den gelben Pfeilen nach 50 m halbrechts in die Calle el Cristo und erreichen die Plaza del Coso oben im

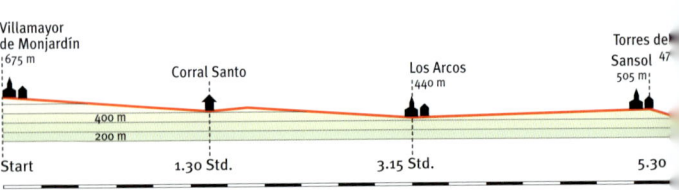

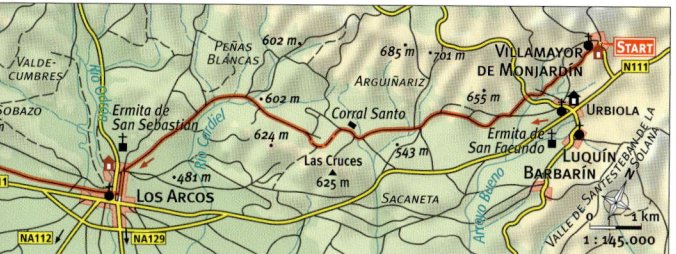

Ort. Die lange Rúa de Santa María führt nach rechts ins Zentrum, zur Plaza de los Fueros mit dem Rathaus (im Erdgeschoss Information) und der Kirche Santa María. Geradeaus weiter erreicht man durch die Calle Navarra Villoslada am Westrand der Stadt das Kloster San Pedro und (links) die Pilgerherberge (8.30 Std.).

Die Sehenswürdigkeiten

Los Arcos: Die Kirche *Santa María* ist ein Stilgemisch aus Gotik und Barock und ein wahres Gesamtkunstwerk dazu. Goldstrotzende Altäre im schwülstigsten »churriguersken« spanischen Barock, eine Orgeltribüne unter üppigem spätgotisch-isabellinischem Netzgewölbe, neben dem Eingang zum flamboyanten isabellinischen *Kreuzgang* links ein Polyptychon aus der flämischen Schule, die Bogengalerie zum Platz hin dient bei Stierkämpfen als Tribüne – unbedingt anschauen!

Torres del Río: Die achteckige romanische Kirche *Santo Sepulcro* (1160/ 1170) hat im Inneren eine Kuppel, die arabischen Vorbildern folgt: Doppelt geführte Rippen bilden einen innen offenen Stern. Es handelt sich keineswegs um eine Kopie des Heiligen Grabes in Jerusalem, wie immer wieder behauptet wird, doch war die Kirche im Besitz der Ritter vom hl. Grab, die ihr Widmung und Namen gaben.

Viana: Erst 1219 schuf ein königlich-navarrisches Dekret die Stadt Viana, entstanden Stadtplan, Mauern, Burg und zwei Wehrkirchen, Santa María und San Pedro. Die gotische Kirche *Santa María* imponiert durch ihren Renaissance-Triumphbogen als Südportal und den aufwändigen Barockaltar, das Grabmal des Cesare Borgia erinnert daran, dass die Familie dieses Papstes aus Spanien kam und er selbst 1507 bei einem Angriff auf die Burg sein Leben verlor. Die Kirche *San Pedro* neben der Pilgerherberge ist seit 1844 Ruine, ihr Mischstil aus Gotik, Renaissance und Barock ist typisch spanisch.

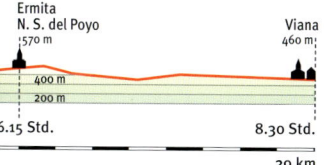

Durch Rioja-Weinberge

Von Viana über Logroño nach Navarrete

Über den Ebro-Fluss und quer durch Logroño, die Hauptstadt der Provinz Rioja, geht diese Etappe. Die Weinberge, die man passiert, machen Lust auf Verkostungen, vorzugsweise anlässlich von Weinfesten: Wer sich's einrichten kann, kommt im Herbst!

DIE ETAPPE IN KÜRZE

+
Anspruch

6.30 Std.
Gehzeit

23 km
Länge

Charakter: Einfach, aber lang; Staubstraßen, Wege, ein langer betonierter Fußweg und städtische Gehsteige

Einkehr und Verpflegung: Logroño, Pantano de la Grajera (Restaurant im Sommer und an Wochenenden), Navarrete

Pilgerherbergen: Logroño: Gemeindeherberge, Rúa Vieja 32, ca. 90 Plätze, Küche, im Sommer zusätzliche Ausweichquartiere, Tel. 941 260234; **Navarrete:** Gute Gemeindeherberge, Calle San Juan 2 (ab 15 Uhr, sonst Schlüssel bei der Herbergsmutter nebenan in der Bar-Restaurant Los Arcos), im Winter evtl. geschlossen, Altbau, 40 Plätze, Küche, Waschmaschine, Trockner, Tel. 941 447764/440776

Hotels/Camping: Logroño: Hostal Niza**, Calle Gallarza 13, Tel. 941 206044; Hotel Isasa*, Calle Doctores Castroviejo 13, Tel. 941 256599; Hostal La Numantina***, Calle Sagasta 4,

Tel. 941 251411; Hotel NH Herencia Rioja****, Calle Marqués de Murrieta 14, neues großes Hotel in Altstadtnähe, Tel. 941 210222; Hotel Marqués de Vallejo**, Calle Marqués de Vallejo 8, Tel. 941 248333; Hotel Condes de Haro***, Calle Saturnino Ulargui 6, Tel. 941 208500; Hotel Murrieta***, für seine Kategorie preiswert, Calle Marqués de Murrieta 1, Tel. 941 224150; **Camping** La Playa, Avda. De la Playa s/n, Tel. 941 252253; **Navarrete:** Hostal La Carioca*, Calle Prudencio Muñoz, Tel. 941 447764/440776; **Camping** Navarrete, Ctra. De Entrena km 1,5, Tel. 941 440169

Information: Logroño: im Pavillon im Park El Espolón, Tel. 941 291260

Feste: Logroño: 11. Juli, Tag des hl. Bernabé, die Cofradía del Pez gibt Fisch, Brot und Wein aus; 21. September, San Mateo, Erntedankfest und Weinverkostung, auch in anderen Orten der Rioja.

Weinberge vor Navarrete

In **Viana** wendet man sich zum westlichen Stadtausgang: von der Herberge nach links, vorbei an der Ruine der Kirche San Pedro und den Resten des aufgegebenen Klosters. Durch einen Bogen geht man nach links aus der Altstadt hinaus. Ein Gässchen führt links abwärts, gelbe Pfeile weisen kurz darauf in ein rechts abbiegendes Gässchen – die Wegführung ist recht kompliziert, aber gut markiert. Man quert eine Straße und geht geradeaus auf einem zementierten Sträßchen weiter, nimmt gleich darauf einen Weg nach links, der mit einigen Schlenkern durch das Gartenland vor und unterhalb der Stadt führt. Man quert eine Asphaltstraße und geht geradeaus weiter, die links von uns verlaufende N 111 rückt näher, bis wir sie etwa 25 Min. nach Beginn dieser Tour überqueren – auf der anderen Seite schöner Rückblick auf Viana.

Jenseits der N 111 kommt man kurz auf einen Pfad (keine Markierungen), bis man 3 Min. später eine im spitzen Winkel nach links abbiegende, kaum befahrene Asphaltstraße findet, die in eine breite, mit Getreide und Wein bebaute Ebene führt. Ein Bachlauf bleibt zunächst

rechts; bei der **Einsiedelei Virgen de las Cuevas** (Unsere Liebe Frau von den Höhlen, 1 Std.) mit großem Picknickplatz und Trinkwasserbrunnen überqueren wir ihn. Unmittelbar danach verlassen wir die Asphaltstraße, gehen 50 m geradeaus auf einem Fuhrweg weiter und schwenken dann im rechten Winkel nach rechts. Kurz darauf entfaltet sich auf einem Rücken ein neues Panorama: Man sieht den Stausee Laguna de las Cañas, die Berge der Rioja jenseits des Ebro und im Mittelgrund einen Tafelberg – dies ist der Cerro Cantabria, auf dessen Schulter wir bald zum ersten Mal einen Blick auf Logroño werfen werden.

Nach einer weiteren Viertelstunde teilt uns ein Wegweiser mit, dass man geradeaus zur Laguna de las Cañas kommt, die übrigens ein sehr interessantes Vogelschutzgebiet ist und eine Beobachtungsstation besitzt. Wir gehen aber nach rechts, durchqueren ein kleines Kiefernwäldchen und kreuzen die N 111 – **Vorsicht:** äußerst gefährlich, Rennstrecke! Jenseits geht es nach links, parallel zur Straße, durch Kiefernwäldchen weiter. Vor einem Gewerbegebiet verpuppt sich der Weg zum

asphaltierten und rot gefärbten Rad- und Fußweg, der uns bis zum Bergrücken, der uns noch von Logroño trennt, begleiten wird. Wir überqueren die Regionsgrenze zu Rioja (1.45 Std.), der Verteiler Logroño Norte (nördliche Umfahrung) wird in einer Serie von drei Tunneln unterquert. Es geht in gleicher Richtung weiter, der rote Weg zielt auf die rechte (westliche) Schulter des schon lange vor uns liegenden Tafelberges **Cerro Cantabria**. Dort, wo wir nach der Querung einer Asphaltstraße dessen Schulter erreichen, öffnet sich ein Blick auf Logroño, das Ebrotal und die Berge im Süden.

Im Abstieg sind wir zum ersten Mal im Weinland der Rioja. Der Südhang über dem Ebrotal ist ja ein hervorragender Standort (die Hauptstadt der Rioja-Weine ist aber nicht Logroño, sondern Haro weiter im Nordwesten). Wir nähern uns der Stadt, Asphalt ersetzt den lockeren Untergrund.

Wir haben den Stadtrand von **Logroño** erreicht (2.45 Std.). Eine As-

phaltstraße zieht nach rechts und führt uns an einem großen Friedhofsgelände vorbei. Links erscheint die Ebrobrücke, drüben liegt die Altstadt. Die steinerne Brücke ist erst im 19. Jh. entstanden, aber sie ist die Nachfolgerin einer der ersten Brücken auf dem Jakobsweg, die im 12. Jh. der hl. Juan de Ortega erbauen ließ. Auch die Provinzhauptstadt verdankt also zumindest einen Teil ihrer Existenzberechtigung ihrer Lage an der Kreuzung von Jakobsweg und Ebro-Fluss.

Auf der anderen Seite des Flusses wenden wir uns gleich nach rechts und gehen durch die Calle Rúa Vieja mit der Herberge (links) und die Calle San Paolo zu einem Platz mitten in der Altstadt. Auf der Plaza San Pablo wurde ein riesiges Brettspiel in Mosaiksteinen ausgelegt, es ist leider, obwohl noch gar nicht so alt, bereits stark sanierungsbedürftig: Es zeigt eine Reise auf dem Jakobsweg. Die einzelnen Felder sind gut erkennbar als Stationen des Weges gekennzeichnet – die Pyrenäen am Anfang,

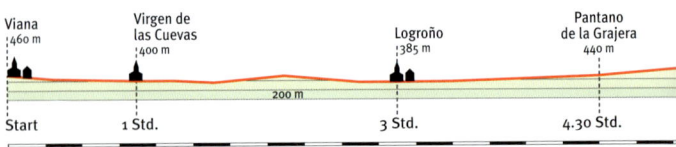

Santiago de Compostela am Ende, eine Brücke steht für Puente la Reina. Ein paar Schritte weiter steht links der Pilgerbrunnen und rechts die Kirche Santiago mit zwei Figuren des Apostels Jakobus, einmal als Pilger und zum anderen als *Matamoros,* als Maurentöter hoch zu Ross. In der Schlacht von Clavijo, einem Ort südlich Logroño, soll er 844 auf der Seite des christlichen Heeres eingegriffen und die Mauren eigenhändig besiegt haben.

Weiter geradeaus – leichter Linksknick – auf der Calle de Barriocepo und aus der Altstadt hinaus durch die Puerta del Camino Kaiser Karls V. (der spanische König Carlos I.). Man quert die anschließende Plaza del Marqués de Murrieta mit dem großen Springbrunnen und folgt dann immer der breiten, verkehrsreichen Calle Marqués de Murrieta (zahlreiche Cafés, Kioske und Lebensmittelläden), quert eine Bahnlinie und erreicht schließlich typisches Stadtrandgebiet mit Werkstätten und Autohäusern. Die Straße

heißt nunmehr Avenida de Burgos. Wo die Calle de Portillejo quert (zweite Straße nach der Bahnüberführung), folgen wir ihr nach links bis zum Rand eines Parks (Parque San Miguel), wo wir uns nach rechts auf einen begrünten Erdwall wenden. Auf dem Spaziergelände hält man sich bei den Gabelungen rechts, geht über zwei Hügel und dann in einem Tunnel unterhalb der das Erholungsgebiet zerschneidenden Schnellstraße (neue Trasse der N 232) hindurch. Nun befindet man sich auf einem betonierten Fuß- und Radweg, der zu Logroños Haupt-Erholungsgebiet führt, dem Stausee **Embalse de la Grajera** (4.30 Std.), den man in etwa einer halben Stunde erreicht. Man läuft nach rechts über den Staudamm und anschließend sofort links auf einem Weg entlang des Sees. Am Ende des Erholungsgebietes, 25 Min. später, erreicht man bei einem – wasserlosen – Jakobusbrunnen ein Asphaltsträßchen, dem man ca. 80 m nach rechts folgt, und nimmt dann eine Staubstraße nach links, die zwischen großen Mandelbäumen leicht aufwärts führt. Sie führt im Rechtsbogen, später teilweise asphaltiert, zu einem Weg, der oberhalb der auch hier als Schnellstraße ausgebauten und tief in den Fels geschnittenen N 232 verläuft. Etwa eine Vier-

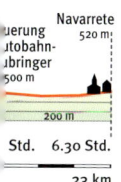

Navarrete
...uerung   520 m
...utobahn-
...bringer
...500 m

                200 m

Std.   6.30 Std.

        23 km

telstunde später müssen wir den Zubringer überqueren, neben dem wir mittlerweile laufen: **Vorsicht!** Diese Querung ist wohl eine der gefährlichsten des gesamten Pilgerweges (5.45 Std.). Auf der anderen Seite folgt man einem Fuhrweg, der im spitzen Winkel ins Tal hinunter führt, quert eine Asphaltstraße und wird über eine Brücke über die Autobahn geführt. Auf der anderen Seite treffen wir auf die Grundmauern der Kirche des **Hospitals de San Juan de Acre,** eines, wie der Name verrät, Johanniter-Hospitals, das 1185 gegründet wurde.

Es geht geradeaus weiter, ein paar Stufen nach links, die Asphaltstraße unterhalb des Ortes **Navarrete** wird gequert, jenseits führt die Hauptstraße des Ortes weiter. Die Arkaden rechts von uns kennzeichnen den alten Pilgerweg, gleich das erste Haus rechts ist die Pilgerherberge (6.30 Std.).

Rioja-Weine

Alljährlich finden im kleinen riojanischen Ort Albelda de Iregua wichtige Kongresse zu Fragen der Wein- und Nahrungsmittelindustrie statt. Vor allem zieht das *Foro Mundial del Vino Rioja*, eine Art Weinmesse, die nur für den Rioja-Wein geschaffen wurde, Interessenten aus allen Erdteilen in diese spanische Provinz. Rioja ist *das* spanische Weinbaugebiet, Weine, die von hier kommen, dürfen wie selbstverständlich doppelt so viel (und mehr) kosten wie der nächst vergleichbare spanische Wein, ihre Qualität kann sich mit den besten italienischen, französischen, chilenischen oder australischen Rotweinen messen. Während die Konkurrenz vor allem Cabernet-Sauvignon kultiviert, setzt Rioja traditionell vor allem auf die Rebsorte Tempranillo. Freilich bauen auch hier immer weniger Winzer die Weine konsequent sortenrein aus, immer mehr mischen Cabernet-Sauvignon ein oder versuchen, mit Sortenkombinationen und Pinot Noir dem Bordeaux Konkurrenz zu machen. Das macht die Weine vielleicht komplexer und subtiler, mildert die oft als zu intensiv empfundene Säure, nimmt aber dem Rioja seine Identität, macht ihn verwechselbar und drückt damit auf lange Sicht den Preis. Ein Rat: Probieren Sie zuerst sortenrein ausgebauten *Tempranillo,* dann erst einen *crianza*-Wein, der eineinhalb Jahre Fasslagerung hinter sich hat und recht tanninhaltig ist, dem klassischen Rioja also noch am ehesten entspricht. Als Höhepunkt probieren Sie Weine mit der Bezeichnung *reserva* oder gar *gran reserva,* Rotweine, die zwei Jahre im Fass und ein Jahr in der Flasche bzw. drei Jahre im Fass und drei in der Flasche gelagert wurden.

Die Touristeninformation im Park Espolón hält eine Liste der Weingüter, Bodegas und Restaurants in Logroño bereit. Besonders empfehlenswert ist der preiswerte Führer ›Guía para visitar las bodegas de Rioja/Visitor's Guide to the Bodegas of Rioja‹, der 150 Kellereien vorstellt und im Buchhandel sowie in den Touristeninformationen erhältlich ist.

Der Pass der Steinmännchen

Von Navarrete nach Nájera

Bilderbuch-Weinlandschaft Rioja: Durch dieses reich gegliederte Hügelland könnte man auch länger wandern. Und jeder Hügel hat seine eigene Geschichte, wie uns spätestens am Poyo de Roldán, dem Rolandsberg, klar wird.

DIE ETAPPE IN KÜRZE

+
Anspruch

5 Std.
Gehzeit

16 km
Länge

Charakter: Einfache Etappe, keine großen Höhenunterschiede, Wege, Fuhrwege, Staubstraßen

Markierung: Auf diesem Abschnitt sind die Markierungssteine mit vergoldeten Pilgermuscheln geschmückt.

Einkehr und Verpflegung: Tienda in Ventosa (etwas abseits Weg); auf der gesamten Strecke kein Wasser!

Pilgerherbergen: Ventosa: Gemeindeherberge, Calle Medio Pereda 9, 26 Betten, sehr gelobt, Tel. 941 441899; **Nájera:** Gemeindeherberge, neben Santa María la Real, 60 Plätze, unpersönlich, zu wenig sanitäre Anlagen, Tel. 607 487591; Privatherberge La Judería, C. Garrán 13, 19 Plätze, Tel. 941 361138

Hotels/Camping: Nájera: Hostal Hispano II*, Calle La Cepa 2, Tel. 941 363615, Hotel San Fernando**, Paseo San Julián 1, angenehmes Hotel nahe dem Fluss, gutes Preis-Leistungs-Verhältnis, Tel. 941 363700; **Camping** El Ruedo, Paseo San Julián 24, am Fluss, Tel. 941 360102, April bis Sept.

Information: Nájera: Calle Constantino Garrón 8, zwischen Kloster/Herberge und Calle Mayor, Tel. 941 360041

Man verlässt **Navarrete** auf der Durchgangsstraße in westlicher Richtung (die gelben Pfeile führen etwas umständlich an der Kirche vorbei), nach der Einmündung in die N 120 muss man bis zum links gelegenen Friedhof ein Stück auf dieser laufen. Beachten Sie das Friedhofsportal: Es handelt sich um den unteren Teil der Frontpartie der romanischen Kirche des Pilgerhospizes von San Juan de Acre, deren Ruinen östlich der Stadt zu sehen sind – warum es hierher verpflanzt wurde, werden die Verantwortlichen wohl wissen.

Nach dem Friedhof kann man dankenswerterweise neben der Straße weiterlaufen, hier wurde ein Staubsträßchen für die Pilger angelegt. Mit dem Schnellstraßenausbau der N 120 in diesem Bereich – als Schnellstraße A 12 – wurde leider in

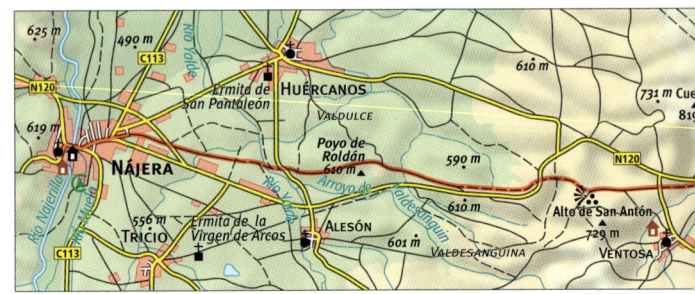

diesem Streckenabschnitt ein älteres, etwas komplizierteres aber angenehm zu gehendes Wegstück »bereinigt«, so dass man jetzt immer der Straße folgt. Der Kreisel bei der folgenden Schnellstraßenauffahrt wird links gequert, dann geht es wieder entlang der Straße weiter, die ab dem Kreisel – noch – nicht zur Schnellstraße ausgebaut ist. Die Markierungssteine des Jakobsweges sind hier mit hübschen vergoldeten Muscheln verziert, die meisten von ihnen sind mit kleinen Steinchen bedeckt, die fleißige Pilger gesammelt und auf ihnen abgelegt haben.

Kurz vor einer aufwändigen Straßeneinmündung auf die Nationalstraße werden wir nach links auf einen schmalen Fahrweg gelenkt (1.45 Std., Schild und Markierungsstein!), der kurz darauf die Asphaltstraße kreuzt (so viel Aufwand für eine so wenig befahrene Straße – tatsächlich werden mit dieser Straße nur drei Dörfer mit zusammen etwa 1500 Einwohnern, darunter das links von uns liegende Dörfchen Ventosa,

an das regionale Verkehrsnetz angebunden). Auf der anderen Straßenseite geht es geradeaus auf eine Staubstraße. An ihrem blinden Ende führt ein holpriger Weg weiter in Richtung eines Einschnittes. Lockere Steine wurden von früheren Pilgern zu Steinpyramiden geschichtet, in den begleitenden Wiesen gibt es Wildblumen, an den trockensten Stellen wachsen niedrige Zistrosensträucher, deren zartrote Blüten sich im Mai öffnen. Man erreicht einen kleinen Pass, den **Alto de San Antón** (2.30 Std.). Auf dem flachen Terrain oberhalb des Passes stand einmal das Kloster San Antón, das sich um die Pilger kümmerte, die in der Einsamkeit dieser Landschaft immer wieder Räubern ausgeliefert waren. Von diesem Kloster ist nur ein Haufen Steine übrig geblieben, aber es gibt ja auch keine Räuber mehr, vor denen wir hier Schutz suchen müssten.

Auf der Westseite des Passes öffnet sich der Blick auf das breite Tal des Najerilla-Flusses, an dem Nájera liegt, das Etappenziel. Auch hier be-

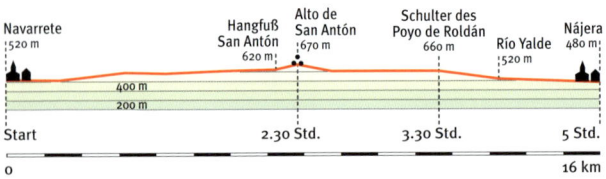

stimmt der Wein die Wirtschaft, wie wir im Abstieg feststellen können. Man passiert ein einzelnes Haus (links) und wird danach nach links zu einer alten Trasse der N 120 geführt, auf der man kurz nach links geht, um dann die neue N 120 zu queren. Jenseits führen ein paar Stufen zu einem Fuhrweg hinunter, der uns erneut nach links unter- und dann oberhalb der Straße nach Westen führt. Eine halbe Stunde geht es sehr angenehm auf dem Fahrweg weiter, dann erreicht man einen markanten Hügel mit aufgesetztem Funkmast, den man schon länger im Blickfeld hatte, und umgeht ihn rechts (3.30 Std.). Es handelt sich um den **Poyo de Roldán,** den Rolandsberg. Von hier aus, so will es die Legende, warf der Ritter Roland einen Felsbrocken auf die Burg des (wie anders als) bösen Riesen Ferragut, der gerade vor den Toren der Stadt Nájera saß. Der Felsbrocken traf die Pforte, zerstörte sie und befreite so die vielen Gefangenen Ferraguts.

Ab dem Poyo de Roldán wandern wir auf einer breiten Staubstraße, die uns nach einer Viertelstunde zu einem großen Schotterwerk führt. Wir umgehen es rechts, queren alsbald den **Río Yalde** auf einem schmalen Steg und wandern anschließend geradeaus weiter durch Weinberge.

Eine Viertelstunde später queren wir eine Asphaltstraße (Umfahrungsstraße der N 120) und erreichen den Rand der Stadt **Nájera.** Unsere Straße heißt jetzt Avenida de Logroño. Man passiert einen *Frontón* und eine Sporthalle und geht nach einer großen Kreuzung auf der Calle San Fernando leicht links versetzt weiter in die Stadt hinein. Auf der Plaza San Fernando (rechts liegt das Kloster Santa Elena der Klarissinnen) macht die Calle San Fernando einen Rechtsknick und führt zum Fluss Najerilla. Wir überqueren ihn auf einer Brücke, die wie jene über den Ebro in Logroño vom hl. Juan de Ortega in Auftrag gegeben wurde (s. S. 74). Jenseits biegt man nach links in die Calle Mayor ab – **Achtung,** die gelben Pfeile weisen hier aus unerfindlichen Gründen rechts weiter! –, bis man rechts die Calle Constantino Garrón findet, die zum Platz vor dem Kloster **Santa María La Real** und der Pilgerherberge führt (5 Std.).

Keine Gefahr, sich zu verlaufen: Markierungsstein mit goldener Muschel

Tour 14

Nájera

Der Ort verdankt seine Existenz einem Wunder: Der navarrische König García él de Nájera war in einem der Jahre vor 1052 im Tal des Najerilla auf der Rebhuhnjagd, für die damals nach arabischem Vorbild Jagdfalken eingesetzt wurden. Ein Rebhuhn und ein Jagdfalke verschwanden in einer Höhle in den Felsen am steilen Prallhang des Najerilla. Der König setzte nach und entdeckte die beiden Vögel friedlich vereint unter einem Madonnenbild. Nur folgerichtig, dass der König ein Kloster stiftete, Sie können es besichtigen: *Santa María La Real.* Die Klosterbesichtigung führt zuerst zum Kreuzgang, dessen unteres Stockwerk feinstes gotisches Maßwerk zu füllen scheint. Wenn man genauer hinsieht, erkennt man aber, dass es in der Formensprache der Renaissance ausgeführt wurde, das Wappen Kaiser Karls V. ist an ein paar Stellen zu finden. Die Kirche hat rein hochgotische Formen, das großartige Chorgestühl ist im 15. Jh. entstanden. Im Westen der Kirche liegt die Grablege der navarrischen Könige *(La Real –* die Königliche!). Der interessanteste Sarkophag steht genau in der Mitte, es ist jener der Königin Blanca († 1156) mit romanischen Reliefs, die u. a. eine Sterbeszene darstellen. Dahinter liegt die alte Kulthöhle, in der sich auch heute noch eine Marienstatue befindet.

Auf dem Weg zum Hühnerkäfig

Von Nájera nach Santo Domingo de la Calzada

Weil in der Kathedrale ein Hühnerkäfig mit Hahn und Henne steht, wird Santo Domingo de la Calzada von Touristen gestürmt. Das kann doch Santiago nicht gewollt haben ...?

DIE ETAPPE IN KÜRZE

+
Anspruch

6 Std.
Gehzeit

21 km
Länge

Charakter: Anfangs kurzer, steiler Anstieg , sonst leichte Etappe; zumeist auf breiten, verkehrsarmen oder -freien Staubstraßen

Einkehr und Verpflegung: Azofra (Tienda bei Herberge hat für Pilger sonntags auf, zwei Restaurants), Brunnen in Cirueña 150 m abseits der Route, Santo Domingo de La Calzada

Pilgerherbergen: Azofra: Herberge der Kölner Santiagofreunde in einem Gebäude neben der Kirche; 20 Plätze, gut ausgestattete Küche, Tel. 941 379057; La Fuente R. Kolle, private Herberge, Plaza España 1, Tel. 941 379096; **Santo Domingo de la Calzada:** Herberge der Cofradía del Santo, Calle Mayor 42, 80 Plätze, Küche, Tel. 941 343390; Hospedería Cisterciense, Calle Mayor 31, alle Mahlzeiten, Tel. 941

340700; im Sommer Ausweichquartiere, Auskunft im Rathaus, Plaza de España 4, Tel. 941 340004

Hotels: Santo Domingo de la Calzada: Hostal Río*, Calle Alberto Etchegoyen 2, Tel. 941 340005; Hotel El Corregidor***, Calle Mayor 14, Tel. 941 342128; Parador Santo Domingo de la Calzada****, Plaza El Santo 3, Parade-Parador im früheren Pilgerhospiz gegenüber der Kathedrale, gutes Restaurant, Tel. 941 340300

Information: Santo Domingo de la Calzada: Städtische Information, Calle Mayor 70, Tel. 941 341230; Pilgerinformation, Calle Mayor 42, Tel. 941 343390

Feste: Santo Domingo de la Calzada: Fiesta 10.–15. Mai, Hauptprozession am 11. Mai, dem Tag des Ortsheiligen

In **Nájera** geht man am Kloster Santa María la Real vorbei und nimmt links davon (südlich) eine Staubstraße, die ziemlich steil in einen Kiefernwald hinauf führt. Nach einer Schulter zwischen roten Sandsteinfelsen geht es gemächlich bergab in eine von Weinbergen überzogene, leicht gewellte Landschaft. Eine Straße wird gequert, nach einem Brückchen (links eine Schaf-Farm) über den Arroyo de Pozuelos geht es leicht bergauf.

5 Min. später hält man sich bei einer Gabelung rechts. Nach insgesamt 45 Min. geht es auf Asphalt weiter, auf dem man ohne Richtungswechsel **Azofra** (1.45 Std.) erreicht. Um zur Kirche und zur Herberge zu gelangen, hält man sich bei der Straßengabelung im Ort links. Die Herberge hat übrigens einen mittelalterlichen Vorgänger: Schon 1168 gründete die Adelige Isabel de Azofra ein Pilgerhospital, das bis 1835 bestand.

Man verlässt Azofra auf der Hauptstraße, an der sich das Restaurant befindet, und nimmt ca. 100 m außerhalb des Ortes die erste Abzweigung nach links, eine Erdstraße, die in die Felder westlich des Ortes führt. Nach einer Viertelstunde steht

rechts im Feld eine Steinsäule, der **Rollo de Azofra** (2 Std.), ein Symbol der Gerichtsbarkeit des Grundherrn von Azofra, gestaltet wie ein in den Boden gestecktes Schwert, der Knauf bildet die Spitze.

Man wird nahe an die N 120 herangeführt, kreuzt eine Asphaltstraße und entfernt sich wieder von der Nationalstraße in Richtung eines weiten Tales, das zur Rechten von steilen Hängen begrenzt wird, die zu einem Plateaurand hinauf leiten. Die Staubstraße senkt sich zur Talmitte und steigt auf der anderen Talseite kräftig an, bis der Plateaurand erreicht ist. Auf dem Plateau wird ein Eichenhain passiert, rares Beispiel für die lange vergangenen Zeiten, als

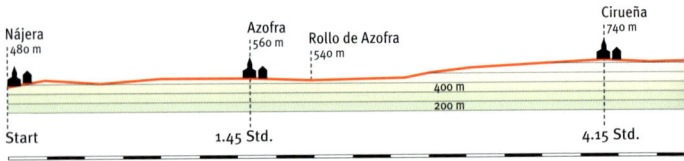

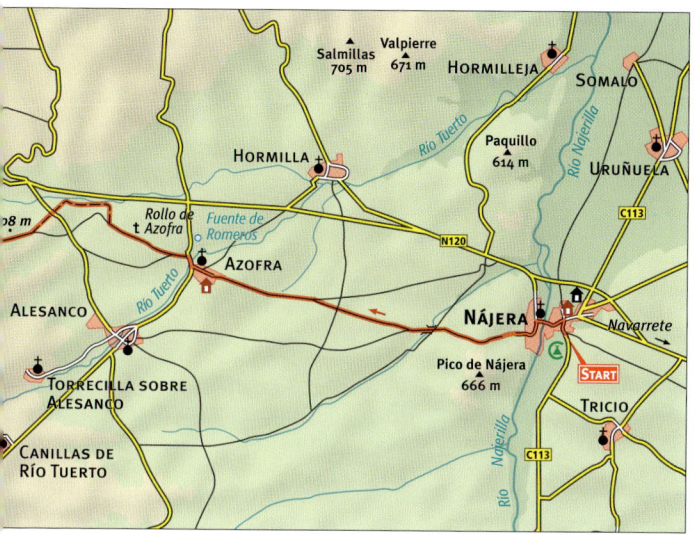

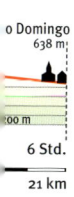

hier noch dichter Wald stand und der hl. Dominikus (de la Calzada – der von der Straße) die Rodung, den Bau einer Straße und die Errichtung von Brücken für die Pilger nach Santiago veranlasste.

Der Weiterweg ist kurz vor dem Dorf Cirueña durch einen im Entstehen begriffenen Golfplatz unterbrochen (große Schilder machen darauf aufmerksam, dass dies ein Projekt auf dem Jakobsweg sei – doch nicht für uns Wanderer auf dem Camino?). Ob der direkte Weg vom Dorf jemals wieder angelegt werden wird, ist nicht klar. Also rechtsbündig um den Golfplatz herum bis zu einer Asphaltstraße, auf der das Dorf Cirueña zur Linken nur noch einen Kat-

zensprung entfernt ist (Brunnen!). Der Weiterweg führt kurz rechts auf dieser Straße bis dort, wo eine breite Staubstraße nach links abzweigt. Sie zieht durch die von Feldern überzogene leicht gewellte Landschaft und gibt nach 25 Min. den Blick auf Santo Domingo de la Calzada frei, genauer: auf den hohen, spitzen Turm der Kathedrale.

Nur jetzt nicht glauben, man sei schon da: Es dauert noch eine Dreiviertelstunde bis zu Kathedrale! Vom Aussichtspunkt geht man abwärts in die Flussebene des Río Oja, an dem Santo Domingo liegt, wird am äußersten Ortsrand neben Lagerhallen nach links geführt und erreicht dann, wenn man sich bei der anschließenden Asphaltstraße wieder links hält, einen großen Straßenkreisel. Hier geht man in die genau gegenüber weiterführende Straße, sie führt zur Calle Mayor mit den Pilgerherbergen und der Kathedrale von **Santo Domingo de la Calzada** (6 Std.).

Santo Domingo de la Calzada

An der nicht nur für Pilger problematischen Furt durch den Oja-Fluss ließ der später heilig gesprochene Einsiedler Dominikus (Santo Domingo de la Calzada, 1019–1109) um die Mitte des 11. Jh. eine Brücke errichten. Pilger brachten Wohlstand ins Land, vor allem die Santiagopilger, denn für die lange Pilgerfahrt ans Ende der Welt und zurück benötigte man einen Batzen Geld, den man nach und nach ausgab. Warum nicht in Navarra? Auch eine Herberge entstand, und nach dem Tod des Heiligen und der Erhebung der Stadt zum Bischofssitz konnte sich der Ort als eine der wichtigen Stationen auf dem Jakobsweg innerhalb Navarras behaupten.

Bedeutendstes Denkmal ist die romanisch-gotisch-barocke *Kathedrale*. Aus romanischer Zeit stammen Chorapsis, Chorumgang und das nördliche Querschiff, besonders zu beachten sind die schön gearbeiteten Kapitelle. Gotische Formen zeigen vor allem die Maßwerkgitter in einigen Fenstern des nördlichen Querhauses. Zu beachten ist auch der bedeutende Renaissance-Hochaltar. Der freistehende barocke Glockenturm, dessen Anblick wir schon von weitem genossen haben, ist ein Werk des 18. Jh. Interessant ist auch das Mausoleum des Heiligen, das in den Fußboden eingelassen und über eine Treppe zugänglich ist.

Aber ihre eigentliche Berühmtheit hat die Kirche durch einen ganz unüblichen Bestandteil erlangt – einen Hühnerkäfig. Er steht erhöht an der südlichen Westwand und enthält einen Hahn und eine Henne. Wenn der Hahn kräht, während man in der Kathedrale ist, bringt das Glück für die Pilgerfahrt. Was es damit auf sich hat, erklärt eine Legende, die allerdings auch anderswo erzählt wird: Eine deutsche Pilgerfamilie, ein Ehepaar mit seinem Sohn, war auf dem Weg nach Santiago und nächtigte in einem Gasthof in Santo Domingo. Dort versuchte die Dienstmagd des Wirts, den Sohn zu verführen. Weil er aber ihre Avancen ignorierte, steckte ihm das gekränkte Mädchen einen silbernen Becher in sein Gepäck (woher sie den wohl hatte?) und schlug, als die Pilger weiterreisen wollten, Alarm. Der junge Mann wurde als Dieb verurteilt und gehenkt. Die Eltern vollendeten ihre Pilgerfahrt nach Santiago und klagten dem Apostel ihr Leid. Zurückgekehrt stellten sie fest, dass ihr Sohn noch lebte: Der Apostel hatte ihn die ganze Zeit – immerhin einige Wochen lang – hochgehalten und ihm die Füße gestützt. Flugs schnitt man den jungen Mann vom Strick und rief den Bischof. Der saß gerade bei Tisch, aß einen gebratenen Gockel und eine Henne und tat den Bericht ungläubig ab. »Eher wachsen diesem Tier hier Flügel, als dass das stimmt!« Und siehe da, dem Hühnerpaar wuchsen Flügel, der Hahn krähte und beide flogen von den Tellern auf.

San Millán de Cogolla: Wer zwischen Azofra und Cirueña die über Cañas führende Straße nach San Millan de Cogolla nimmt, muss einen Zusatzweg einkalkulieren und erlebt das Doppelkloster, das als Wiege der spanischen Sprache angesehen wird, wurden doch hier die ersten Dokumente in kastilischer (=spanischer Sprache) geschrieben, die uns erhalten sind. Das Kloster am Hang ist an die 1000 Jahre alt und Nachfolger einer durch die Araber zerstörten Anlage. Die mozarabische Kirche mit dem romanischen Sarkophag des Namen gebenden Heiligen über dessen erster Grabstätte ist UNESCO-geschütztes Welterbe. Im unteren, neueren Kloster sind vor allem die kunsthistorisch bedeutenden Schreine der hl. Millán und Felix von Interesse.

Von Rioja nach Kastilien

Von Santo Domingo de la Calzada nach Belorado

Im welligen Vorland der Sierra de la Demanda wandert man von Aussichtspunkt zu Aussichtspunkt, die Gipfel im Süden tragen bis in den Sommer hinein Schnee.

DIE ETAPPE IN KÜRZE

**+
Anspruch**

**7.30 Std.
Gehzeit**

**26 km
Länge**

Charakter: Trotz einiger kurzer An- und Abstiege leicht; Staubstraße und Fahrwege, auch parallel zur Nationalstraße

Einkehr und Verpflegung: Granón, Redecilla del Camino, Castildelgado (der Brunnen spendet kein Trinkwasser!), Belorado

Pilgerherbergen: Granón: Herberge San Juan Bautista, im Turm der Kirche, der Trockenraum liegt unter dem Kirchendach direkt auf dem Gewölbe des Kirchenschiffs, 18–22 Plätze; die sehr angenehme und wohnliche Herberge (Kamin) wird in dieser Form seit 1993 von Freiwilligen geführt, Küche, die Mahlzeiten werden gemeinsam eingenommen, jeder steuert bei, Tel. 941 420818; **Redecilla del Camino:** Hospederia de San Lazaro, Calle Mayor 24, modernisierter Altbau, 50 Plätze, laute Bar im Stockwerk unterhalb, Tel. 947 588078; **Viloria de Rioja:** Private Herberge, 18 Plätze, Küche, nur Ostern bis Oktober, Tel. 646 364037; **Villamayor del Río:** Private Herberge seit 2003, 52 Plätze, keine Küche; **Belorado:** Gemeindeherberge an der Kirche Santa María, 46 Plätze, Küche, Tel. 947 580085 (Pfarramt); Cuatro Cantones, Calle Bernel 10, private Herberge, 20 Plätze, Tel. 696 427707

Hotels: Castildelgado: Hostal-Restaurant El Chocolatero, an der N 120, Tel. 947 588063; **Belorado:** Hotel Belorado*, Avda. Del Generalísmo 30, Tel. 947 580684

In **Santo Domingo de la Calzada** folgt man der alten Hauptstraße, die ja nichts anderes ist als der Jakobsweg, und quert den Río Oja auf der Nachfolgerin der von Santo Domingo errichteten Brücke. Nach der Brücke geht man rechts auf eine dort abzweigende Straße und sofort wieder auf einen nach links führenden Fahrweg. Dort, wo dieser nach 500 m auf einen Querweg mündet, wenden wir uns nach links, queren die N 120 und gehen auf der anderen Straßenseite nach rechts auf einer dieser breiten Staubstraßen weiter, wie sie in den letzten Jahren durch die Landschaft

geschoben und gewalzt wurden. Nach einer Rechtskurve wird man gleich wieder in die alte Richtung und in die Nähe der N 120 geschickt, der man an einem flachen Hang recht nahe kommt – dies ist die Stelle, wo die Umfahrung von Santo Domingo an die alte Trasse ansetzt. Weiter geht es ziemlich nahe der Nationalstraße, erst 1 km weiter können wir uns auf einem Querweg nach links und damit von der N 120 abwenden.

300 m weiter gelangen wir auf eine rechts abzweigende Staubstraße, die uns in weitem Bogen zum halbrechts über uns liegenden Ort **Grañón** (2.15 Std.) bringt. Man kommt von Süden in den Ort hinein, geht an der Kirche vorbei zur Hauptstraße, die man nach links weitergeht, um nach 150 m eine schmale Seitenstraße aus dem Ort hinaus zu nehmen. Wer hier nächtigt und noch vor Sonnenaufgang (selbst im Juni erst nach 6 Uhr) weitergeht, sollte sich die Stelle am Abend zuvor einprägen – im Morgenlicht sind die gelben Markierungen kaum zu sehen! Wer nicht über Nacht bleibt, sollte der Pilgerherberge auf jeden Fall einen Besuch abstatten, von der Kirche, an die sie sich lehnt, ganz zu schweigen: Im Chor der dunklen gotischen Kirche des hl. Johannes des Täufers erhebt sich ein künstlerisch bedeutender figurenreicher Renaissance-Hochaltar.

Außerhalb des Dorfes nimmt man bei der ersten Gabelung den linken Zweig, bei der nächsten Gabelung 5 Min. später den ins Tal führenden rechten. Nach der Talquerung zweigt ein Feldweg nach links ab, der in einer Viertelstunde auf eine Anhöhe führt, von der man einen ersten Blick auf **Redecilla del Camino** (3.30 Std.) werfen kann, den nächsten Ort. Hier stehen wir übrigens an der Grenze der beiden historischen Regionen Rioja (früher Teil Navarras) und León-Kastilien, heute die Grenze zwischen der Autonomen Region Rioja und der Provinz Burgos der Autonomen Region Castilla-León. Eine breite Staubstraße führt zum Dorf, zu-

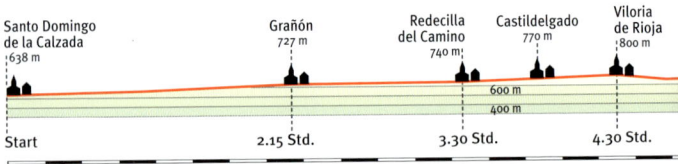

letzt muss man die N 120 queren, auf der anderen Seite beginnt die Calle Mayor. Gleich zu Beginn erfrischt ein Brunnen, die Herberge, als Bar-Hospedería bezeichnet, findet man gegenüber der Kirche.

Nach dem Ort muss man wieder die Nationalstraße queren, geht auf einem neuen Fußweg knapp unter oder parallel zur dieser, wobei man sogar auf Trittsteinen furten darf, und erreicht auf einem neuen Weg den Ort **Castildelgado** mit kleiner Tienda (Hostal/Restaurant an der N 120, vom Weg aus nicht zu sehen). Das Brunnenwasser kommt, wie ein Schild bekannt gibt, nicht aus der Wasserleitung der Gemeinde, dürfen wir es trotzdem trinken? Lieber nicht! Eine Staubstraße führt aus dem Ort hinaus und mündet jenseits eines flachen Tälchens in eine schmale Asphaltstraße, der wir nach links in den Ort **Viloria de Rioja** (4.30 Std.) folgen, eine Exklave der Region Rioja in der kastilischen Provinz Burgos (und dem Anschein nach der berühmte Ort, an dem sich Fuchs

und Hase Gute Nacht sagen – aber mit Pilgerherberge!).

Die Straßengabelung im Ort weist uns nach rechts, es geht auf einem schmalen Asphaltsträßchen einen Hang hinunter in ein Tal, auf dessen gegenüber liegender Seite die Trasse der N 120 verläuft. Bevor man sie erreicht, führt ein Staubsträßchen nach links weiter. Diesem im wesentlichen für Pilger angelegten Weg, der uns von der Schnellstraße fern hält, folgen wir die nächste Stunde, dabei wird der Ort **Villamayor del Río** passiert (5.30 Std., auch hier führt der Brunnen kein ›offiziell genehmigtes‹ Wasser), zwei Mal wird eine Asphaltstraße gequert.

Beim Ortsschild von Belorado muss die N 120 gequert werden, jenseits beginnt ein Fuhrweg, der in den Ort hinein führt. Der steile Hang rechts von uns ist mit Wiesen und im oberen Bereich mit Kiefernwäldchen bedeckt. Am Rand des alten Ortsteils liegt die Kirche Santa María de Belén, im dazugehörigen Pfarrhaus befindet sich die Pilgerherberge. Um in das Ortszentrum zu kommen, wendet man sich nach links, überquert den Bach, geht nach rechts und nach 50 m gleich wieder nach links, die dort beginnende Straße führt ohne gravierenden Richtungswechsel durch **Belorado,** der Hauptplatz liegt auf der linken Seite (7.30 Std.).

Villamayor del Río
780 m

Belorado
770 m

600 m
400 m

30 Std.

7.30 Std.

26 km

Über die Gansberge

Von Belorado über die Montes de Oca nach San Juan de Ortega

Die landschaftliche Schönheit der Überquerung der Montes de Oca, der Gansberge, ist kaum zu übertreffen. Die Einsamkeit der Strecke, heute noch fühlbar, machte sie zum beliebten Räubertreff.

DIE ETAPPE IN KÜRZE

++
Anspruch

7 Std.
Gehzeit

23 km
Länge

Charakter: Wegen der Länge und des Höhenunterschieds anstrengende Etappe auf oft grundlosen Wegen, Forststraßen, Staubstraßen und kürzeren Asphaltstrecken, insgesamt mittelschwer. Nach starken Regenfällen und bei Nebel ist diese Etappe nicht empfehlenswert.

Einkehr und Verpflegung: Tosantos (nur Bar, an der N 120), Villambistia (Bar an der N 120), Espinosa del Camino (Bar), Villafranca Montes de Oca (Tienda in der Bar am südlichen Ortsrand, Bar-Restaurant im Hostal, köstliches Holzofenbrot aus der Bäckerei am Rand des Parkplatzes vor dem Hostal), San Juan de Ortega (Bar); kein Wasser zwischen Villafranca Montes de Oca und San Juan de Ortega

Pilgerherbergen: Tosantos: Herberge im ehem. Pfarrhaus, 20+ Plätze, Frühstück, im Winter geschl.; **Villafranca Montes de Oca:** Gemeindeherberge, an der N 120 am Ortseingang links, 18+ Plätze, nur 1 Toilette, Küche, nicht zu empfehlen, Tel. 947 582000: im Sommer Zeltherberge mit ca. 100 Plätzen auf der Wiese unterhalb der Kirche; die historische Herberge im alten Bau neben der Kirche wird noch umgebaut; **San Juan de Ortega:** Herberge des Klosters San Juan de Ortega, neben dem Kircheneingang (links), 80 Plätze, keine Küche, aber mit Mahlzeiten (nur Bar, keine Tienda im Ort!), Tel. 947 560438

Hotel: Villafranca Montes de Oca : Hostal-Restaurant El Pájaro, in der großen Kurve der N 120 am nördlichen Ortsrand, Etagentoiletten/-duschen, sauber, preiswert, Tel. 947 582001

Belorado verlässt man in südwestlicher Richtung: von der Kirche Santa María über den Bach, nach rechts, 50 m weiter nach links und auf dem dort beginnenden Straßenzug mehr oder weniger geradeaus durch den Ort. Am Ortsende Verzweigung in drei Asphaltstraßen, wir nehmen die mittlere. Rechts liegt ein Kloster. Knapp nachdem wir es passiert haben, queren wir die N 120 und finden auf der anderen Straßenseite einen etwas unterhalb verlaufenden Weg, der uns auf einer Fußgängerbrücke über den Río Tirón bringt. Jenseits des Flusses bleibt man weiter links der N 120, quert den Bereich einer Tankstelle und findet nach der Kreuzung einer schmalen Asphaltstraße einen Fuhrweg, der geradeaus weiterführt. Er bringt uns nach einer halben Stunde zu einem Picknickplatz mit Trinkwasserbrunnen und 10 Min. später, vorbei an Haselnusssträuchern, Kirsch- und Mirabellenbäumen, in den Ort **Tosantos** (1.30 Std., Bar an der N 120). Wer Zeit hat – oder sie sich nimmt – geht zur Hauptstraße und sieht sich in den roten Sandsteinfelsen oberhalb die **Einsiedelei Virgen de la Peña** an. Wer lieber an den noch zu bewältigenden Weg denkt, schwenkt noch vor dem Ortsende bei einem Stromleitungsmast nach links und läuft auf einem Fahrweg weiter zum Weiler **Villambistia** (2 Std.), wo man von der Kirche aus einen schönen Ausblick auf die nahen Oca-Berge hat.

Bei der Gabelung nach dem Kirchenhügel geht man links. Der eingeschlagene Fahrweg führt zur Nationalstraße, die gequert wird. Jenseits liegt der Ort **Espinosa del Camino** (2.30 Std.), in dem gelbe Zeichen nach links zur Bar weisen. Der Jakobsweg geht allerdings zunächst geradeaus und zieht dann in einer Rechtskurve aus dem Dorf hinaus. Am Ortsende wendet man sich scharf nach links auf eine Staubstraße, die durch Felder einen Hügel hinauf führt. Von seinem Scheitelpunkt ist wieder ein Ausblick auf die Montes de Oca zu bewundern. Beim Abstieg bleibt die Ruine der zur **Einsiedelei San Felíces** gehörenden Kirche rechts.

Im Talgrund geht es nach links, man erreicht die N 120 und muss auf ihr nach rechts in den Ort **Villafranca-Montes de Oca** wandern – hier Verpflegung und Wasser tanken (3.30 Std.)! Rechts unterhalb der Kirche beginnt ein Sträßchen, das steil ansteigt, dann in einen Fußweg übergeht. Die Blicke nach Südwesten fallen auf die Sierra de la Demanda, deren über 2200 m hohe Gipfel bis weit in den Sommer hinein Schneefelder tragen. Der Weg wird bald flacher, und nach 25 Min. ist ein ebener Fahrweg erreicht, der durch einen Eichenwald mit Heidekraut und Ginster führt. Die meisten dieser flechtenbehangenen sommergrünen Eichen sind krank, wie man erkennt, wenn man sich die Blätter etwas genauer ansieht.

Eine Stunde nach Beginn des Anstiegs steht links unterhalb ein Denkmal: Hier heißt es, ziemlich flott in ein Bachtal hinunter steigen (4.45 Std.) und auf der anderen Seite wieder hinauf. Oben angelangt

San Juan de Ortega

verbreitert sich der Weg zur Chaussee. Ihre Breite ist durch die Funktion bedingt, es handelt sich nämlich um eine Brandschutzschneise. Es geht ziemlich eben und in gleicher Richtung weiter, man ist froh, immer wieder Markierungssteine anzutreffen: Bei Stein M.P. 61 ist (mit den Markierungen des Jakobswegs) ein Abstecher zur **Einsiedelei Valdefuentes** möglich (5.15 Std.), die ganz in der Nähe, direkt an der N 120, steht. Der Rest eines Zisterzienserhospizes ist heute – *o tempora, o mores!* – in einen Straßenrastplatz eingebunden. Von dieser Stelle geht man noch einmal 1.15 Std. bis zu einer Gabelung, wo ein Fahrweg die

Brandschutzschneise nach links, leicht abwärts verlässt. Wir folgen ihm durch den Wald, kommen an einer Lichtung und sehen vor uns die Silhouette des **Klosters San Juan de Ortega** (7 Std.), das wir 10 Min. später erreicht haben.

San Juan de Ortega, der Brückenbauer, und sein Kloster

Das größte Problem für die Pilger auf dem Jakobsweg waren im 11./12. Jh. nicht die fehlenden Herbergen. Irgendwie konnte man sich schon durchschlagen, unter freiem Himmel

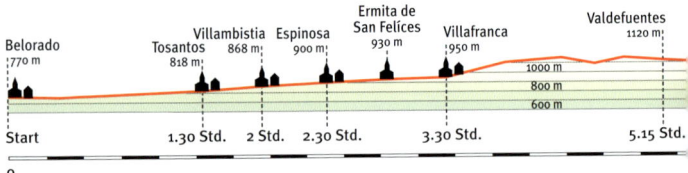

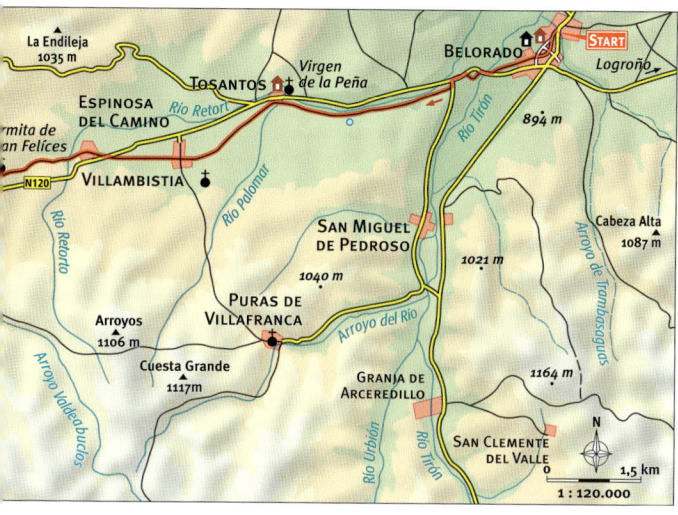

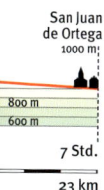

San Juan
de Ortega
1000 m

800 m
600 m

7 Std.

23 km

schlafen, mit einem Stück Brot zwei Tage auskommen. Viel schwieriger war es, in Gegenden ohne Weg und Steg die Orientierung zu behalten, nach langen Umwegen wieder die richtige Richtung auf das Pilgerziel zu finden. Ein großes Problem waren die Flüsse. Ohne Brücken war die Pilgerfahrt kaum möglich. Noch heute sind bei starken Regenfällen viele Furten (vor allem auf dem *Camino de Navarra*) unpassierbar – wie muss es damals gewesen sein, als es noch gar keine Brücken gab!

Im 11. Jh. nahmen sich zwei Ordensleute dieses Problems an: Domingo de la Calzada (1019–1109) und Juan de Ortega (1080–1163), beide

später heilig gesprochen. Das Werk des Älteren führte sein Schüler und Mitstreiter Juan de Ortega nach einer Jerusalemwallfahrt weiter (das Heilige Land war gerade von den Kreuzrittern erobert worden), auf ihn geht der Bau der ersten Brücken von Logróño und Nájera zurück. Aber auch Pilgerherbergen und Hospitäler regte er an und den Pfad über die Oca-Berge ließ er anlegen, um den großen Umweg über den Oberen Ebro abzuschneiden – das sparte mindestens drei Tage. Er gründete eine eigene Mönchsgemeinschaft, die vom Papst anerkannt und vom König gefördert wurde, das erste Kloster entstand an dem einsamen Ort, der heute seinen Namen trägt: in San Juan de Ortega. Als er starb, wurde er in einem steinernen Sarkophag in der Krypta der von ihm gegründeten Klosterkirche beigesetzt, wo er, wie die Kirche selbst, heute noch zu besichtigen ist. Im Spätmittelalter baute man ein aufwändiges, feinst skulptiertes Kenotaph darüber, in dem eine steinerne Figur des Heiligen liegt.

Im Sog von Burgos

Von San Juan de Ortega nach Burgos

Noch einmal gewährt ein grüner Berg Gehvergnügen, bevor uns weit vor Burgos der Asphalt erwartet. Bei Atapuerca machten Forscher Skelettfunde, die von den ältesten Menschen Europas stammen.

DIE ETAPPE IN KÜRZE

++
Anspruch

8 Std.
Gehzeit

25 km
Länge

Charakter: Mittelschwer; Fahrwege und z. T. schlechte und steile Pfade, lange Asphaltstrecken

Einkehr und Verpflegung: Atapuerca (zwei Bar-Restaurants), Cardeñuela-Ríopico (Bar), Villafría de Burgos, Burgos

Pilgerherbergen: Agés: El Pajar, Privatherberge, 38 Plätze, Tel. 650 455408, **Atapuerca:** La Hutte, private Herberge, 20 Plätze, Kochgelegenheit (kein Geschirr), Tel. 947 430320; **Olmos de Atapuerca** (2 km nordwestl. von Atapuerca): Gemeindeherberge, Calle La Iglesia 9, 30 Plätze, Küche, Tel. 947 430332; **Burgos:** El Parral, städtische Herberge, Calle El Parral gegenüber Militärkrankenhaus, 96+ Plätze, zu wenige sanitäre Anlagen, jedoch zusätzliche Duschen im angrenzenden städtischen Sportgelände San Amaro, keine Küche, Tel. 947 460922

Hotels/Camping: Burgos: Hostal Torres*, Calle Vitoria 178, Tel. 947 222416; Hostal Puerta Romeros**, Calle San Amaro 2, Tel. 947 460738; Hotel Norte y Londres**, Plaza Alonso Martínez 10, angenehmes, einfach eingerichtetes Hotel am Rande der Altstadt, Tel. 947 264125; Hotel Mesón del Cid***, Plaza Santa María 8, gegenüber der Kathedrale, Tel. 947 208715; Hotel Corona de Castilla****, Calle Madrid 15, moderner Kasten, aber komfortabel, Nähe Busstation, Tel. 947 262142; **Camping** Fuentes Blancas, Ctra. Cartuja de Miraflores km 3,5, Tel. 947 486016, nur Sommerhalbjahr

Information: Paseo del Espolón, im Gebäude des Theaters, Tel. 947 278710, Plaza Alonso Martínez 7, Tel. 947 203125 sowie am Vorplatz der Kathedrale

In **San Juan de Ortega** wendet man sich auf dem dort beginnenden Asphaltsträßchen nach Westen. Bei der ersten Gabelung hält man sich links und nimmt einen unmittelbar darauf nach rechts abzweigenden Fuhrweg. Er führt praktisch eben durch lockeren Eichen- und Kiefernwald mit – in der richtigen Jahreszeit – vielen Orchideen und der gelben Variante der Hundszahnlilie im Unterwuchs. Nach einer halben Stunde quert man einen Graben, die Erdstraße wurde hier künstlich aufgeschüttet.

Bei einem Picknickplatz hat man einen besonders schönen Ausblick, der sich nach der Querung der offenen Wiesen vor uns bei einem großen Holzkreuz noch steigert. Ab dem Kreuz geht man abwärts zum Ort **Agés** (Brunnen), wo man ein Asphaltsträßchen findet, dem man talabwärts folgt. Ein Bach wird gequert, links der Straße führt eine alte Brücke ebenfalls über den Bach; es heißt, dies sei die Original-Brücke, die noch unter San Juan de Ortega entstand.

Der nächste Ort, **Atapuerca** (2 Std.), hat einen großen Namen. Und das gleich doppelt: Zum einen fand hier im Jahre 1053 eine Schlacht statt, in der zwei Brüder um die Macht in Nordspanien kämpften. Fernando von Kastilien und León besiegte García von Navarra, was sich für die weitere Geschichte Spaniens als bestimmend herausstellen sollte: Während Navarra an Bedeutung verlor, begann danach der Siegeszug Kastiliens. Zum anderen wurden in den großen Steinbrüchen am Südfuß der Sierra de Atapuerca (wir kommen nicht an ihnen vorbei) Reste eines Menschentyps gefunden, der als *Homo antecessor* bezeichnet wird. Der Weg durch das Dorf, wo ein Menhir an die Schlacht von Atapuerca erinnert, und weiter über die Sierra de Atapuerca ist somit ein Weg mit Geschichte. Der Archäologische Park am östlichen Ortsrand gibt Einblick in das Leben der Altsteinzeit.

Am nördlichen Ortsende von Atapuerca schwenkt man nach links auf eine Staubstraße und schlägt einen

Nicht zu übersehen: Die Zeichen des Jakobsweges auf dem Plateau von Agés

halben Kilometer weiter bei einer Gabelung den rechten Weg ein. Rechts begleiten uns von verwittertem Kalkgestein durchsetzte Wiesen, zum Teil mit jungen Bäumen darauf verstreut. Das Gelände links ist ehemaliger, mittlerweile nicht mehr genutzter Militärbereich, sein Stacheldrahtzaun begleitet uns bis zum Rücken der Sierra. Auf dem Rücken mit großem Kreuz (3 Std.) und knapp südlich des plateauartigen **Matagrande** (1082 m, riesige Sendemasten) öffnet sich bald der Blick nach Westen und auf Burgos, nach rechts wird der Blick durch die Sierra selbst begrenzt.

Der Abstieg erfolgt auf einem Pfad in Richtung Burgos, das Dörfchen Villalval bleibt leicht links. Bei einem Fahrsträßchen (3.30 Std.) wenden wir uns nach links und wandern in das Dorf **Villalval** hinein, wo die Straße sich verbreitert und als Asphaltstraße weiterführt. **Achtung:** Durch eine Wegsperrung ist es nicht mehr möglich, die folgende Straßenkurve auszugehen, einige gelbe Zeichen sind verwirrenderweise nicht beseitigt worden! Man geht nun im-

mer auf der Straße weiter, passiert **Cardeñuela-Ríopico** (4 Std.), **Orbaneja-Ríopico,** überquert die Autobahn auf einer Brücke und erreicht nach Überbrückung der Bahnlinie **Villafría de Burgos** (5.45 Std.). Wer sich einen öden Asphaltmarsch durch Gewerbegebiet ersparen will, nimmt ab hier den Bus, wer konsequent zu Fuß pilgert, geht auf der hier erreichten N 1 nach links und dann immer geradeaus Richtung Burgos. Nach eineinhalb Stunden erreicht man einen größeren Platz, die **Glorieta de Logroño** (7.15 Std.). Nun ist es am einfachsten, auf der hier beginnenden Calle Vitoria weiter geradeaus zu gehen. An der Plaza del Rey (links große Grünanlage) biegt man nach rechts ab und nimmt gleich wieder die zweite Querstraße, die Calle Las Calzadas (die gelben Pfeile zeigen einen etwas komplizierteren Verlauf an). Die Calle Las Calzadas mündet auf die Plaza Lesmes mit der Kirche San Lesmes (ein Lokalheiliger), dem Kloster

der Benediktinerinnen, dem Kloster San Juan (heute ein Museum) und dem ehemaligen Pilgerhospiz San Juan, in dem sich heute ein Kulturzentrum befindet: Wir sind am Rand des alten **Burgos,** an der Stelle, wo einst Pilger die Stadt betraten.

Geradeaus geht es weiter in die Calle San Juan, über die verkehrsreiche Calle Santander hinweg und weiter geradeaus bis zu einem Platz, links liegt das Hotel Norte e Londres. Hier halblinks in die Calle Avellanos und bei der zweiten Abzweigung nach links in die Calle Fernán González, die Richtung **Kathedrale** zieht und uns an deren Nordportal führt (8 Std., das Pilgerportal ist heute nicht mehr geöffnet).

Wer zur Herberge geht, bleibt weiterhin auf diesem Sträßchen. Es führt im unteren Bereich des Burgparks zu einem Tor, von dem man im Zickzack nach links zum Río Arlanzón geführt wird. Wir überschreiten ihn auf dem Puente de los Malatos, der »Brücke der Kranken«. Sie hat

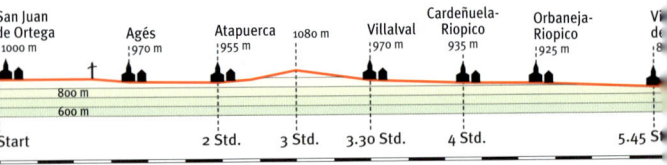

ihren Namen von dem heute zur Universität gehörigen Hospital del Rey am anderen Ufer, dem alten Pilgerhospital und Hospiz, das nicht nur Pilger aufnahm, sondern auch die Kranken der Stadt. Beim nahen Kloster El Parral befindet sich in einem schönen Park die **städtische Herberge** (in zwei Fertighauscontainern).

Atapuerca und der Homo antecessor

Die tiefen Einschnitte in die **Sierra de Atapuerca,** die eine inzwischen wieder aufgegebene Eisenbahnlinie an deren Süd- und Westfuß hinterließ, schnitten Gesteinsschichten an, die etwa 800 000 Jahre alt sind. In ihnen finden spanische Anthropologen seit 1994 menschliche Knochen, die ältesten, die jemals in Europa gefunden wurden. Sie nannten den dortigen Menschentyp *Homo antecessor,* den »Vorgänger«, und ordneten ihn zwischen ostafrikanischen Ho-

miniden *Homo ergaster* und die beiden Menschentypen *Homo neanderthalensis* und *Homo sapiens* ein. Ob diese Vorstellung der wirklichen Entwicklung entspricht, ob wir wirklich, so wie der Neandertaler, vom *Homo antecessor* abstammen, ist keineswegs geklärt, wird aber immer häufiger angenommen. Stammen wir also alle aus Atapuerca?

Der neue **Archäologische Park** in Atapuerca versucht, dem Besucher in Nachbildungen und durch Erklärung von Arbeitstechniken die Vorzeit näher zu bringen (leider nur mit Voranmeldung: Tel. 947 421426; falls reservierte Plätze nicht in Anspruch genommen werden, kann man auch schon mal außer der Reihe hinein).

Im **Museum Emiliano Aguirre** (im Ort Ibeas de Juarros an der N 120 südlich der Sierra de Atapuerca) gibt es archäologische bzw. anthropologische Exponate zu besichtigen. Vom Museum werden auch an Wochenenden geführte Besuche des Grabungsgebietes organisiert. Ibeas de Juarros können Sie ab Burgos mit dem Bus oder mit dem Taxi erreichen. Die Höhlen in der Sierra de Atapuerca sind seit 2001 als Welterbe durch die UNESCO geschützt. Informationen über die Funde und laufende anthropologische Forschung in Atapu-

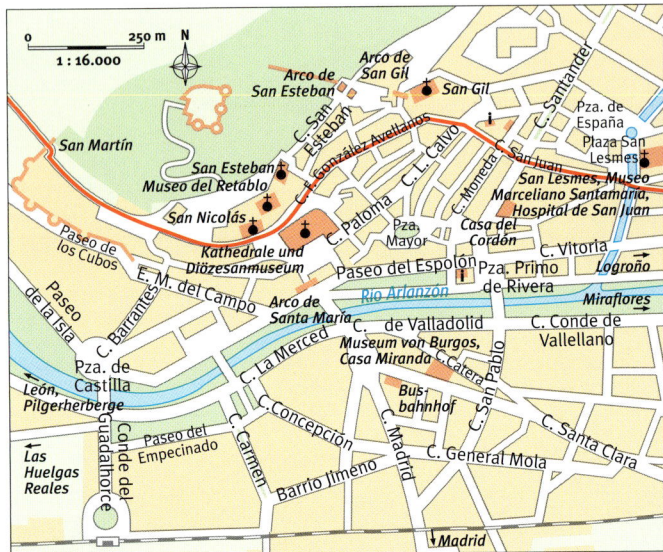

erca erhält man im Internet unter: http://prehistoria.urv.es/.

Burgos

Wenn man sich als Pilger der Stadt Burgos durch die hässliche Industrie- und Gewerbezone nähert, ist man überzeugt, dass die Stadt überschätzt wird – bis man die Altstadt erreicht hat: die Gassen mit ihren hohen Häusern, deren Balkonfronten verglast sind *(miradores),* die Kirchen, Adelshäuser, Tore, kleinen Plätze, Stiegen, Durchblicke ins Grün und hinunter zum Fluss, und über allem das Spitzenwerk der Türme der gotischen Kathedrale.

Burgos ist eine frühmittelalterliche Gründung. Es war Königsstadt, Handelszentrum und Sitz der *Mesta,* des königlich privilegierten Verbandes der Wollhersteller. Spaniens mythischer Nationalheld, El Cid Campeador, war mit der Stadt in Leben und Tod verbunden (er und seine Gemahlin sind in der Kathedrale beigesetzt).

An der **Plaza San Lesmes** erreicht man die Altstadt. Das **Kloster der Benediktinerinnen,** die **Kirche des Stadtpatrons San Lesmes** mit den Resten des zugehörigen Klosters (heute Museo Marceliano Santamaría), das frühere **Hospital de San Juan** (heute Kulturzentrum) markieren eine für Pilger auf dem Jakobsweg bedeutenden städtischen Bereich. Die gotische **Kirche San Gil** im höheren nördlichen Teil der Altstadt neben dem **Stadttor Arco de San Gil** besitzt eine Reihe bedeutender Altäre und einen Santisimo Cristo, einen Christus am Kreuz, der echtes Blut geschwitzt haben soll, Ziel gläubiger Pilger seit der Mitte des 14. Jh. In der an der höchsten Stelle der Altstadt unterhalb des Burgberges stehenden gotischen **Kirche San Esteban** ist das **Museo del Retablo** untergebracht, in dem einige prachtvolle Altäre der großen Kirchenprovinz Burgos zu bewundern sind, darunter der um 1540 entstandene, 6,33 x 5,50 m messende Altar San Mamés aus Padrones de Bureba. Direkt oberhalb der Kathedrale befindet sich in der **Kirche San Nicolás** ein Meisterwerk der Bildhauerkunst der Spätgotik, der 465 Figuren umfassende Altar des Nikolaus von Bari. Er wurde um 1505 von Francisco de Colonia geschaffen, dem Enkel des Schöpfers der Westtürme der Kathedrale, Hans von Köln.

Die **Kathedrale** betrat der Pilger durch eine spezielle Pforte, die heute verschlossen ist, sie liegt unterhalb der Calle Fernán González, auf der man sich der Kathedrale nähert. Das grandiose Nordportal, die *Puerta de la Coronería,* so genannt, weil hier der nächste Zugang für die gekrönten Herrschaften war, die von der Burg herunter kamen, ist ebenfalls meist verschlossen. Das figurenreiche Portal stellt das Jüngste Gericht mit Christus als Weltenrichter dar.

Die Westfassade wird durch die beiden Türme des Hans von Köln (Mitte 15. Jh.) beherrscht, der wohl die Baupläne des Kölner Doms kannte, als er nach Burgos ging. Das Südportal, die *Puerta del Sarmental,* zur Plaza de San Fernando mit ihren vielen Straßencafés, stellt wieder das Jüngste Gericht dar, im Tympanon protokollieren die Evangelisten als emsige Schreiber die Worte und Taten Christi.

Das Innere wird durch den riesigen *Coro* beherrscht, den abgeschlossenen Bereich der Kleriker mitten im Schiff, wie er in Spanien fast überall die Kloster- und Kathedralkirchen kennzeichnet. Erst wenn man in die Mitte der Vierung tritt und die Höhe des Vierungsturms mit seiner filigran wirkenden Architektur wahrnimmt, erkennt man, dass die Maße

des *Coro* wie die Abmessungen aller anderen Elemente der Kathedrale auf die Proportionen des Gesamtbaus bezogen sind. Wie es für die Schöpfer mittelalterlicher Kirchen nicht wichtig war, ob die Gläubigen die Skulpturen hoch oben unter dem Dach oder auf den Fialen der Strebebögen erkennen konnten, orientierten sie sich auch in den Proportionen an der kultischen Bedeutung und nicht an der Lesbarkeit der Architektur. Die Stelle zwischen *Coro* und Altarraum, Standort des Klerus und Ort der Wandlung von Wein in Blut und Hostie in Fleisch, war aber die kultisch bedeutungsvollste Stelle der Kathedrale. Auf diese Stelle und nur auf sie wurden die Proportionen des Gesamtbaues bezogen, nur wer dort steht, kann den Bau verstehen.

Mehr als ein Dutzend größere und kleinere Kapellen umgeben die dreischiffige Kirche, die größte von ihnen, die *Capilla del Condestable,* schließt sich an den Chor der Kathedrale in deren Achse an. Sie wurde Ende des 15. Jh. für den damaligen Gouverneur errichtet und besticht durch ihr ungewöhnliches Sterngewölbe.

Der Kreuzgang und zwei der Kapellen sind in das sehr interessante **Diözesanmuseum** integriert (gemeinsame Eintrittskarte für Kathedrale und Museum, Bona-fide-Pilger bezahlen nur 1 € Eintritt).

Unter den vielen anderen Sehenswürdigkeiten von Burgos sollte man sich die folgenden möglichst nicht entgehen lassen. Der für Karl V. errichtete Bogen **Arco de Santa María** gehört ebenso dazu wie der Adelspalast **Casa del Cordón,** dessen Fassade von einem steinernen Seil samt Knoten geschmückt ist, der maurisch wirkende **Arco de San Esteban** der nördlichen Stadtmauer

Kathedrale von Burgos

und das **Museum von Burgos** in der (Renaissance-)**Casa Miranda** mit großen Kunstschätzen, darunter das detailversessene isabellinische Grabmal des Juan Padilla vom Meister Gil de Siloé. Ein längerer Spaziergang entlang des Arlanzón führt zur ehemaligen **Kartause Miraflores,** wo sich die prachtvolle Grablege für Juan II. und Isabella von Portugal befindet, ebenfalls ein Werk des Gil de Siloé (vor 1500). Die heutige Pilgerherberge befindet sich im Bereich des **Hospital del Rey,** des 1195 durch König Alfonso VII. gegründeten kö-

niglichen Hospizes. Die heutigen Bauten stammen fast alle aus isabellinischer Zeit oder wurden unter Carlos I. errichtet. Für Pilger sind besonders die hölzernen Türflügel der Kirche des Hospizes interessant: Juan de Valmaseda stellte auf ihnen zeitgenössische Pilger auf dem Weg zum Apostel Jakobus dar.

Eine Allee führt quer durch den anschließenden Park zur **Abtei Las Huelgas Reales** mit romanischen und gotischen Teilen und einer Grablege kastilischer Könige.

Felder, Dörfer und Calzadas

Von Burgos nach Hornillos del Camino

Nach einem Ruhe- und Kulturtag in Burgos läuft es sich wieder leichter, und die menschenleere Landschaft westlich Tardajos wirkt doppelt einsam. Wer im Hochsommer kommt, lernt die Bedeutung des Begriffs »Kontinentales Klima« auf die harte Art kennen.

DIE ETAPPE IN KÜRZE

+
Anspruch

6 Std.
Gehzeit

20 km
Länge

Charakter: Gemischtes Angebot aus Asphalt, Staubstraße, breitem Fuhrweg – insgesamt einfach

Einkehr und Verpflegung: Villalbilla de Burgos (10 Min. abseits des Weges, beim Bahnhof Alameda links ins Dorf), Tardajos, Rabé de las Calzadas (die Bar de Socios öffnet mittags), Hornillos del Camino

Pilgerherbergen: Villalbilla de Burgos (10 Min. abseits des Weges): Kommunale Herberge im ehemaligen Schulgebäude, Calle Sagrado Corazón 4, 10–18 Plätze, keine Küche, sehr einfach, Tel. 947 203857 (Rathaus); **Tardajos:** Gemeindeherberge, Calle Asunción, 12 Plätze, Küche, eng, im Sommer weitere Plätze im Schulhaus nebenan, Schlüssel beim Bürgermeister, Tel. 947 451189; **Rabé de las Calzadas:** Virgen de la Guía, private Herberge, 20 Plätze, Küche, Tel. 947 451341; **Hornillos del Camino:** Gemeindeherberge, neueres Gebäude neben der Kirche, 20–30 Plätze, Küche, Tel. 947 411220/377436 (Bürgermeisteramt, hier gibt es auch die Schlüssel)

Hotels: Villalbilla (s. o.): Hostal San Roque, an der N 120, aber etwas zurückgesetzt, daher nicht laut, mit Restaurant, Tel. 947 291229; **Tardajos:** Pensión Bar Ruiz, 7 einfache Zimmer, Bar mit Tagesmenü, Tel. 947 451125

Von der Westfassade der Kathedrale in **Burgos** steigt man die Treppen zur oberhalb verlaufenden Calle Doña Jimena hinauf, die man vor dem Südportal von San Esteban erreicht. Nach links durch den Park und durch das westliche Tor San Martín, zunächst geradeaus, aber dann die Gassen links – rechts – links wechselnd hinunter zum Arlanzón und über die Brücke der Kranken *(Puente de los Malatos)*. Auf die N 120 (Avenida de José Villacián, 30 Min.) bis 1 km nach der Bahn-Unterführung. (Von der Herberge aus dem Park hinaus, rechts und links, man erreicht die N 120 knapp vor der Bahn-Unterführung.) Die N 120

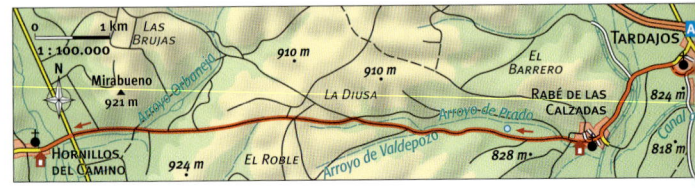

knickt dort nach links ab, während halbrechts ein Sträßchen abzweigt (Schild »La Milanesa«), das nach 1 km zur Staubstraße wird und uns ohne Orientierungsprobleme nach **Villalbilla de Burgos** (2.15 Std.) bringt, das wir nördlich umwandern. Die Staubstraße nähert sich der N 120 und folgt ihr kurz, wird dann aber nach rechts als Fuß- und Radweg unter der Brücke des Autobahnzubringers (zur A 231) durchgeführt und erreicht die N 120 erst wieder nach einer Brücke über den Arlanzón. Straßenquerung und dann wieder Staubstraße links der N 120 bis **Tardajos** (3.15 Std.).

In Tardajos wendet man sich nach links in den Ort und durchquert ihn nach Süden. Ein Asphaltsträßchen führt weiter nach **Rabé de las Calzadas** (3.45 Std.). Im Ort wendet man sich von der Straße weg scharf nach rechts zum Brunnenplatz und geht dort geradeaus weiter, die Kirche bleibt links. Am Ortsende führt der Jakobsweg rechts weiter, nach dem Friedhof gabelt sich der Weg, wir wählen den linken Ast.

Ein allmählicher Anstieg folgt, nach einer knappen Viertelstunde liegt rechts ein neuer Brunnen mit Schattendach, der staubige Fahrweg führt durch riesige Felder. Auch die Hochfläche, die man allmählich erreicht (5.15 Std.), ist von Feldern überzogen. Irgendwo hier oben gab es im Mittelalter ein Hospiz, von dem man nur noch den Namen kennt: Santa María de los Torres. Endlich der Blick über das Land: vor uns ein weites Tal, dahinter die nächste Hochfläche, an ihrem Fuß ein Dorf, unser Zielort **Hornillos del Camino**. Es geht flott hinunter, eine Staubstraße wird erreicht, dann eine Asphaltstraße gequert, und wir sind angekommen (6 Std.).

Am Wege

Wie stolz die Dörfer am Jakobsweg auf ihre gepflasterten Straßenabschnitte waren – anderswo konnte man sich solchen Luxus nicht leisten – zeigen ihre Namen: *Calzada* ist die gepflasterte Straße, eine Bezeichnung, die immer wieder mit dem Ortsnamen verbunden wird: Santo Domingo de la Calzada, Rabé de las Calzadas (ein Plural gar!), Calzada

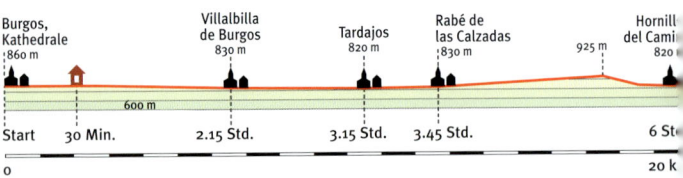

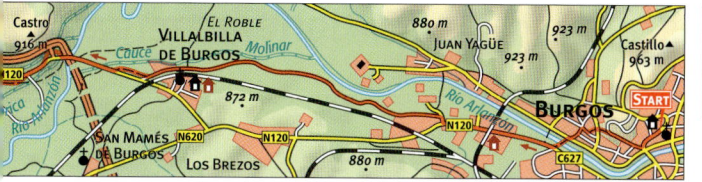

de los Molinos (bei Carrión de los Condes) u. a. zeugen davon. Andere Ortsnamen schmücken sich mit dem *Camino*, dem »Weg« (wir wissen schon, welcher gemeint ist), wie zum Beispiel Hornillos del Camino, das heutige Ziel. Einige haben den Beinamen *Sirga,* das bedeutet eigentlich »geknüpftes Band« (z. B. mit der Bedeutung Schlepptau) und meint die Hauptstraße eines Ortes, der – man denke! – so groß ist, dass das Band einige Nebenstraßen auffädelt, wie in Villalcázar de Sirga, das wir noch besuchen werden. Doch gerade auf dem Abschnitt zwischen Burgos und Hornillos del Camino und weiter nach Hontanas ist heute von einer gepflasterten Straße gar keine Rede mehr. Die mittelalterliche Pilgerstraße verfiel jahrhundertelang, weil nach der Reformation und erst recht nach der Aufklärung die Pilger ausblieben. So dass wir heut-

zutage durch einsames Bauernland wandern, fern gepflasterter Straßen.

Wie hart das Reisen auf mittelalterlichen Straßen war, ist schlecht zu rekonstruieren: Die zeitgenössischen Pilgerberichte gehen sehr selten auf die Strapazen der Reise ein. Zurückgekehrte Pilger berichteten lieber über die heiligen Stätten, die sie besucht, und die Wunder, die sie erlebt hatten, als über die Strapazen auf dem Weg. Sebald Örtel aus Nürnberg z. B. berichtete nach seiner Pilgerreise nach Santiago (1521/22) zwar über das wundertätige Kruzifix im Augustinerkloster von Burgos, zu schildern, wie er nach Burgos kam, ist ihm keinen Satz wert. Und auch Sebastian Ilsung aus Augsburg, der Santiago 1446 besuchte, widmet zwar den besuchten Städten und Wallfahrtszielen reichlich Text, zu den Wegen dazwischen hüllt er sich in Schweigen.

Vor der Pilgerherberge in Hornillos del Camino

Etappe mit spirituellem Tiefgang

Von Hornillos del Camino nach Castrojeriz

Erinnerungen an die Bedeutung des Jakobsweges im Mittelalter säumen diese Wegstrecke: Reste eines Hospizes, ein Pilgerbrunnen, ein Kloster mit Nischen für Wein und Brot als Wegzehrung für Passierende. An der Quelle von Sambol kümmern sich heute wieder Freiwillige um das körperliche und seelische Wohl der Pilger.

DIE ETAPPE IN KÜRZE

+
Anspruch

6 Std.
Gehzeit

21 km
Länge

Charakter: Einfach; Wege, Pfade, Staubsträßchen, zuletzt auf kaum befahrener Straße Asphalt

Einkehr und Verpflegung: Hontanas, Sambol (Wasser, heiße Getränke), Castrojeriz

Pilgerherbergen: Sambol: Schlichte, ganz einsam an einer Quelle liegende Herberge einer Privatinitiative, Meditationsraum in Kuppelform, Aufenthaltsraum mit Gaskocher, 10 Betten, Mahlzeiten werden von den Herbergseltern gekocht (Nahrungsmittel mitbringen!), keine Toiletten, Quellwasser – ein Erlebnis (im Winter geschlossen); **Hontanas:** Gemeindeherberge in der Calle Real, schönes altes Haus, hervorragend restauriert, allerdings laut, 22 Plätze, in einem Nebenhaus weitere 16 Schlafgelegenheiten, Mahlzeiten werden im Haus angeboten, Küche für's Frühstück, Tel. 947 377481; Herberge

San Juan im ehemaligen Rathaus, 18 Plätze, Tel. 947 307035; El Camino, private Herberge, auch Mahlzeiten, Tel. 947 377024; **San Antón:** Herberge in der Klosterruine, 16 Plätze, Küche, Mai bis Oktober; **Castrojeriz:** Herberge des Pilgervereins, Calle Cordón 7, altes Haus und Nebenhaus im Zentrum, 32+ Plätze, Küche, Tel. 947 377400; San Esteban, Gemeindeherberge, am Hauptplatz, 25 Plätze, keine Küche, Tel. 947 377001

Hotels/Camping: Castrojeriz: Hostal-Restaurant Puerta del Monte*, Calle Puerta del Monte s/n, Tel. 947 378647; Hotel Mesón de Castrojeriz**, Calle Cordón 1, Tel. 947 377400; **Camping Camino de Santiago,** Calle Camarasa s/n, Tel. 947 377255, Sommer

Information: Castrojeriz: im Rathaus, Tel. 947 378527, Ostern–August

Castrojeriz

Am westlichen Ortsrand von **Hornillos del Camino** stand einmal ein Leprosenspital, vielleicht dort, wo ein Feldweg von der aus dem Ort herausführenden Staubstraße nach links abbiegt. Er führt mit ein paar unbedeutenden Schlenkern den Hang hinauf und erreicht nach einer Dreiviertelstunde die Hochfläche der Meseta. Eine Viertelstunde später quert man eine schnurgerade verlaufende Staubstraße und wandert

wenige Minuten später in ein flaches Tal hinunter. Man sieht einen kleinen grünen Hain, etwas Besonderes in dieser baumlosen Landschaft, und ein Gebäude mit einer Kuppel – dorthin wollen wir.

Bei einer querenden Staubstraße geht es links zur Herberge von **Sambol** (1.15 Std.) an der gleichnamigen Quelle. Wer hier nicht bleiben möchte – die Betten sind bezogen, es gibt Essen, freiwillige Spenden –, sollte

zumindest auf einen Kaffee vorbeikommen und im Kuppelraum Platz nehmen. Ob hier die alte Templertradition wieder aufgegriffen wird oder ein banaler Pantheismus esoterisch überhöht wird, ist letztlich gleichgültig: Was zählt ist, dass hier Freiwillige den Pilgern helfen, der Pilgerschaft dienen.

Zurück zu dem das Tal querenden Weg, der links aufwärts weiterführt, jetzt großenteils als Fußweg und Pfad zwischen Steinwällen. Wir gehen exakt auf dem alten Pilgerweg, hier ist uns keine Straße, keine Autobahn zuvorgekommen, die den Weg überdeckt und zerstört hat, und die die uns daneben auf Staubwege oder auf ganz neue Trassen zwingt. Hier, wo wir gehen, zogen tausend Jahre lang Pilger genau denselben Weg.

Plötzlich bricht die Meseta ab. Unter uns erscheint ein Tal und ein hineingeschmiegtes Dorf, **Hontanas.** Man geht rasch hinunter, durchquert das ganze Dorf (3.30 Std.) und erreicht etwas unterhalb eine Asphaltstraße, die man nach links quert. Hier schlägt man einen Fußweg ein, der auf der rechten Talseite talauswärts führt, bei der nächsten Abzweigung links. Nach etwa 1.15 Std. erreicht man wieder die durch eine schöne Pappelallee laufende Asphaltstraße und folgt ihr nach rechts.

Eine Viertelstunde später passiert man die Ruinen des **Klosters San Antón** (5 Std.). Auf der rechten Seite sind zwei Nischen zu sehen, hier stellten die Mönche Brot und Wein (manchmal auch nur Wasser) als Wegzehrung für die Pilger hin. Das

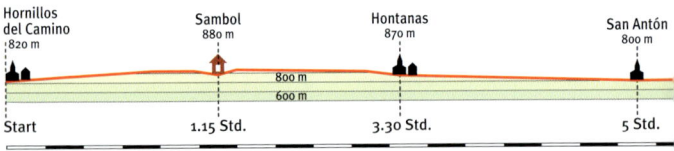

Castrojeriz

Die winzige Stadt entstand auf dem ersten kastilischen Adelslehen mit eigener Rechtssprechung, von dem wir wissen, die königliche Urkunde an den Grafen García Fernandez wurde im Jahre 974 ausgestellt. Ihre Entwicklung war immer mit dem Jakobsweg verbunden – in ihren Glanzzeiten hatte sie vier Pilgerhospitäler –, was deutlich wird, wenn man die Hauptstraße, die Sirga, abwandert, an der alle wichtigen Bauten aufgereiht sind. Heute noch haben die 1100 Einwohner vier Kirchen zur Verfügung.

Die *Colegiata de Santa María del Manzano* sieht man schon von weitem und erreicht sie als erste. Ihr spätromanischer Stil kontrastiert mit dem Rokoko-Altar, dessen Altarbild überraschenderweise von einem österreichischen Maler stammt, der eher für zarte Pastellporträts bekannt ist: Anton Raphael Mengs. Das Gnadenbild der hl. Jungfrau vom Apfelbaum stammt aus dem 13. Jh. Rechts der Calle Real steht am Ortsrand die spätgotische, innen barockisierte Kirche *Santo Domingo* mit einem interessanten Museum religiöser Objekte. Die Kirche *San Juan* am westlichen Ortsrand, unter deren Stützmauer der alte Pilgerbrunnen verkommt, ist ein hervorragender Bau der Spätgotik mit einem Fächergewölbe über hohen Pfeilern und Kreuzgang.

Die vierte Kirche liegt etwa außerhalb der Stadt, es ist die Klosterkirche *Santa Clara,* die auf eine Gründung des 14. Jh. zurückgeht.

gotische, aber bereits im 12. Jh. gegründete Kloster wurde von französischen Mönchen getragen, die sich um Kranke kümmerten, die am »Antoniusfeuer« litten, einer Vergiftung durch Getreide-Parasiten, die zu Missbildungen führt.

Vor uns bauen sich die steilen Hänge der nächsten Meseta auf. Auf einem isolierten Hügel davor liegt über dem Ort **Castrojeriz** eine Burgruine, die von der alten Bedeutung des Ortes kündet. Sie stammt schon aus der Westgotenzeit und hat dem Ort den Namen gegeben: *Castrum Sigerici,* Burg des Sigerich. Wir erreichen den Ort bei der Stiftskirche Santa María del Manzano und gehen nach links weiter in die Mitte des lang gestreckten, in seiner ganzen Länge von der Sirga durchmessenen Ortes und zur Herberge (6 Std.).

Castrojeriz
808 m

6 Std.

21 km

Mesetas und Ermitas

Von Castrojeriz nach Frómista

Der Weg von Castrojeriz nach Frómista macht deutlich, was eine *Meseta* ist: steile Flanken, oben tischflach. In Frómista, am Ziel der Etappe, steht eine der interessantesten Kirchen des Spanischen Jakobsweges.

DIE ETAPPE IN KÜRZE

++

8 Std.
Gehzeit

25 km
Länge

Charakter: Wegen der steilen Strecke am Beginn mittelschwer, sonst leichte Wanderung über Fahrwege, Fußwege und kaum befahrene Staubstraßen

Einkehr und Verpflegung: Fuente del Piojo (Brunnen), Itero de la Vega, Boadilla del Camino, Frómista

Pilgerherbergen: Ermita de San Nicolás: Kleine Herberge, 6 Plätze, in der restaurierten mittelalterlichen Einsiedelei, Gemeindebesitz, aber von Mitgliedern der Jakobsbruderschaft Perugia geführt, Kochmöglichkeit, aber keine Tienda oder Bar, nur in den Sommermonaten geöffnet; **Itero del Castillo** (30 Min. abseits des Weges): Gemeindeherberge im Rathaus, 7+ Plätze, Dusche, in der Nähe Bar und Tienda; **Itero de la Vega:** Gemeindeherberge, Plaza Virgen del Pilar, 12+ Plätze, keine Küche, Schlüssel in der Bar gegenüber, im Sommer Ausweichunterkunft, Tel. 979 151826 (Rathaus); **Boadilla del Camino:** Gemeindeherberge, Calle Escuelas, ein Raum mit 12 Plätzen, keine Küche, Tel. 979 810776; Albergue en el Camino, 67 Plätze, neu eingerichtet, keine Küche, aber von den Hospitaleros geführtes Restaurant mit Bar (nicht ganz billig), Tel. 979 810284/730539; **Frómista:** Gemeindeherberge, neu eingerichtet, Plaza San Martín, 56 Plätze, Küche, Aufenthaltsraum, kein Telefon

Hotels: Frómista: Pensión-Fonda Marisa*, Plaza San Martín 3, bei der Kirche San Martín, mit Restaurant, Tel. 979 810023; Pensión Camino de Santiago*, Calle las Francesas, Tel. 979 810053; Hotel San Martín*, Plaza San Martín 7, Tel. 979 810000

Man verlässt **Castrojeriz** in Richtung der Kirche San Juan (vor dem Hauptplatz nach links hinunter, zwei parallele Straßen werden gequert), überquert nach der Kirche eine Asphaltstraße und 50 m weiter eine zweite, breitere Asphaltstraße. Auf der anderen Seite trifft man auf ein

Staubsträßchen, auf dem man auf die Steilhänge der Meseta jenseits des flachen Tales zugeht. Kurz bevor man den Hangfuß erreicht, wird man auf einen Damm gelenkt (die Straße verläuft links davon), der zu einer Brücke führt: Der Damm mit seinen spitz zulaufenden Wasserteilern und die Brückenfundamente stammen aus römischer Zeit und wurden erst kürzlich ausgegraben! Am anderen Ufer des Río Odrilla gabelt sich das Sträßchen (30 Min.), zwischen den beiden Straßenästen führt ein schlechter, stark ausgewaschener Fuhrweg etwas nach links den Hang hinauf. Am **Plateaurand** (1 Std.), etwas südwestlich der Anhöhe Mostelares, hat man vom Markierungsstein oder von einem modernen Jakobsweg-Denkmal aus einen hervorragenden Rückblick.

Die schmale Meseta ist schnell gequert. Am anderen Ende beginnt der im Vergleich zum Anstieg noch etwas steilere Abstieg. Eine Stunde lang wandert man dann auf einem unterschiedlich breiten Weg (für Traktoren gerade noch befahrbar) durch Getreidefelder, dann erreicht man nach einem kurzen Anstieg die Quelle **Fuente del Piojo** (Lausquelle, 2.15 Std.) mit Picknickplatz. Ab hier ist der Weiterweg asphaltiert. Über die flache Kuppe nach der Quelle wandert man weiter durch die Felder, bis links ein deutlich markierter Feldweg hinüber zu einem einsam stehenden Haus führt, der **Ermita de San Nicolás.** (Nach Itero del Castillo ginge es weiter auf der Asphaltstraße, ca. 25 Min., dort keine Brücke!)

Die Ermita, eine mittelalterliche Einsiedelei, wurde von einer italienischen Laien-Bruderschaft renoviert und als Pilgerherberge ausgebaut. Ihre Lage mag einsam sein, aber sie ist wohl überlegt: Kurz darauf

Gerichtssäule in Boadilla del Camino

kommt man nämlich zur Brücke über den breiten **Río Pisuerga,** der heute die Grenze zwischen den Provinzen Burgos und Palencia bildet. Die Brücke wurde im 12. Jh. errichtet, heute ist sie stark verändert. Die Einsiedelei war ursprünglich die Kirche des zugehörigen Brückenhospizes und wurde erst nach dessen Aufgabe zur Einsiedelei umgewandelt. Die Verbindung von Brücke und Hospiz war sinnvoll und kommt oft vor, man denke an Trinidad de Arre (S. 54), Pamplona (S. 55), Puente la Reina (S. 43), Sangüesa (S. 34), San Marcos in León (S. 130), Hospital de Órbigo (S. 134).

Nach der Brücke geht man rechts in Richtung des Dorfes **Itero de la Vega,** das man vorbei an der Ermita de la Virgen de la Piedad in einer knappen halben Stunde erreicht (3 Std., Herberge und Bar rechts etwas abseits des markierten Pilgerweges). Im Ort vollzieht man einen Richtungswechsel nach links und läuft nach Westen auf der Straße hinaus. Man überquert eine Asphaltstraße und geht auf der anderen Seite auf

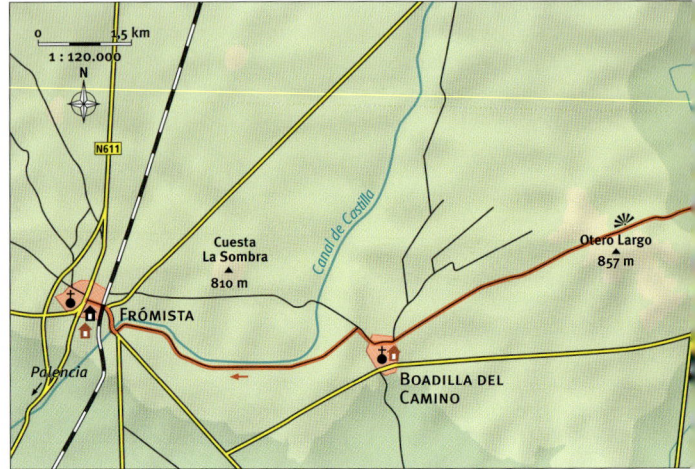

einer breiten Staubstraße geradeaus weiter. Felder, Felder, Felder, kaum merkliche Steigung, ein Bewässerungskanal wird überquert. Nach einer weit geschwungenen Kurve erreicht man einen Pass unterhalb der Höhe **Otero Largo** (4.45 Std.) und hat eine Aussicht, die weit nach Westen reicht (am besten von links oberhalb des Passes): Man sieht nicht nur das nächste Dorf, Boadilla del Camino, das immerhin noch 4 km entfernt ist, sondern auch, halbrechts davon, die Getreidesilos von Frómista.

Schnurgerade geht es hinunter in die Ebene und nach **Boadilla del Camino** (6.15 Std.). Neben seiner Dorfkirche steht ein interessantes Denkmal aus dem Mittelalter: die spätgo-

tische Gerichtssäule El Rollo de Boadilla (links davon die Herberge). Über die nach Norden und an der Bar/Tienda vorbeiführende Hauptstraße des Dorfes erreicht man eine breite Staubstraße, die bald nach links (Westen) schwenkt und nach einer halben Stunde den **Canal de Castilla** erreicht. Dieser Kanal ist heute der Haupt-Bewässerungskanal für diesen Teil Kastiliens und zugleich eine wichtiges Brut- und Rückzugsgebiet für Vögel. Wir folgen ihm und passieren nach einer Viertelstunde ein Kanalhäuschen.

Schon im Ortsgebiet von Frómista überqueren wir den Kanal bei einer Schleuse und gehen über einen Hang hinunter in den Ort **Frómista.** Zunächst geradeaus, dann über die

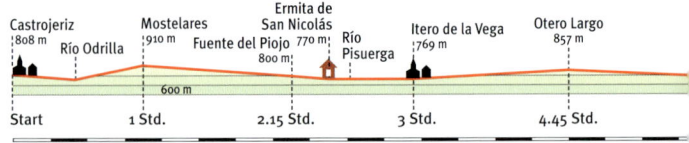

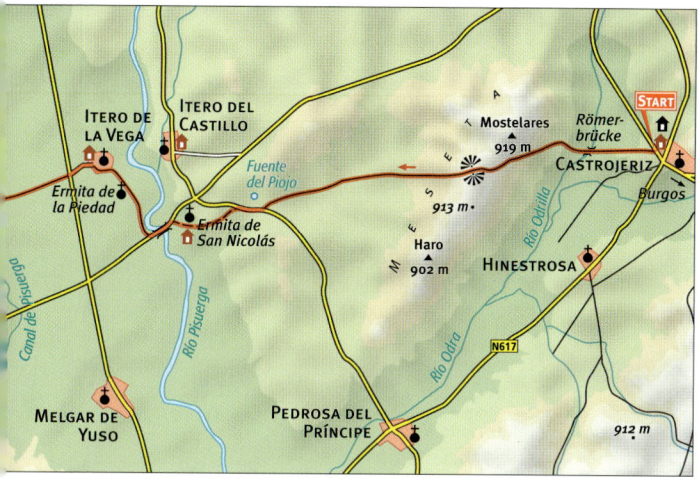

Hauptstraße, auf der anderen Seite nach rechts bis zur Wehrkirche San Pedro, hinter der sich die Gemeindeherberge befindet. Ebenfalls nach rechts und gleich wieder nach links erreicht man die Plaza San Martín mit der berühmten Kirche San Martín (8 Std.).

Die Sehenswürdigkeiten

Boadilla del Camino: Die spätgotische Gerichtssäule *Rollo de Boadilla* ist im oberen Bereich üppig mit Szenen skulptiert, die sich auf den Apostel Jakobus beziehen; spätgotische *Pfarrkirche de la Asunción* mit zwei Renaissance-Altären und gotischem Taufbecken.

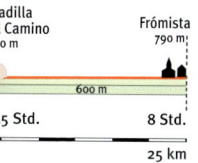

Brücke von Itero: Romanische, allerdings stark veränderte Brücke über den Pisuerga, in der Nähe die Einsiedelei San Nicolás in der Kirche des ehemaligen Hospizes.

Canal de Castilla: Unvollendeter Kanalbau des 18. Jh. (der Nordteil erwies sich als technisch nicht machbar), eine bravouröse Ingenieurleistung der damaligen Zeit, barocke Kanalhäuschen an den Abzweigungen der Seitenkanäle zum Schutz der beweglichen Absperrungen.

Frómista: Alter Etappenort des Jakobsweges, schon im ältesten Pilgerführer wird er als Ziel der sechsten Etappe genannt. Die Kirche *San Martín* ist eine der vier großen frühen romanischen Kirchen des Jakobsweges (neben den Kathedralen von Jaca und Santiago sowie der Kirche *San Isidoro in León*), bedeutend vor allem aber wegen der Bauplastik: 350 Konsolsteine tragen das Dach, sie sind als Tierköpfe, Fratzen und menschliche Figuren gestaltet. Die figurenreichen Szenen der Kapitelle sind z. T. von Darstellungen auf römischen Sarkophagen beeinflusst.

Durch die Campos

Von Frómista nach Carrión de los Condes

Die Campos: Weizenfelder, wogend im Wind. Im unscheinbaren Dorf Villalcázar eine Kirche mit Kunstschätzen, die für eine mittlere Stadt reichen würden, und am Ziel Carrión de los Condes.

DIE ETAPPE IN KÜRZE

+
Anspruch

5.30 Std.
Gehzeit

20 km
Länge

Charakter: Eine wirklich leichte Etappe, fast durchgehend gebahnte Fußwege – aber neben der Straße

Einkehr und Verpflegung: Población de Campos (Bar mit Bocadillos), Villarmentero de Campos (Bar), Villalcázar de Sirga, Carrión de los Condes

Pilgerherbergen: Población de Campos: Kommunale Herberge, 18 Plätze, Kochmöglichkeit, Tel. 979 810271 (Hospitalero); **Villalcázar de Sirga:** Casa del Peregrino am südlichen Ortsrand rechts, 21 Plätze, Küche, Tel. 979 888076 (Rathaus); **Carrión de los Condes:** Herberge der Klarissinnen im Kloster Santa Clara (beim Ortseingang links), 18+ Plätze, 2er und 4er-Zimmer mit Wäsche, Küche, Tel. 979

880134; kommunale Herberge in der Calle Clérigo Pastor, 100 m weiter stadteinwärts, relativ neu eingerichtet, 54 Plätze, keine Küche, Tel. 979 880072

Hotels/Camping: Villalcázar de Sirga: Hostal Las Cántigas*, Calle Condes de Toreno s/n, Tel. 979 888015; Meson Villasirga, Plaza Mayor, Tel. 979 888022; **Carrión de los Condes:** Hostal La Corte*, Calle Santa María 34, renoviert, Tel. 979 880138; Hotel Monasterio de San Zoilo***, Obispo Soúto s/n, schierer Luxus im Kloster San Zoilo am anderen Ufer, Tel. 979 880050; **Camping** El Eden, Parque Municipal El Plantío, Tel. 979 881152, ganzjährig geöffnet

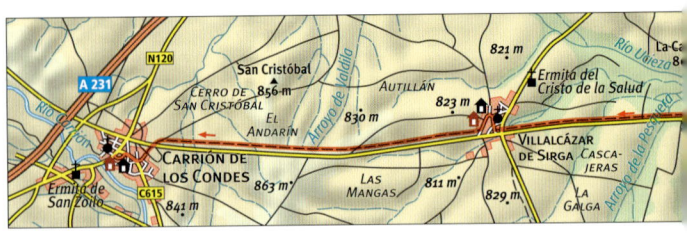

In **Frómista** nimmt man die Straße in Richtung Carrión de los Condes (P 980), verlässt sie aber nach der Brücke über die westliche Umfahrungsstraße nach rechts, wo man auf einem neuen Wegstück des Camino weiterwandert, einem in geringem Abstand die Straße begleitenden befestigten Fußweg. Dort, wo von der Hauptstraße abgehende Fuhrwege kreuzen, hat man mit dem Muschelsymbol geschmückte Betonpfeiler aufgestellt, um zu verhindern, dass der breite Fußweg befahren wird. Die meisten der farbigen Platten mit der Muschel haben Andenkenjäger herausgemeißelt oder wurden bereits zerstört.

Beim ersten Ort, **Población de Campos** (45 Min.), wendet man sich von der Straße ab, durchquert den unteren Teil des Dorfes und hält sich bei einer alten, 1 m unter dem heutigen Niveau liegenden Kirche rechts. Eine Erdstraße führt nach links aus dem Ort hinaus, sie leitet uns geradeaus zum nächsten Ort, **Villovieco** (2 Std.). Gehen Sie hier nach links über eine Brücke (jenseits Picknickplatz) und dann gleich nach rechts auf einen bachnahen Pfad. Bei der nächsten Brücke geht man nach links und in das Dorf **Villarmentero de Campos** (2.45 Std.) an der P 980 (Bar in Richtung Frómista).

Die Landschaft der Tierra de Campos war einmal reich, denn neben dem heute dominierenden Weizen, für den die den Horizont dominierenden Silos an der Bahnlinie bei Frómista gebaut wurden, gab es früher Weinberge an den Hängen, auf den noch ausgedehnten unkultivierten Flächen mit ihrer niedrigen Zwergstrauchvegetation aus Thymian und Lavendel ernährten sich die Bienen, die den geschätzten Honig produzierten, es gab Weiden mit Milchvieh, und in den heute verfallenden Taubenhäusern aus Lehmziegeln, den *Palomares,* lebten ganze Taubenvölker, die die Speisekarte streckten. Vorbei, die Campos sind Getreideland, riesige Felder hat die Flurreform geschaffen, praktisch für die Handvoll Bauern, die nur noch zur Bewirtschaftung nötig sind. In den 90er Jahren hat man begonnen, auch das Straßennetz zu erneuern, die wenigen Fußwege, die in den umgelegten Flächen noch existierten, wurden zu Pisten geschoben, damit die motorisierte Bevölkerung sie benutzen kann. Wer geht schon noch zu Fuß? Nur Pilger.

Am westlichen Ortsrand von **Villarmentero de Campos** liegt zunächst ein Picknickplatz, dann führt ein gebahnter Fußweg neben der P 980 weiter. Etwa eine Stunde später erreicht man **Villalcázar de Sirga** (4 Std.), das etwas rechts der Straße liegt. Man passiert die Pilgerherberge und steht auf dem Hauptplatz unterhalb der Kirche Santa María la Blanca, die unbedingt besichtigt werden sollte, auch von sehr eiligen Pilgern (meist 10–13 Uhr geöffnet).

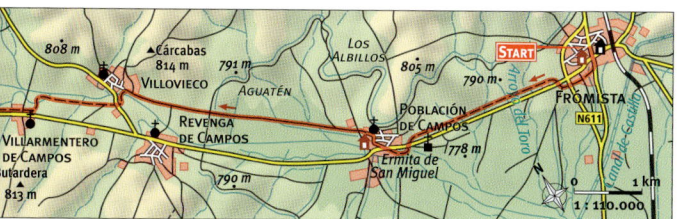

22

Tour

Vom Hauptplatz geht man links durch die breite Dorfstraße zurück zur P 980. Wieder verläuft rechts der Fernstraße ein als Pilgerweg getarntes Staubsträßchen, es führt auf die Campos nordwestlich Villalcázar und hinunter in das Tal des Río Carrión nach **Carrión de los Condes**. Man quert die Asphaltstraße am Ortsanfang nach links und geht bei einer Straßengabelung 70 m weiter wieder links, das Kloster Santa Clara liegt auf der linken Seite (5.30 Std.), die Stadt und die Gemeinde-Herberge befinden sich rechts.

Die Sehenswürdigkeiten

Villalcázar de Sirga: Gotische Kirche *Santa María la Blanca* mit sehr altem Marienkult. Hohe Vorhalle mit Figurenfries – Christus und die Apostel – über dem noch der Romanik verhafteten Trichterportal. Sarkophage in der Santiagokapelle (rechts), besonders der frühgotische (spätes 13. Jh.) des Don Felipe, Bruder des Königs Alfons des Weisen: bemerkenswerte Sterbeszene mit Trauernden, vor allem aber vollplastische Figur des Verstorbenen in Lebensgröße mit Bemalung; in derselben Kapelle frühgotische bemalte Sitzstatue der *Virgen Blanca* (weiße Jungfrau), Ziel vieler Wallfahrten; bedeutender Hochaltar des Meisters Alejo im flämischen Stil mit leuchtenden Farben (spätes 15. Jh.).

Carrión de los Condes: Der Brückenort am Jakobsweg ist jedem Spanier bekannt, denn hier herrschten angeblich die beiden Grafen Carrión, die dem spanischen Nationalhelden El Cid nachstellten. Die Grafenfamilie des Epos *»Cantar de Mio Cid«* ist fiktiv, der Makel blieb dem Ort. Die Kirche *Santa María del Camino* zeigt eine Darstellung der Geschichte der Heiligen Drei Könige im Südportal. Das Südportal der Kirche *Santiago* wird von einem der größten Kunstwerke am Weg gekrönt, einer Darstellung von Christus in der Mandorla mit den Evangelistensymbolen. 24 Musiker zeigen in den Archivolten darunter alle Instrumente der damaligen Zeit. Jenseits des Flusses liegt das Kloster *San Zoilo,* das auf ein bereits im 11. Jh. errichtetes Kloster für die Überreste des Märtyrers San Zoilo errichtet wurde. Die heutigen Gebäude, in denen ein Dreisternehotel eingerichtet wurde, sind im detailreichen »platereken« Stil gehalten, der den Übergang von der Spätgotik zur Renaissance kennzeichnet, besonders sehenswert ist der Kreuzgang. (Die Klosterkirche San Zoilo mit Infobüro zum Jakobsweg ist Mo–Fr 10.30–13.30 und 16.30–19 Uhr geöffnet, Eingang vom Pilgerweg).

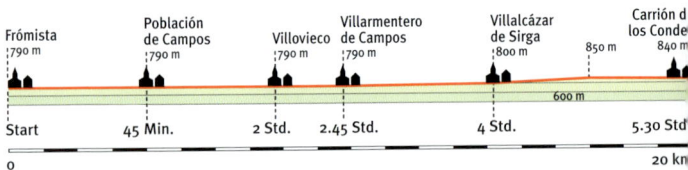

Frómista	Población de Campos	Villovieco	Villarmentero de Campos	Villalcázar de Sirga		Carrión de los Condes
790 m	790 m	790 m	790 m	800 m	850 m	840 m
					600 m	
Start	45 Min.	2 Std.	2.45 Std.	4 Std.		5.30 Std.
0						20 km

Piste durch den Páramo

Von Carrión de los Condes nach Calzadilla de la Cueza

Das ist eine Etappe, auf der man nachdenken kann: stundenlang Felder, Felder, flaches Land. Aufmerksame entdecken einen breiten Streifen Wiese: Eine der großen Cañadas Reales quert den Weg, ein überregionaler Viehtriebweg.

DIE ETAPPE IN KÜRZE

+
Anspruch

5 Std.
Gehzeit

17 km
Länge

Charakter: Verkehrsarme Asphaltstraße, dann Staubstraße durch Flachland

Einkehr und Verpflegung: Kein Ort und kein Brunnen, keine Einkehrmöglichkeit unterwegs

Pilgerherbergen: Calzadilla de la Cueza: Private Herberge am östlichen Ortsrand, Travesía Mayor 2, keine Küche, Tel. 979 883163 (Besitzer), Schlüssel im Hostal (s.u.)

Hotel: Calzadilla de la Cueza: Hostal Camino Real*, am südlichen Ortsrand, ordentliche ,, mit Restaurant, Tel. 979 883187 oder 883072

»*Páramo:* kalte, öde Gegend« steht im Spanisch-Lexikon. Die Öde und Eintönigkeit wird bald offenbar, die Kälte wird man allerdings in den Haupt-Pilgermonaten Juni bis September kaum spüren können, dann brennt nämlich die Sonne ohne Unterlass auf die verbrannten Stoppelfelder, und Schatten gibt es weit und breit nicht. Da lohnt es sich, die eine Flasche Wasser zusätzlich eingesteckt zu haben, auch wenn der Rucksack aus den Nähten platzt.

In **Carrión de los Condes** geht man mit der Hauptstraße hinunter zum Fluss und passiert am anderen Ufer das Kloster San Zoilo. Man überquert eine Kreuzung (mit der C 615) und einen halben Kilometer weiter eine zweite (mit der N 120). Die Straße, auf der wir uns befinden, wird nach der Querung deutlich schmaler, der Verkehr

bleibt fast völlig aus. Unser Asphaltsträßchen führt nach einer Dreiviertelstunde an den Ruinen der Abteikirche **Santa María de Benevivere** vorbei (1.15 Std.), schwenkt nach links und überbrückt einen Bewässerungskanal. Bei der folgenden Rechtskurve verlassen wir die in das Dorf Villotilla führende Straße und folgen einer hier geradeaus weiterführenden breiten Staubstraße, die vor einigen Jahren geschoben und gewalzt wurde.

Auch wenn es jetzt noch kleine Schlenker gibt, sind sie so unbedeutend, dass sie fast nicht mehr auffallen. Während man geht, kann man wunderbar nachdenken. Nach einer schwachen Stunde wird eine Staubstraße gequert (2.30 Std.), eine gute halbe Stunde danach queren wir eine **Cañada,** einen der überregionalen Viehtriebwege (3 Std.,

Hinweisschild), auf denen einst Weidetiere aus dem trockenen und heißen Süden Spaniens im Frühjahr zu den Sommerweiden nach Norden und im Herbst zu den Winterweiden der Extremadura und Andalusiens getrieben wurden.

Eine kleine Steigung ist noch zu bewältigen, dann sieht man an einem kleinen Pass den Turm der Friedhofskirche als erstes Zeichen des Dorfes **Calzadilla de la Cueza** (5 Std.), das man bald darauf betritt.

Cañadas

Die Cañada, die wir auf dieser Etappe queren, ist eine der bedeutendsten Spaniens: die **Cañada Leonesa Oriental,** die von der Sierra Morena in Andalusien über Talavera, Avila und Palencia in die Cordillera Cantabrica im Norden der Provinz León führt. Sie ist eine »Cañada real«, weil sie unter besonderem königlichem Schutz stand.

Schon seit dem 12. Jh. besaßen adelige Familien und christliche Orden südlich des Tajo riesige Ländereien, auf denen sie vor allem Merinoschafe weiden ließen. Deren Wolle wurde bald zu einem der wichtigsten Exportartikel Spaniens. Da aber die Sommer in der Extremadura extrem heiß und trocken sind, kamen sie auf die Idee, die Schafe zu den grünen Weiden in den Bergen Leóns zu schicken und sie im Winter wieder zurückzuholen. Diese *trashumancia* wurde im großen Stil bis in die Mitte des 19. Jh. betrieben, dann wurde sie nach und nach aufgegeben, nur noch wenige Hirten bringen Viehherden aus dem Süden nach León und wieder zurück.

Um die großen Herden während des langen Marsches vom Grün der Cañadas ernähren zu können, mussten diese eine Breite von 50–60 m

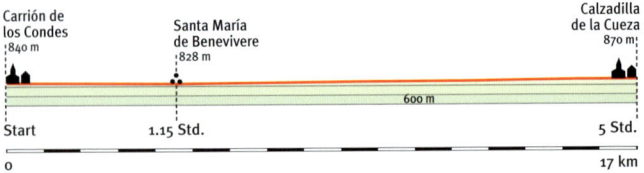

benden Getreide-Monokultur zu Refugien geworden, auch viele Tiere, die auf der Roten Liste stehen, leben in diesen langen, schmalen Streifen ursprünglicher Natur. So überziehen die Cañadas Spanien mit einem in seiner ökologischen Bedeutung kaum zu überschätzenden grünen Netz.

Die Bestrebungen spanischer Naturschützer und der Stiftung Europäisches Naturerbe haben das Interesse an den alten Wegen wieder geweckt. Die Viehtriebwege Spaniens sollen in Form eines Nationalparks als ökologische Korridore erhalten bleiben. Es ist zu hoffen, denn die Cañadas sind Lebensraum für Großtrappe, Kranich, Pardelluchs (Iberischer Luchs) und ... Mensch. Aber eine endgültige Entscheidung ist noch nicht gefallen, die Gesetzesvorlagen sind trotz der intensiven Arbeit vieler Pressure-Groups immer noch »in Vorbereitung«.

haben; je größer die Herden, desto breiter mussten die Cañadas sein.

An dem Wegstück, auf das wir auf unserer Etappe treffen, sieht man auch, dass hier, und nur hier, eine Vielfalt von Pflanzen und Blumen gedeiht, die anderswo längst ›wegrationalisiert‹ wurde. Nicht nur für seltene und gefährdete Pflanzen sind die alten Viehtriebwege inmitten der umge-

Nur noch wenige Schafe werden auf die Winterweiden getrieben

Alles aus Adobe

Von Calzadilla de la Cueza nach Sahagún

Nicht nur die *Palomares,* die Taubenhäuser, sind hier Adobe-Bauten, also aus Lehm gebaut, auch die Wohnhäuser und in Sahagún sogar die Kirchen mit ihren Minarett-Türmen. Woher in diesem Lehmland sollte man auch Steine nehmen?

DIE ETAPPE IN KÜRZE

+
Anspruch

7 Std.
Gehzeit

24 km
Länge

Charakter: Staub- und Erdstraßen, einige schlechte Fuhrwege und Wege, nach Regenfällen unangenehme Furten

Einkehr und Verpflegung: Ledigos (Bar de socios), Terradillos de los Templarios (Bar de socios, Tienda), Sahagún

Pilgerherbergen: Ledigos: El Palomar, private Herberge, Ronda de Abajo 23, Adobe-Gebäude, 12–40 Betten, Küche, Tel. 979 883614; **Terradillos de los Templarios:** Casa Guillermo, private Herberge, 25 Plätze, Mahlzeiten werden angeboten, Tel. 979 883679; **San Nicolás del Real Camino:** Privatherberge an der Plaza Mayor, 20 Plätze, Tel. 629 181536;

Sahagún: Sehr schöne kommunale Herberge in der ehemaligen Kirche La Trinidad, Calle Del Arco 87, 64 Plätze, Küche, Tel. 987 782117, falls nicht besetzt 987 780001 (Rathaus). Die Rezeption der Herberge gibt auch Auskünfte über Sahagún und allgemeine touristische Informationen

Hotels: Sahagún: Hotel-Hospedería Madres Benedictinas*, Avda. Doctores Bermejo y Calderón 8, Tel. 987 780078; Hostal La Codorniz**, Calle Arco 84, Tel. 987 780276 ; Hotel Alfonso VI**, Calle Antonio Nicolás 4, Tel. 987 781144

Information: Sahagún: Tel. 987 782117 (Herberge), im Sommer Büro im Rathaus

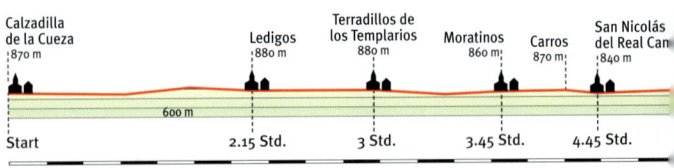

Calzadilla de la Cueza 870 m	Ledigos 880 m	Terradillos de los Templarios 880 m	Moratinos 860 m	Carros 870 m	San Nicolás del Real Cam 840 m

600 m

Start | 2.15 Std. | 3 Std. | 3.45 Std. | 4.45 Std.

0

Man verlässt **Calzadilla de la Cueza** auf dem Zubringer zur N 120, also nach Westen: von der Herberge nach links auf die Dorf-Hauptstraße und dann einfach geradeaus. Bei der N 120 nimmt man einen links der Straße verlaufenden neuen Fußgängerweg, der die nächsten Kilometer der Nationalstraße treu bleibt. Dieses Wegstück entspricht dem historischen Verlauf des Jakobsweges und ersetzt provisorische Routen von Calzadilla nach Ledigos, die man markierte, als man für die Originalroute noch die Fernstraße selbst benutzen musste (gelbe Zeichen an einigen Stellen der Umgebung erinnern daran).

Man folgt der N 120 in das Tal des Arroyo Fuente Arriba, quert den Fluss, steigt zur Höhe der Campos hinauf, wobei sich der Weg etwas von der Straße entfernt, und wieder hinunter in das flache Tal des Arroyo Cueza und nach **Ledigos** (2.15 Std.), das rechts der Straße auftaucht. Man betritt das Dorf (Herberge am Ostrand des Dorfes), durchquert es und erreicht wieder die N 120, die nach links gequert wird. Die neue A 231 wird in Sichtweite mit einer aufwendigen Brückenkonstruktion über das gesamte Tal geführt. Nachdem wir etwas angestiegen sind und einen Rücken erreicht haben, kommen wir ihr an der folgenden Autobahnauffahrt unangenehm nah. Doch wir sind nahe am nächsten Ort, wo wir wieder etwas Abstand zur Autobahn bekommen, denn bald taucht links **Terradillos de los Templarios** (3 Std.) auf.

In Terradillos de los Templarios wendet man sich nach links und verlässt den Ort auf einer Staubstraße. Nach einer Viertelstunde erreicht man eine Asphaltstraße und folgt dieser etwa 500 m nach links. Dann wendet man sich nach rechts auf einen Fuhrweg, der ein flaches Tal quert. Zwei Arroyos werden gequert, zwischen ihnen wollen Picknickplatz und Brunnen zur Rast verführen.

Bei einem Friedhof erreicht man **Moratinos** (3.45 Std.), das nächste Dorf, und geht mit zwei Richtungsknicks hindurch, die Kirche bleibt rechts. Ein Fahrweg führt vom Ortsrand geradeaus weiter in Richtung eines sanften Rückens mit Funkmast. Man erreicht den Rücken (Hügel **Carros** links, der Funkmast bleibt rechts) und geht auf der anderen Seite nach rechts hinunter in Richtung des Dorfes **San Nicolás del Real Camino** (4.45 Std.). Der folgende Wegabschnitt führt wieder an der Straße entlang (die historische Wegführung wurde durch den Bau der A 231 zerstört). Am westlichen Ortsende geht man rechts bis fast zur Nationalstraße, ein Fußgängerweg begleitet sie nach links. Die Straßenbrücke der folgenden Autobahnauffahrt wird links umgangen, anschließend geht es wieder ein paar Meter links der N 120 weiter, Sahagún ist schon in Sicht. Endlich ein Zeichen, dass man die Straße queren soll, jenseits geht es auf einen Weg, der unter Pappeln am Fluss entlang zur **Ermita Virgen del Puente** (Einsiedelei Unserer Lieben Frau von der Brücke, 6.15 Std.) führt. Von der im 12. Jh. gegründeten Kirche ist wenig im Original erhalten geblieben,

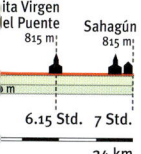

ita Virgen
el Puente
815 m

Sahagún
815 m

m

6.15 Std.   7 Std.

24 km

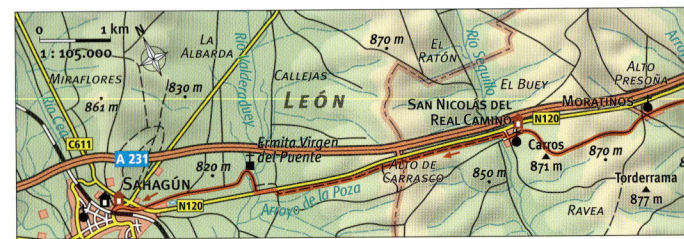

selbst das alte Gnadenbild ist heute nicht mehr vorhanden (es befindet sich in San Lorenzo in Sahagún).

Von der Einsiedelei geht es nach links auf einen Weg. Nachdem er in einen von rechts kommenden Fuhrweg eingemündet ist, wird er noch tiefgründiger, dann aber beginnt der Asphalt. Die Gegend ist ein von Schwerlastern geplagter städtischer Hinterhof. Schließlich erreichen wir den Stadtrand von Sahagún. Hier müssen wir zuerst unter der Umfahrungsstraße, der N 120, durch, dann die alte Trasse der N 120 queren und zuletzt noch die Eisenbahn auf einer Brücke nach links überqueren. Dann erst haben wir das Stadtgebiet von **Sahagún** (7 Std.) erreicht. Gleich rechts steht die Kirche de la Trinidad, in der sich die Herberge befindet. Die beiden bedeutenderen Kirchen befinden sich weiter stadteinwärts: San Tirso nahe dem markierten Jakobsweg und San Lorenzo im obersten Teil der Stadt rechts.

entstand der heutige Ortsname Sahagún. Das Kloster ist längst verschwunden, nur der Kirchturm und ein Bogen, *Arco de San Benito*, des späteren Benediktinerklosters sind erhalten. Kunst- und Architekturliebhaber interessieren vor allem die beiden erhaltenen Backsteinkirchen, San Tirso und San Lorenzo. *San Tirso* neben dem Arco de San Benito (und dem Kloster der Benediktinerinnen, dem Nachfolger von San Facundo) hat einen wuchtigen Vierungsturm, der mit seinen zahlreichen Fenstern in drei Stockwerken, die sich mit Steinsäulchen und Steinkapitellen vom Backsteinbau abheben, nicht zufällig an die gleichzeitig entstandene almohadische Moschee-Architektur erinnert: Bei almohadischen Minaretten hat man einige Anleihen gemacht. In *San Lorenzo* haben die Architekten auf Steinornamente verzichtet, dafür erhöhten sie die Zahl der Stockwerke auf vier und bauten den Turm noch wuchtiger.

Sahagún

Zwei römische Legionäre, Facundus und Primitivus, erlitten hier am Ufer des Cea ihr Martyrium, ihnen zu Ehren wurde später an dieser Stelle ein großes Benediktinerkloster, eines der bedeutendsten Spaniens, gegründet. Aus seinem Namen, *Santfagund*, »Ort des Facundus«,

Die Ritterorden und der Jakobsweg

Immer wieder trifft man auf dem Jakobsweg auf Orte mit dem Beinamen »de los Templarios« oder findet Hinweise auf Ritterorden. Der älteste dieser Orden, derjenige der Templer (nach ihrem ersten Versamm-

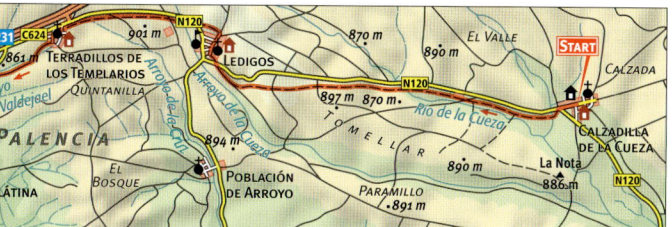

lungsort, dem »Tempel Salomonis« in Jerusalem), war ursprünglich als reiner Militärorden für die Verteidigung des Heiligen Landes gegründet worden, kämpfte aber bald auch an anderen Fronten des Christentums, also auch gegen die Mauren in Spanien. Die Hospitaliter oder Johanniter (nach ihrem späteren Aufenthalt auch Rhodier und Malteser genannt) leiten ihren Namen von einem Hospiz mit Hospital ab, das sie 1119 in Jerusalem gründeten und bis 1291, also bis zu ihrer endgültigen Vertreibung aus Palästina nach dem Fall von Akko, leiteten. In Spanien traten beide Orden als Grundherren auf, gerufen von den Königen, denen sie in der Verteidigung des Landes beistanden. In deren umkämpften Territorien bauten sie Burgen, halfen bei der Wiederbesiedelung und organisierten vor allem die geistliche Betreuung der Siedler in den neu eroberten Territorien. Die Johanniter errichteten und leiteten Hospitäler und Pilgerhospize. Überall dort, wo der Namen »Acre« auftaucht (Navarrete), der sich auf ihr Heiligtum des hl. Johannes in Akko bezieht, oder wo sich eine Priorei Johannes Evangelist befindet (Mutter-Priorat von San Nicolás am Río Pisuerga), kann man davon ausgehen, dass man es mit Johanniter-Niederlassungen zu tun hat. Die großen spanischen Ritterorden von Calatrava, Santiago, Alcántara und San Juan wurden erst nach 1164 gegründet, als der Norden Kastiliens und der Verlauf des Jakobsweges nicht mehr verteidigt werden musste. Nun wurden die Orden in Neukastilien belehnt und kämpften an der Grenze weit im Süden des Landes. Zumindest der Santiago-Orden besaß jedoch auch im Nordwesten Komtureien, wie San Marcos in León oder die Grablege der Ritter dieses Ordens im galicischen Vilar de Doñas beweisen.o

Vor der Pilgerherberge in Sahagún

Real Camino – königlicher Weg

Von Sahagún nach El Burgo Ranero

Der alte Weg von Sahagún nach El Burgo Ranero zieht wieder als Fußweg durch das sanft gewellte Land. Auch wenn die nahe Autobahn zu hören ist, ist dieses Stück königlich privilegierten Weges echter *Camino*.

DIE ETAPPE IN KÜRZE

+
Anspruch

5 Std.
Gehzeit

18 km
Länge

Charakter: Vorwiegend befestigte Fußwege und Staubstraßen, am Anfang Asphalt; ohne Höhenunterschiede, insgesamt leicht

Einkehr und Verpflegung: Calzada del Coto (10 Min. abseits der Route), Bercianos del Real Camino, El Burgo Ranero

Pilgerherbergen: Calzada del Coto (10 Min. abseits der Route): San Roque, einfache kommunale Herberge, Calle Real, 24 Plätze, keine Küche, Tel. 987 781233; **Bercianos del Real Camino:** Herberge des Jakobusgesellschaft León, Calle Santa Rita 11, Adobebau mit neuer Einrichtung, Küche, Aufenthaltsraum, 16+ Plätze, Tel. 987 784008/784179; **El Burgo Ranero:** Albergue Domeni-co Laffi, moderner Adobebau mit offenem Dachstuhl, 26 Plätze, Küche ohne Geschirr, Tel. 987 330023; **Calzadilla de los Hermanillos:** Herberge der Jakobusgesellschaft León, 16 Plätze, Küche, kein Tel.

Hotel: El Burgo Ranero: Hostal El Peregrino*, mit Restaurant und Bar (Frühstück ab 6 Uhr!), schräg gegenüber Herberge, Tel. 987 330069

Alternativroute: Von Calzada del Coto über Calzadilla de los Hermanillos nach Mansilla de las Mulas (s. Tour 26) ist eine Alternative zum Jakobsweg ausgeschildert. Sie ist anstrengender zu gehen und bis auf Calzadilla mit seiner Herberge wasserlos. Vor allem im Sommer abzuraten!

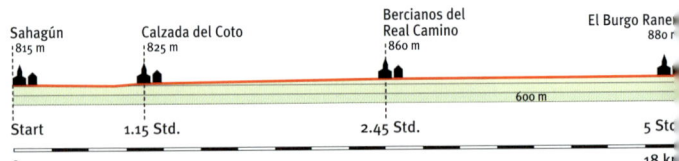

Sahagún 815 m	Calzada del Coto 825 m	Bercianos del Real Camino 860 m	El Burgo Ranero 880 m
Start	1.15 Std.	2.45 Std.	5 Std.
0			18 km

600 m

Sahagún verlässt man in Richtung Fluss: von der Herberge auf dem markierten Weg durch die Stadt (Calle Antonio Nicolás über die Plaza de Santiago und vorbei am Kloster der Benediktinerinnen, dort Linksbogen) zur Brücke über den Río Cea. Die Brücke ruht auf römischen Fundamenten, sie ist ein Rest der Siedlung *Cea* und wird heute noch benutzt (wechselnde Einbahnstraßenregelung). Jenseits des Flusses wird die Straße breiter, man quert eine breite Asphaltstraße, die alte Trasse der N 120, die heute nur noch einen Zubringer zur Sahagún im Westen und Norden umfahrenden neuen A 231 darstellt. Nach einer guten Stunde Gehzeit links entlang der Schnellstraße erreicht man die Autobahn, die man auf einer Brücke überquert (1.15 Std.), wenn man nach **Calzada del Coto** hinein will (direkt danach rechts die Ermita San Roque in einem Friedhof). Wer weitergeht, erreicht an dieser Stelle den Beginn eines nur für die Pilger angelegten Weges (eine ebenfalls gut markierte Alternativroute führt von hier über Calzadilla de los Hermanillos nach Reliegos). Dieser Weg entspricht in seinem Verlauf dem historischen Jakobsweg, er ist durchgehend befestigt und meist mit Feinsplitt bedeckt, aber zu schmal für Autos. In regelmäßigen Abständen wurden junge Platanen gepflanzt, die heute noch nicht viel Schatten geben, aber bei zukünftigen Pilgern sicher große Anerkennung für diese weitblickende Investition auslösen werden. Auch Bänke sind in regelmäßigen Abständen aufgestellt (aus Beton: morgens zu kalt, mittags zu heiß, um darauf zu sitzen) und einzelne Picknickplätze am Wasser eingerichtet worden, die aber alle keinen Brunnen besitzen.

Nun braucht man nicht mehr an die Orientierung zu denken, das erledigt der Weg von allein: Der helle Feinsplitt zieht sich wie ein weißes Band durch die Landschaft.

Nachdem man die etwas abseits liegende Einsiedelei Nuestra Señora de Perales (mit Picknickplatz) passiert hat, wird **Bercianos del Real Camino** (2.45 Std.) erreicht. Adobe-Bauten bestimmen die Architektur des Dorfes, viele Storchennester sind zu sehen. Dann geht es wieder auf dem Pilgerweg links neben einer kaum befahrenen Asphaltstraße weiter, ein seltsamer Wasserturm bleibt rechts. Die Pilgerquelle, Fuente de Romeros, 5 Min. später, hat lei-

*Backsteinkirche in
El Burgo Ranero*

der kein Wasser. Die Autobahn wurde in einem Gelände-Einschnitt geführt, sodass man sie kaum hört, später verläuft sie rechts auf einem Damm, doch kurz darauf werden wir unter ihr durchgeführt (4.15 Std.) und erreichen **El Burgo Ranero** (5 Std.). Das Dorf ist ein typisches kastilisches Adobe-Dorf, an einzelnen unbewohnten und verfallenden Häusern sieht man deutlich die Bauweise, die bei bewohnten Häusern unter dem Verputz verborgen ist. Die Herberge, ein Neubau, ist ebenfalls aus Adobe, dort kann man gut erkennen, welches Material verwendet wird. Sie liegt am Nordrand des Dorfes: Bei der Asphaltstraße, die man am Ortsrand erreicht, geht man rechts und wird in einer Linkskurve zur Herberge geführt.

Die Adobe-Bauweise

Adobe hat seinen Namen vom spanischen Wort für Luftziegel, luftgetrockneter Lehmziegel – im Gegensatz zum gebrannten Ziegel. Wo Holz und Stein selten sind, etwa im Zweistromland des Alten Orients, auf den lehmbedeckten Mesetas Spaniens oder den Mesas der südwestlichen USA, hat man schon lange Lehm und Stroh gemischt und in der Sonne getrocknet, um Baumaterial zu erhalten. Für das Dach und zur Festigung, manchmal in Form eines einfachen Fachwerks, muss aber dennoch Holz eingesetzt werden, in Nordwestspanien kann man auf Pappeln und Eukalyptus zurückgreifen, in Nordafrika auf Dattelpalmen. Ist kein Holz vorhanden, kann man sich wie in Nordsyrien mit spitz zulaufenden Rundbauten behelfen. Wenn man Adobe-Bauten nicht jedes Jahr (!) neu mit Lehm verputzt, verfallen sie sehr schnell, wie man auf unserem Weg leider oft erkennen kann.

Pappeln und Platanen

Von El Burgo Ranero nach Mansilla de las Mulas

Roter Lehm auf den Ebenen mit ihren Riesenfeldern, als Fuß- und Fuhrweg, als Material der Adobe-Bauten. Die in regelmäßigen Abständen verlaufenden flachen Bachtäler mit ihren Pappeln und die neu gepflanzten Platanen verstärken den eigenen Gehrhythmus.

DIE ETAPPE IN KÜRZE

+ Anspruch	**Charakter:** Einfach; meist neue Fußwege, einige Strecken auf Erdstraßen, kurzes Asphaltstraßenstück
5 Std. Gehzeit	**Markierung:** Einige neue Steinkreuze auf hohem Sockel neben den üblichen Markierungen
19 km Länge	**Einkehr und Verpflegung:** Reliegos, Mansilla de las Mulas

Pilgerherbergen: Reliegos: Gemeindeherberge, Calle Escuela Segunda 2, 44+ Betten, mit Küche, hell und freundlich, empfehlenswert, Tel. 987 317871/ 317867; **Mansilla de las Mulas:** Städtische Herberge, Calle Puente 5, 50 Plätze, freundliches Haus, Innenhof, mit Küche, Tel. 987 310068/987 310941, Ostern–September betreut (ein Juwel: Laura!), sonst Schlüssel im Rathaus

Hotels: Mansilla de las Mulas: Hostal La Delicias*, Calle Los Mesones 22, nahe der Herberge, mit gutem Restaurant, Tel. 987 310075; Hostal Los Faroles*, Avda. Picos de Europa s/n, am nördlichen Zubringer außerhalb der Altstadt, Tel. 987 310949

Von der Herberge in **El Burgo Ranero** geht man zur Kirche in der Ortsmitte – übrigens ein interessanter und sehr schöner Backsteinbau – und nimmt die dort querende Hauptstraße, den Jakobsweg, nach rechts. Man geht auf einem guten neuen Fußweg links von einer roten Erdstraße, die nur bei schönem, trockenem Wetter dazu verlockt, sie ab und anstatt des Weges zu benützen. In regelmäßigen Abständen unterbrechen feuchte Senken die lang gestreckten, flachen Rücken mit ihren riesigen Getreidefeldern. In den Senken laden Picknickplätze unter Pappeln zum Verweilen ein, aber leider gibt es keine Brunnen mit Trinkwasser. Wenige verfallende Adobebauten sind noch zwischen den Feldern zu sehen, die meisten wurden bei der Flurbereinigung mitbereinigt.

Nach etwa 1.45 Std. kommt man in einiger Entfernung an einem Dorf vorbei (Villamarco), eine gute halbe Stunde später überquert man die Bahn (2.30 Std., **Vorsicht:** unbeschrankter Übergang! Es verkehren zwar wenige Züge, aber es handelt sich um eine Hauptstrecke mit höhe-

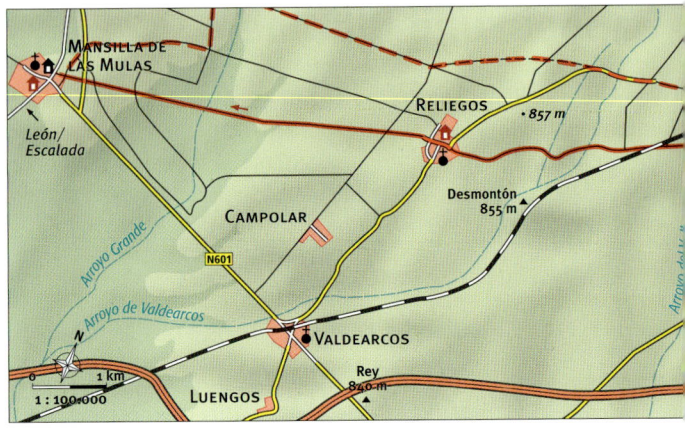

ren Geschwindigkeiten). 10 Min. später quert man das Tal des **Arroyo de Valdearcos,** ein flaches Tal mit steilen Rändern und einem Nebental (2.45 Std.), in dem ein paar schöne alte Bäume und ein Picknickplatz zur Rast einladen. Geringe Reste der Vegetation begleiten uns zur Hochfläche, ein paar duftende Zwergsträucher, Thymian vor allem, eine Orchidee. Die Hochfläche, die wir queren, ist nur schmal, schon geht es wieder hinunter in eine tiefere Ebene: Es ist die weite Flussebene des Río Esla, an dem Mansilla de las Mulas liegt.

Zuerst aber kommen wir nach **Reliegos** hinunter und wandern durch dessen Kellergasse, um dann leicht nach rechts in den eigentlichen Ort hineinzugehen (3.15 Std.). Die Herberge liegt am oberen Ortsrand. Geht man rechts, erreicht man die Ruine der alten Pfarrkirche in Adobe-Bauweise. Für den Jakobsweg hält man sich links. Man durchquert Reliegos auf der Calle Cantas in Richtung einer schon außerhalb stehenden, grasgrün gestrichenen, riesigen Pelotawand. Rechts davon führt ein Fahrweg geradeaus in die Felder. Schon von hier aus sieht man den nächsten Ort, Mansilla de las Mulas. Sobald man links einen Industriebetrieb passiert, ist es leider vorbei mit dem Erdsträßchen bzw. dem Fußweg daneben, jetzt geht es auf Asphalt weiter. Eine für den hier zu erwartenden Verkehr monströse Brücke führt über die Umfahrungsstraße, man quert einen Kanal und steht am Rand der Altstadt von **Mansilla de las Mulas.** Der Ort ist noch fast vollständig von seiner Stadtmauer umgeben, nur an wenigen Stellen hat man sie durchbrochen, um Straßen

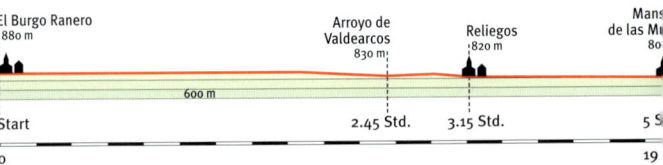

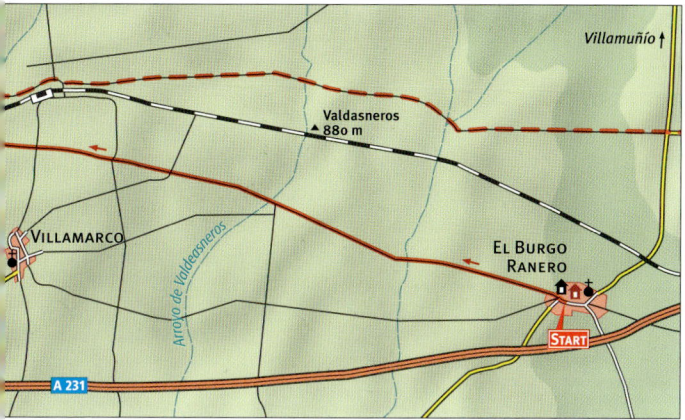

hindurchzuführen. Wir gehen geradeaus in die Stadtmitte zum Rathausplatz und dort in der gleichen Richtung weiter in die Calle Puente (oder Mesones) zur Pilgerherberge (5 Std.).

Die Sehenswürdigkeiten

Reliegos: Ruine der frühromanischen Adobe-Kirche auf dem Hügel oberhalb des Ortes.
Mansilla de las Mulas: Die mittelalterlichen Stadtmauern mit dem Stadttor Arco de la Concepción und zwei gut erhaltenen Wehrtürmen rühren aus dem 11. Jh., als der Río Esla die Südgrenze des Königreiches Asturien–León bildete und Mansilla de las Mulas zusammen mit mehreren befestigten Städten die Frontlinie schützte. König Fernando II. befahl 1181 die Wiederrichtung der Stadtmauern, es sind die heute noch

existierenden. Die massiven Mauern wurden aus großen Flusssteinen des Esla errichtet, im nordwestlichen Abschnitt haben sie sich gut erhalten. Besonders schön sind die Mauern am Spätnachmittag und zum Sonnenuntergang.

In der Umgebung gibt es eine ganze Reihe von Baudenkmälern, die aus dem frühen 12. Jh. stammen, als das Gebiet gerade von den Christen wieder erobert und neu besiedelt worden war. Das interessanteste dieser Denkmäler ist die jenseits des Esla gelegene, ca. 5 km vom Ort entfernte **Abtei Santa María de Sandoval,** die 1142 unter Alfonso VII. bezeugt ist.

Mansilla de las Mulas war bis vor einer Generation ein bedeutender landwirtschaftlicher Umschlagplatz, auf dem Getreide und vor allem Pferde gehandelt wurden. Beide Märkte existieren heute nicht mehr, die Stadt stagniert.

Die Kathedralenstadt

Von Mansilla de las Mulas nach León

Der Marsch nach León hat seine eigenen Reize, aber vor allem will man zügig gehen, um mehr Zeit in León zu haben. Die frühere Hauptstadt des Königreiches Asturien-León ist immer noch reich an Kunstschätzen, darunter die schönste gotische Kathedrale Spaniens.

DIE ETAPPE IN KÜRZE

+
Anspruch

5 Std.
Gehzeit

19 km
Länge

Charakter: Fahrwege, Feldwege, Staubstraßen und einige Asphaltstücke, eine unangenehme Brückenpassage; leicht, aber kein reines Wandervergnügen

Einkehr und Verpflegung: Villamoros de Mansilla (Bar, Tienda, Brunnen), Puente de Villarente, Arcahueja (Bar de Socios, ab mittags), León

Pilgerherbergen: León: Städtische Herberge, Calle Campos Góticos, im ehem. Schulgebäude CHF (immer als »Chef« bezeichnet), 64+ Plätze, keine Küche, zu groß, laut, Tel. 987 081832/255805; Carbajalas, Herberge der Benediktinerinnen, Calle Cuesta Carbajalas, 50 Plätze (1 Saal!), keine Küche, kostenloses Frühstück, Tel. 680 649289 u. 987 252866. Beide Herbergen sind häufig überfüllt.

Hotels: Puente de Villarente: Fonda-Restaurante Casa Blanca*, an der alten Trasse der N 120 östlich des Río Porma, nebenan nachts evtl. lauter »Club«, Tel. 987 312164; Hostal El Delfín Verde*, Ctra. Adanero Gijón, Tel. 987 312065; Hostal La Montaña *, Camino de Santiago 17, Tel. 987 312161; **León:** Pension Orejas**, Calle Viafranca 8 (2. Stock), ruhige, kleine Pension, zentrumsnah in der Fußgängerzone, Tel. 987 252909; Hostal San Martín*, Plaza Torres de Omana 1, günstig, Tel. 987 875187, Hostal Don Suero**, Avda. Suero de Quiñones 15, Riesen-Hostal außerhalb der Altstadt, meist auch im Sommer einige Zimmer frei, sauber und korrekt, Tel. 987 230600; Hotel Riosol***, Avda. de Palencia 3, modernes Haus, Tel. 987 216850; Hotel La Posada Regia***, Calle Regidores 9-11, komfortables Hotel in der Altstadt, am Wochenende nachts evtl. laut, Tel. 987 213173; »Hotel San Marcos«*****, Pza. de San Marcos 7, Luxus-Parador im früheren Pilgerhospital San Marcos, Tel. 987 237300

Information: León: Plaza de la Regla 4, gegenüber der Kathedrale, Tel. 987 237082

Man verlässt **Mansilla de las Mulas** nach Nordwesten über die mittelalterliche Esla-Brücke. Der Blick zurück auf die Stadtmauern ist besonders am Abend sehr eindrucksvoll. Direkt nach der Brücke geht man nach links auf einen neuen Fahrweg, der parallel zur N 120 verläuft. Auf dem Hügel jenseits der Fernstraße, dem wir bei einer Tankstelle sehr nahe kommen, befand sich in römischer Zeit eine Befestigung.

Am Ortsrand von **Villamoros de Mansilla** wird man nach rechts auf die N 120 gedrängt, erst am westlichen Ortsrand können wir sie wieder verlassen und links auf einem Staubweg weitergehen. In einer Linkskurve dieses Weges geht man nach rechts auf eine Erdstraße, die zu einer alten Trasse der N 120 führt, der wir folgen - links liegt eine Fonda mit Restaurant (Casa Bianca).

Zurück auf der N 120 müssen wir die **Brücke über den Río Ega** benutzen. Die verantwortlichen Verkehrsplaner haben eine für Fußgänger extrem gefährliche Situation geschaffen, da der zweite Brückenteil so eng ist, auch keine Abgrenzungen zwischen Fußweg und Fahrstreifen existieren, dass man den wie üblich zu schnellen Lastern nicht ausweichen kann: **Größte Vorsicht!**

Am anderen Ufer ist den Ort **Puente de Villarente** (1.30 Std.) zu durchqueren (der Name des Cafés wünscht uns »Viel Glück«). Erst ganz am Ortsende zweigt eine Staubstraße nach rechts ab. Man wandert auf ihr von der Fernstraße weg durch Wiesen, erreicht eine Anhöhe und ein Gewerbegebiet, das man ohne Richtungswechsel durchquert. Ein Dorf erscheint auf einem Rücken vor uns, es heißt **Arcahueja** (2.45 Std., Bar bei der Kirche). Man bleibt auf der Staubstraße, die in einiger Entfernung rechts oberhalb der Fernstraße verläuft. Ein Schild weist hinunter nach Valdelafuente und zu einer Bar, deutlich ist die alte Kirche des Ortes zu erkennen, aber noch geht es geradeaus weiter auf der Staubstraße.

Dann aber hat uns die Stadt León. Knapp vor der Abzweigung einer Asphaltstraße nach Golpejar de la Sobarriba müssen wir nach links auf die N 120. Die hier schon sehr verkehrsreiche und unübersichtliche Straße senkt sich vom **Alto del Portillo** (3.45 Std.) in die Flussebene des Río Bernesga. Nun sieht man León schon vor sich liegen, die Kathedrale ist ganz deutlich auszumachen. Knapp nach dem Alto del Portillo zweigt eine Straße nach links ab, die alte N 120, die wir jedoch erst nach Querung der Autobahnumfahrung León (auf Fußgängerbrücke) erreichen. Sie führt zunächst durch den Vorort **Puente del Castro,** dann über den Río Torío mit eigener Fußgängerbrücke und schließlich in die Stadt **León.**

Man bleibt auf der Avenida del Alcalde Miguel Castaño, die man jenseits der Brücke erreicht hat. Wer die »Chef«-Herberge aufsuchen will, geht bei der nächsten großen Kreuzung nach links in die Avenida Fernández Ladreda, nimmt die dritte Querstraße, die Calle Monseñor Turrado, und erreicht über die links abbiegende Calle Rey Monje die Calle Campos Góticos. Wer die Herberge der Benediktinerinnen aufsuchen bzw. ins Stadtzentrum hinein will, geht auf der Avenida del Alcalde Miguel Castaño bis zur Plaza de Santa Ana. Nach Passieren des lang gestreckten Platzes mit Springbrunnen und Grünanlagen verlässt man die Avenida (Kirche rechts) und biegt in die im spitzen Winkel nach

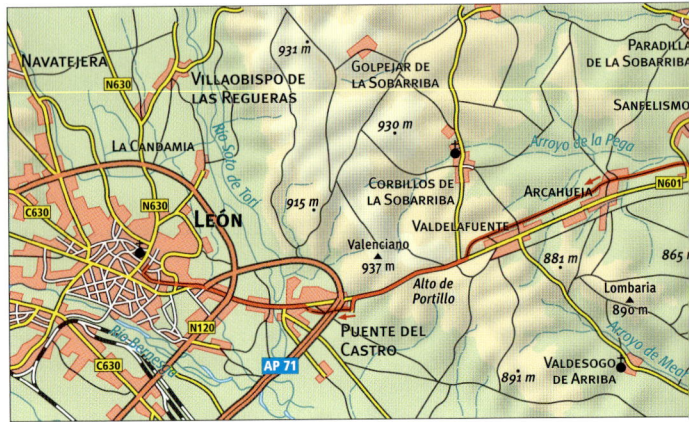

rechts abzweigende Calle Barahona ein. Sie ändert den Namen zuerst in Calle Puerta Moneda, dann in Calle Herreros: Genau dort geht man nach rechts in die Calle Escurial, über den Markt, weiter in die Calle Cuesta Carbajalas, an deren rechter Seite der Eingang zur Pilgerherberge liegt.

Zur Kathedrale kommt man, wenn man auf der Calle Herreros weiter geht und auf der kurz darauf folgenden Plaza de las Concepciones (rechts die Kirche Nuestra Señora del Mercado) die gegenüber beginnende Calle de la Rúa nimmt. Sie mündet in die Calle Ancha, der man nach rechts zum **Kathedralplatz** folgt, der Plaza de la Regla (5 Std., dort auch Touristeninformation).

León

Als sich die Wiedereroberung Spaniens durch christliche Heere, die *Reconquista,* allmählich immer weiter nach Süden schob, geriet die alte asturische Hauptstadt Oviedo ins Abseits. Als neue Hauptstadt südlich der Küstengebirge wurde im 10. Jh. León gewählt. Hier gab es noch Reste der römischen Legionsstadt, vor allem Stadtmauern, die man verstärkte. León blieb Hauptstadt bis ins 13. Jh., dann wurde es von Toledo und später Madrid abgelöst. Die Stadt ertrug den Rückfall in die Provinzialität mit einer Lethargie, die weder der industrielle Aufschwung des 19. noch das städtische Wachstum des 20. Jh. ganz durchbrachen.

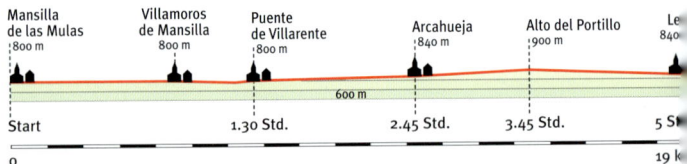

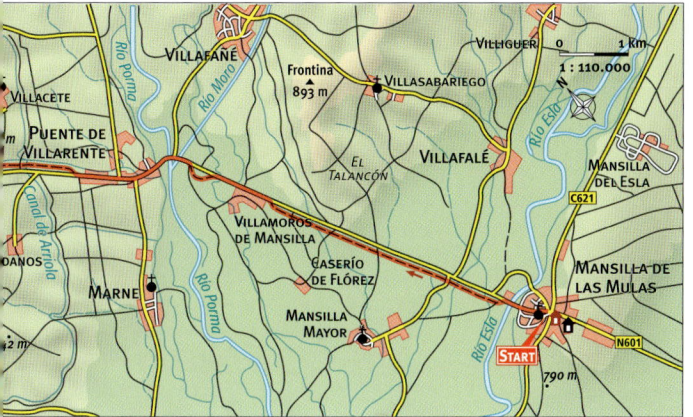

Die **Kirche Santa Ana** am Rand der Altstadt diente früher als Kapelle eines Pilgerfriedhofs. Kurz vor der Plaza de las Concepciones liegt hinter der **Kirche Nuestra Señora del Mercado** auch del Camino, also Unsere liebe Frau vom Jakobsweg genannt, der kleine Kornplatz (Plaza del Grano). Durch schmale Altstadtgassen erreicht man, vorbei an der bereits im 11. Jh. gegründeten, aber mehrfach umgebauten **Kirche San Martín** die große Plaza Mayor, den Rathausplatz mit dem Alten Rathaus. Das Viertel um Kirche und Platz, der Barrio de San Martín, ist *das* Kneipenviertel von León.

Die Calle Ancha ist die Hauptachse der Stadt. Hier steht der prächtige Renaissance-**Palacio de los Guzmanes**. Das neugotische Haus links gegenüber, die **Casa de Botines** (heute eine Bank), ist ein Werk des Jugendstil-Architekten Antonio Gaudí. Die benachbarte **Kirche San Marcelo** ist ein wichtiges Werk des strengen Herrera-Stils (17. Jh.).

Die **Kathedrale** ist eines der großen Werke nordfranzösischer Kathedralgotik, begonnen 1254, erst im 16. Jh. fertig gestellt, später nach dem Einsturz von Bauteilen teilweise umgebaut. Die imposante Fassade mit den flankierenden Türmen wird durch die Vorhalle mit den drei Portalen bestimmt. Das Hauptportal schildert über der Figur von Nuestra Señora la Blanca auf dem Mittelpfeiler das Jüngste Gericht. Das Innere der Kathedrale wird vom farbigen Licht der mittelalterlichen und frühneuzeitlichen Buntglasfenster bestimmt, die hochgotischen der ersten Verglasung sind wahre Wunderwerke der Glaskunst. Die Stützen dieses eleganten Baus sind auf ein Minimum reduziert, es ist, als ob der hohe Bau von den bunten Verglasungen getragen werde.

Auf dem Weg durch die Altstadt passiert man die Renaissance-**Kirche Santa Marina la Real**.

San Isidoro gehört zu den frühen Großbauten der Romanik nicht nur Spaniens. Vom romanischen Urbau der später teilweise umgebauten Basilika sind vor allem die beiden Südpforten, die Puerta del Perdón und die Puerta del Cordero, bemerkenswert. Als Meisterwerk romanischer Malerei gelten die Fresken in der angeschlossenen Grablege der

Königе von León-Asturien, dem **Panteón Real.** Der Bau wird nicht zu Unrecht als »Sixtinische Kapelle der Romanik« bezeichnet. Im **Kirchenschatz,** der im zugehörigen Museum ausgestellt wird, werden einige wertvolle Elfenbein- und Glasobjekte gezeigt (separater Eingang zu Panteón und Museum).

Kurz vor der Brücke über den Río Bernesga passiert man das **Pilgerhospital San Marcos** mit dem **Museo de León.** Der Bau mit seiner breiten Front

geht auf die Katholischen Könige zurück, war gleichzeitig Pilgerhospital und Komturei des Santiago-Ordens. Über dem Haupteingang erscheint Santiago als *Matamoros.* Während der Großteil des Hospitals heute als nobler Parador genutzt wird, kann man die isabellinisch-spätgotische Kirche besichtigen. In Teilen des ehemaligen Hospitals, im Kreuzgang und in der ehemaligen Sakristei mit ihrer aufwändigen Renaissance-Dekoration befindet sich das Museum von León.

Über den Páramo zur Pilgerbrücke

28 **Tour**

Von León über Villar de Mazarife nach Hospital de Órbigo

Auf dem Weg über den blumenreichen Páramo sieht man schon die grünen Montes de León. Am Ziel, in Hospital de Órbigo passiert man die längste und originellste Brücke des Camino, die wahre Geschichte vom streitbaren Ritter Suero de Quiñones inbegriffen.

DIE ETAPPE IN KÜRZE

++
Anspruch

11 Std.
Gehzeit

38 km
Länge

Charakter: Sehr lange Etappe, die aber in Villar de Mazarife unterbrochen werden kann; Fußwege, Staubstraßen, im zweiten Teil meist schmale und verkehrsarme Asphaltstraßen; wegen der Gesamtbelastung mittelschwer

Einkehr und Verpflegung: Trobajo del Camino, La Virgen del Camino, Oncina de la Valdoncina (nur Wasser), Chozas de Abajo (Bar de socios, Brunnen), Villar de Órbigo; Alternativroute: in allen Orten

Pilgerherbergen: Villar de Mazarife: Halbprivate Herberge, altes Haus mit Innenhof und Veranda, sehr einfach, mit Atmosphäre, 20 Matratzenplätze auf dem Fußboden, Küche, Tel. 987 390596; **Villadangos del Páramo:** Gemeindeherberge, 80+ Plätze, Kochmöglichkeit, Tel. 987 390629/ 987 390003; **San Martín del Camino:** Gemeindeherberge, 122 Plätze, Küche, empfehlenswert, kein Telefon; seit kurzem auch private

Herberge; **Hospital de Órbigo:** Gemeindeherberge, El Camping s/n, 44 Plätze, mit Küche, Tel. 987 388250 (Restaurant La Pista bei der Brücke, dort auch die Schlüssel); Pfarrherberge, Calle Álvarez Vega 32, renoviertes Haus mit Innenhof, Küche, 50 Plätze, Tel. 987 388444 (Pfarramt); im Sommer Zelte auf dem Campingplatz

Hotels/Camping: Trobajo del Camino: Hostal Bella*, Calle Santiago Apóstol 8, Tel. 987 802810; **La Virgen del Camino:** Hostal Julio César*, Calle Cervantes 6, renoviert, ruhig, Tel. 987 302044; Hostal Plaza**, Avda. Astorga 96, Tel. 987 302019; **Villadangos del Páramo:** Hostal Libertad*, Calle Padre Ángel Martínez Fuertes 25, Tel. 987 390123; **Hospital de Órbigo:** Hostal Don Suero de Quiñones**, Calle Álvarez Vega 1 (an der alten Brücke), Tel. 987 388238; Hotel Paso Honroso**, an der N 120, km 335, Tel. 987 361010; **Camping:** Don Suero, Tel. 987 361018

DZ € 40
DZ 48.-

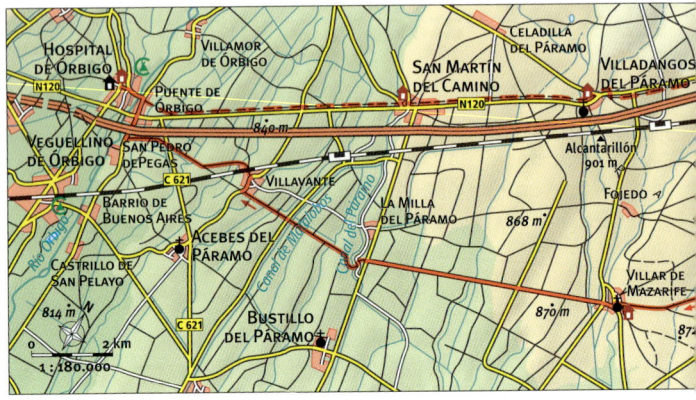

In **León** folgt man vom Kathedralplatz den in den Boden eingelassenen Muscheln zum Kloster San Marcos, wo die alte Pilgerbrücke über den Río Bernesga führt. Jenseits der Brücke führt die Avenida Quevedo weiter in den Vorort **Trobajo del Camino** (45 Min.). Man durchquert den Ort auf seiner Hauptstraße – nach leichtem Linksknick nennt sie sich Avenida Párroco Helimberto Ampudia. Die Bahn wird nach Passieren eines großen Pilgerkreuzes auf einer Fußgängerbrücke überwunden. Wo diese Straße allmählich ansteigt, biegt rechts die Calle Camino de la Cruz ab, die durch ein nichtssagendes Stadtrandgebiet führt, es gehört schon zum Ort **La Virgen del Camino**. Nach links zur alten N 120 und auf dieser nach rechts weiter bis zum Ortsende, die moderne Wallfahrtskirche mit ihrem alten Gnadenbild

der Gottesmutter vom (Jakobs-)Weg (2.15 Std.) bleibt rechts.

Nun nach links auf die andere Straßenseite (ein rechts aufgestelltes Schild und alte gelbe Zeichen sind falsch und führen auf die gefährliche Autobahnauffahrt!) und auf einem Fahrweg bis zu einer Straße, der wir kurz links folgen, um dann einen Feldweg zu nehmen, der leicht aufwärts führt, die Autobahn A 66 unterquert und schließlich das Dorf **Fresno del Camino** (2.45 Std.) erreicht.

Erst jetzt trennen sich die Wege: wer die kürzere Variante entlang der Straße (N 120) über Villadangos del Páramo wählt – sie läuft stets straßenparallel auf Fuß- und Fahrwegen –, geht bei der Straßengabelung nach rechts, wer die von uns beschriebene, landschaftlich äußerst reizvolle und verkehrsarme Va-

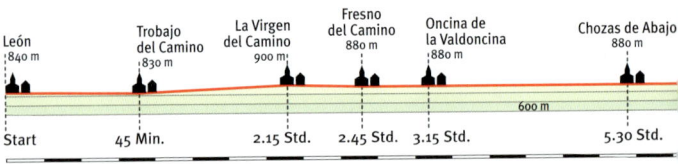

zwei Staust.

riante über Villar de Mazarife wählt, geht auf einer großzügig ausgebauten Straße geradeaus weiter.

Man ist dankbar, dass bald **Oncina de la Valdoncina** (3.15 Std.) auftaucht, denn hier kann man nach rechts abbiegen und anschließend links dem Asphalt entrinnen. Vom Brunnenplatz folgt man dem dort beginnenden Fuhrweg, rechts bleiben ausgebaute Kellerhäuschen.

Die trockene Hochfläche des **Páramo** hat eine typische Vegetation: lockere Zwergstrauchheiden aus Zistrosen, Lavendel und Ginster, im Mai und Juni ganze Wiesen mit Orchideen, vom Wind kurzgeschorene Flaumeichen, ein paar Felder, ein paar Weinberge. Im Hintergrund können wir schon das Profil der Montes de León erkennen – wir werden sie in ein paar Tagen überschreiten.

Der schlechte Fuhrweg bringt uns an ein paar Kellerhäuschen vorbei nach **Chozas de Abajo** (5.30 Std.), wo gutes Brunnenwasser zur Rast einlädt. Weiter geht es, diesmal leider, leider auf Asphalt. Sehen Sie sich in **Villar de Mazarife** (6.45 Std.) die Pfarrkirche des Apostels Jakobus an: Die Storchennester haben jeden Absatz der gestuften Glockenwand okkupiert und innen warten Mosaiken des ortsansässigen Künstlers, der auch das große Mosaik über die Gemeinde am Jakobsweg, das am Ortseingang steht, entworfen hat.

Man verlässt Villar de Mozarife auf der links der Kirche etwas abwärts führenden Hauptstraße. Dort, wo sie am Ortsrand eine asphaltierte Straße kreuzt, geht man geradeaus weiter. Diese Asphaltstraße verlässt man erst 1.15 Std. später: Dort, wo sie auf die Straße trifft (8 Std.),

Villar de Mazarife 879 m — Villavante 845 m — Hospital de Órbigo 824 m — 600 m — 6.45 Std. — 9.45 Std. — 11 Std. — 38 km

In Villar de Mazarife geht es den Störchen gut

die rechts zum Dorf La Milla del Páramo führt, geht man geradeaus auf einer breiten Staubstraße weiter. Sie macht einen Linksbogen über einen von Bäumen gesäumten Kanal und wendet sich als Karrenweg sofort wieder nach rechts. Nach Überquerung eines weiteren Kanals erreicht man das Dorf **Villavante** (9.45 Std.).

Man geht nach rechts in das Dorf hinein, biegt aber bei einem Platz mit Frontón nach links ab und hält auf einen großen Wasserturm zu. Links von ihm führt eine Brücke über die Bahnlinie, die den geraden Wegverlauf unterbricht. Auf der anderen Seite des Übergangs geht man kurz nach links entlang der Gleise und schlägt anschließend einen halbrechts abgehenden Fuhrweg ein. Er führt in gerader Linie auf den Ort Hospital de Órbigo zu – bzw. führte, denn die neue A 6 unterbricht ihn, man quert sie auf einer Straßenbrücke. Danach bleibt man am besten auf dieser Straße, sie führt zur N 120, die man bei einem Verkehrskreisel quert. Jenseits liegt der Ort **Puente de Órbigo,** den man leicht links haltend durchquert, bis man an der berühmten Brücke von Órbigo steht. Herbergen, Hostals und Läden befinden sich auf der anderen Seite des Flusses, in **Hospital de Órbigo** (11 Std.).

Hospital de Órbigo

Mit der langen, sanft geschwungenen, einen »Eselsrücken« beschreibenden Brücke verbindet sich die Geschichte des Ritters Suero de Quiñones. Der kastilische Adelige hatte einer Dame zu Ehren das Gelübde getan, jeden Donnerstag eine Halsfessel zu tragen. Um sich von dem doch etwas unpraktischen Gelübde wieder zu befreien, veranstaltete er im Jahre 1434 an der Brücke, die wir heute noch benutzen, ein großes Turnier. Mit neun Begleitern kämpfte er dreißig Tage lang – zwei Wochen vor und zwei Wochen nach dem Tag des Apostels Jakobus am 25. Juli – gegen alle durchziehenden Ritter. Dabei war für alles gesorgt: Tribünen, Rennbahn zum Stechen, Zelte für die Unterbringung ...

Das Turnier befreite den Ritter tatsächlich von seinem Gelübde, zum Dank stiftete er die Halsfessel der Kathedrale in Santiago, wo sie heute den Hals der Büste des Jüngeren Jakobus ziert. Seit dem Jahre 2000 wird in Hospital de Órbigo der »Paso honroso«, wie sich das Turnier nannte, nachgestellt und als große Touristenattraktion gefeiert, bis hin zum letzten Ortsbewohner wird jede Tätigkeit im mittelalterlichen Kostüm abgewickelt.

Wege mit Aussicht

Von Hospital de Órbigo nach Astorga

Noch trennt uns der Páramo von Astorga und den Montes de León, aber der Blick vom Crucero de Santo Toribio schweift bereits über die Kathedralenstadt mit dem Bischofspalast von Antonio Gaudí hinweg zu den nahen Bergen.

DIE ETAPPE IN KÜRZE

+
Anspruch

5 Std.
Gehzeit

18 km
Länge

Charakter: Leichte Etappe auf Wegen und Staubstraßen, nur kurze Anstiege

Markierung: Blechschilder mit dem Muschelsymbol

Einkehr und Verpflegung: Villares de Órbigo, Santibáñez de Valdeiglesias (Bar de socios), San Justo de la Vega, Astorga

Pilgerherbergen: Santibáñez de Valdeiglesias: Pfarrherberge, von Freiwilligen geführt, 60 Plätze, Aufenthaltsraum, Küche, kleiner Laden, gemütlich, Tel. 987 377698; **Astorga:** Gemeindeherberge, Calle Matías Rodríguez 26, geführt von einer religiösen Bruderschaft, 36 Plätze, eng, keine Küche, Tel. 987 602870; Sommerherberge, Plaza de los Marqueses 13, 120+ Plätze, Tel. 987 616633; San Javier, private Herberge (gehört dem Besitzer des Hotel Gaudí), Calle Portería (gegenüber der Kathedrale), 120 Plätze, Küche, komfortabel, sogar Inter-

net-Café, Tel. 987 615654 (Hotel Gaudí)

Hotels: San Justo de la Vega: Hostal Julí, Calle Real 56, Tel. 987 617632; **Astorga:** Hostal La Peseta**, Plaza de San Bartolomé 3, Tel. 987 617275; Hostal Casa Sacerdotal*, Calle Hermanos la Salle 6, Tel. 987 615600; Hotel Astur – Plaza***, Plaza de España 3 u. 4, neues und komfortables Hotel beim Rathaus, Tel. 987 618900; Hotel Gaudí***, Plaza de Eduardo de Castro 6, sehr angenehmes Hotel der gehobenen Mittelklasse gegenüber dem Bischofspalast, gewährt Pilgerrabatt, sehr gutes Restaurant, Tel. 987 615654

Information: Astorga: Pza. de Eduardo de Castro s/n, gegenüber dem Bischofspalast, Tel. 987 579191

Variante: Viel begangen aber eintönig ist die Variante entlang der N 120, die beim Crucero de San Toribio in die beschriebene Wegführung mündet.

Hospital de Órbigo verlässt man Richtung Westen auf der Hauptstraße des Ortes, die den Namen Calle de Santiago führt. Am Ortsende weisen gelbe Pfeile und ein Schild auf eine nach rechts führende Erdstraße, die im großen Linksbogen durch die Felder zum Dorf **Villares de Órbigo** (45 Min.) führt. Der Ort liegt am Rand des Flusstales unter den Hängen des Páramo, den wir anschließend zu besteigen gedenken. Zunächst passiert man Villares an seinem südlichen Ortsrand, die Kirche bleibt also rechts. Man erreicht eine am Hangfuß verlaufende Asphaltstraße mit parallelem Kanal, geht hier nach links, überquert nach 150 m den Kanal nach rechts und wendet sich nach links auf einen Fußweg. Er führt sanft ansteigend durch den terrassierten Hang, auf dem Obst und Wein gedeihen, wo sich aber auch Wiesen und verbuschtes Gelände finden. Der Weg mündet in eine Asphaltstraße, auf dieser wendet man sich nach rechts zu einem Sattel, von dem man den ersten Blick auf das nächste Dorf, **Santibáñez de Valdeiglesias** hat, das man kurz darauf erreicht (1.30 Std.). Im Dorf wendet man sich noch vor der Kirche bei einem unter das Straßenniveau vertieften Brunnen nach rechts (geradeaus zur Herberge). Diese Dorfstraße führt nach dem Ortsende als Staubstraße weiter und erreicht eine halbe Stunde später nach leichtem Anstieg einen **Pass** (2 Std.). Hier beginnt natürliche

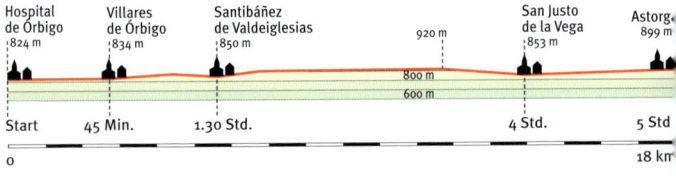

Vegetation, besonders die großblütigen Zistrosensträucher sind auffällig.

Vom Sattel geht es auf einem Fuhrweg weiter durch eine Mulde mit Feuchtgebiet und bei der nächsten Gabelung nach rechts auf einen Fußweg, der in einen Eichenwald führt. Bei einer Gabelung hält man sich links und erreicht bald die Hochfläche des **Páramo.** Der Blick schweift bis hinüber zu den Montes de León. Man bleibt am linken Rand der Felder in einem Steineichenwald oder wandert zwischen Feldern und Waldrand. Zwei Mulden werden durchquert. Nach einem einsamen Bauernhaus nähert man sich dem Westrand des Páramo und hat endlich den Blick hinunter auf Astorga. Bevor man bei einem Esskastanienwäldchen den eigentlichen Plateaurand erreicht, zweigt der Weg nach halblinks ab und führt an eine andere Stelle des Plateaurandes, wo ein Steinkreuz den alten Abstieg des Jakobsweges markiert, der **Crucero de San Toribio.**

Eine Staubstraße führt hinunter an den Hangfuß und trifft auf die alte, heute vom Durchgangsverkehr entlastete N 120, auf der man kurz darauf **San Justo de la Vega** (4 Std.) erreicht. Der Hauptstraße folgend (oder, in der Ortsmitte im spitzen Winkel rechts abzweigend, über die Calle de los Vientos) erreicht man die Brücke über den Río Tuerto. Nachdem man sie passiert hat, beginnt rechts ein parallel zur Straße laufender Weg, der nach einer halben Stunde einen Wasserlauf auf einer mittelalterlichen Brücke überquert. Unmittelbar danach muss man sich links wenden, da die Bahnlinie eine unüberwindbare Schranke darstellt, nimmt die N 120 nach rechts über die Bahn hinweg und steht praktisch unter den römischen Mauern von **Astorga.** Eine schmale Gasse führt hinauf zur Puerta Sol und in die Stadt.

Innerhalb Astorgas ist der Weg mit – allerdings etwas hoch angebrachten – Tafeln markiert, die Wegführung ist aber ganz einfach. Man erreicht in der Altstadt zuerst die Plaza San Francisco, geradeaus liegt die Pilgerherberge. Nach rechts führt die Calle Padres Redentoristas vorbei an der Kirche San Francisco und den offen zugänglichen Ausgrabungen einer römischen Villa. Am Ende der platzähnlichen Straße ist in der so genannten Ergástula das neue Römische Museum untergebracht. Geradeaus weitergehend erreicht man den Hauptplatz mit dem Rathaus, der Weiterweg führt über die schräg links gegenüber beginnende Calle Pío Gullón, die sich in der Calle Postas und der Calle Santiago fortsetzt. Nun nach rechts und man erreicht den Platz vor dem Bischofspalast, der von den Westtürmen und dem Schiff der **Kathedrale** (5 Std.) überragt wird.

Astorga, Kathedrale

Astorga

Das römische Astorga schimmert immer wieder durch die spätere Stadt durch: römische Stadtmauern, römisches Tor (beim Bischofspalast), römische Häuser, Tempel, Thermen, Kanalsysteme, die ausgegraben und teilweise zugänglich gemacht wurden, und das *Museo Romano »La Ergástula«* . Über einem Teil des Unterbaus des römischen Forums, als *Ergástula,* also Gefängnis bezeichnet (weil man früher nicht wusste, worum es sich handelte), wurde das kleine Römermuseum eingerichtet, das konzentriert und didaktisch gut aufbereitet über das römische Astorga informiert. Übrigens: versäumen Sie keinesfalls das Video in der Ergástula! Mittelalter und frühe Neuzeit haben ihr bedeutendstes Zeugnis in der *Kathedrale* hinterlassen, die gotische Architekturkonventionen mit Renaissance-Formen verbindet und einen riesigen Hochaltar besitzt, dessen Figurenfülle und Dramatik ihresgleichen suchen. Der *Bischofspalast* ist ein Werk des Katalanen Antonio Gaudí in einem dekorativen, mit arabischen und anderen Anleihen spielenden neugotischen Stil. Das Kathedralmuseum und das Museo de los Caminos im Bischofspalast sind beide sehenswert, das Museo del Chocolate (in der Calle José María Goy, rechts der Calle Pío Gullón) bietet sogar Kostproben an.

Rote Wege, rote Dörfer

Von Astorga nach Rabanal del Camino

Das Land der *Maragatos* ist für seine Trachten und seine Bräuche berühmt; für den Wanderer ist dieses Bergvorland ein sich allmählich steigernder Wandergenuss in Rot und Grün: dem Rot der Erde, dem Grün der Eichenwälder.

DIE ETAPPE IN KÜRZE

+
Anspruch

5.30 Std.
Gehzeit

19 km
Länge

Charakter: Leichte Etappe mit relativ geringer Steigung, meist gute Fußwege entlang der Straßen

Einkehr und Verpflegung: Murias de Rechivaldo, Santa Catalina de Somoza (Bar), El Ganso, Rabanal del Camino

Pilgerherbergen: Murias de Rechivaldo: Gemeindeherberge in der ehemaligen Schule, 18+ Plätze, keine Küche, Tel. 987 691150/615158; **Santa Catalina de Somoza:** Gemeindeherberge, 30+ Plätze, keine Küche, Tel. 987 691819 (Bar Peregrino, dort auch die Schlüssel); **El Ganso:** Gemeindeherberge, 15 Plätze, sehr einfach, keine Küche, kein WC, Wasser am Brunnen, Tel. 987 691088; **Rabanal del Camino:** Refugio Gaucelmo der englischen Confraternity of Saint James,

im oberen Ortsteil hinter der Kirche, 46+ Plätze, Küche, Innenhof, Frühstück, Tel. 987 691901/639492, nur April–Okt.; Refugio Pilar der Freunde des Jakobsweges, am Dorfplatz, in einem typischen Haus der Maragatería, mit Küche, 62+ Plätze, Tel. 987 691890, ganzjährig geöffnet; Gemeindeherberge, im unteren Ortsteil, 34+ Plätze, Küche, nur im Sommer, Tel. 687 617445

Hotels: Castrillo de los Polvazares: Hostal Cuca la Vaina**, Calle Jardín s/n, Tel. 987 691078; **Rabanal del Camino:** Hostería El Refugio*, Calle Real s/n, Tel. 987 691274; La Posada d'Gaspar, neues Hostal am oberen Ortsrand, mit Restaurant, Calle Real 27–29, Tel. 987 691079

Auf dem Platz vor der Westfassade der Kathedrale in **Astorga** nimmt man die Calle Leopoldo Panero und wendet sich bei ihrer Einmündung in die Calle Puerta Obispo nach rechts.

Als Calle San Pedro, später Camino de Santiago, geht diese Gasse geradeaus weiter. Man passiert die moderne Kirche San Pedro Restivía, an deren Front sich links unten ein

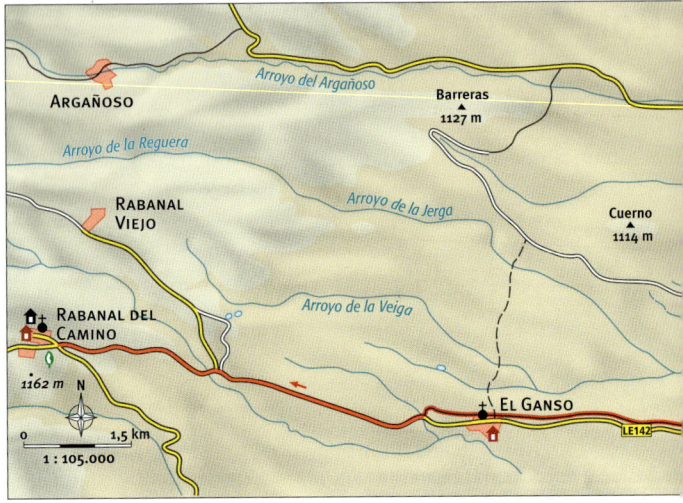

großes Mosaik des Jakobsweges befindet. Man quert die N VI und geht auf der Straße nach Rabanal, der LE 142, geradeaus weiter; die Besiedelung wird lückenhaft. Nachdem wir die **Einsiedelei Ecce Homo** (links) passiert haben, wird die neue A 6 überquert. Auf der anderen Straßenseite beginnt ein parallel zur Asphaltstraße verlaufender neuer Fußweg, dem wir nun bis El Ganso folgen. Knapp vor dem nächsten Dorf, **Murias de Rechivaldo** (1.15 Std.), quert der Fußweg die Straße.

Die Farbe des Erdbodens, der Steine und der unverputzten Hauswänden wird deutlich röter. Leider nicht mehr am markierten Weg liegt das Dorf **Castrillo de los Polvazares**,

wo dieser Rotton vielleicht am deutlichsten wird. Als bekanntestes Dorf der Gegend (hier wurde eine sehr beliebte spanische Fernsehserie gedreht) wird es viel besucht (Fußgängerzone, großer Parkplatz am Ortsrand) und steht stellvertretend für die **Maragatería**. Die Menschen dieser Region, die *Maragatos,* hatten sich in früheren Zeiten auf ambulanten Handel spezialisiert. Bis vor kurzem trugen sie ihre Tracht: schwarze Pluderhosen die Männer, schwarze oder rotbraune Kleider mit hellen und roten Borten und weiße Spitzenkopftücher die Frauen.

Murias die Rechivaldo wird südlich (links) umgangen (wer nach Castrillo de los Polvazares will, bleibt

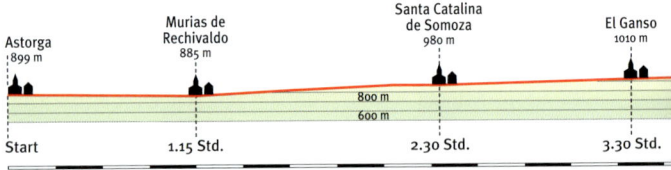

hingegen auf der Straße und quert das Dorf). Der hier eingeschlagene Weg führt schnurgerade und leicht ansteigend in Richtung der Berge, quert die LE 142 und führt dann rechts von dieser weiter nach **Santa Catalina de Somoza** (2.30 Std.). Der typische Jakobswegort – alles ist entlang der *Sirga* aufgefädelt – war Herkunftsort von Trommlern und Flötenspielern, die bei Festen und Feiern aufspielten, eine andere Art der Spezialisierung der *Maragatos*.

Nach dem Ort bleibt der Fußweg rechts der Straße, er besteht hier aus zwei getrennten Trassen. Man erreicht **El Ganso** (3.30 Std.); nach dem Ort beginnt auf der rechten Seite wieder die Doppeltrasse, die aber

etwa 1 km nach dem Ort endet, sodass man nun auf der allerdings wirklich kaum befahrenen Asphaltstraße weitergehen muss. Der schüttere Wald ist recht niedrig, um so eindrucksvoller ist ein großer alter Baum, der vor dem nächsten Ort steht, der *Roble del Peregrino*, die Pilgereiche.

Rabanal del Camino beginnt mit einer Einsiedelei, der Ermita del Santo Cristo (links), dann sind wir im eigentlichen Dorf (5.30 Std.), das heute voll auf Fremdenverkehr eingestellt ist, vor allem natürlich auf die Unterbringung und Verpflegung der Fußpilger. Vieles erinnert an die historische Bedeutung des Ortes, der im ersten Pilgerführer der Geschichte des Jakobsweges am Ende der neunten Etappe stand: In der Calle Real steht links das alte Pilgerhospital und rechts die Ermita de San José, die Pfarrkirche war Templerbesitz, daneben führte der Ritterorden eine Pilgerherberge.

Rabanal del Camino
1162 m

1000 m
800 m
600 m

5.30 Std.

20 km

Der Weg des Pilgerkreuzes

Von Rabanal del Camino nach Molinaseca

Der Weg über die einsamen Montes de León, mit dem Pilgerkreuz Cruz de Ferro als Zeichen und Denkmal der Pilgerschaft, ist eine der eindrucksvollsten Etappen des Camino de Santiago.

DIE ETAPPE IN KÜRZE

++
Anspruch

8 Std.
Gehzeit

26 km
Länge

Charakter: Auf stellenweise schlechten Pfaden und Wegen mit steilen Stellen, mittelschwer; längere Strecke auf sehr schwach befahrener Asphaltstraße

Einkehr und Verpflegung: Foncebadon, Manjarín (bescheiden, Wasser am Brunnen, evtl. Imbiss), Acebo, Riego de Ambrós, Molinaseca

Pilgerherbergen: Foncebadón: Die u. a. von deutschen Pilgervereinen eingerichtete Herberge an der restaurierten Kirche, 28 Plätze, ist vorläufig nur im Sommer geöffnet; **Manjarín:** Private Herberge in aufgelassenem Passdorf, improvisiert, persönlich und nicht sehr ordentlich, derzeit ca. 20 Plätze, Kaffee für jeden vorbeikommenden Pilger, einfache Mahlzeiten, Wasser vom Brunnen; **El Acebo:** Ortsherberge, 10 Plätze, keine Küche, einfach, Schlüssel im Mesón El Acebo; Mesón El Acebo, private Herberge, 18 Plätze, keine Küche, mit Restaurant, Tel. 987 695074; Taberna de José, private Herberge, 16 Plätze, keine Küche, mit Restaurant, Campingmöglichkeit, Tel. 987 695488; **Riego de Ambros:** Gemeindeherberge, 20 Plätze, Küche, Tel. 987 695190; **Molinaseca:** Gemeindeherberge, Calle Manual Fraga Iribarne (1 km Richtung Ponferrada, in der ehem. Ermita San Roque), 30–50 Plätze, Küche, Waschmaschine, Trockner, freundlich, Tel. 987 453180 (Hospedería)

Hotels: Foncebadón: Einfache Nächtigungsmöglichkeiten in den tlw. restaurierten Häusern, z.B. in der Casa rural Foncebadón, Tel. 987 616271; **El Acebo:** Mesón El Acebo, Calle Real 16, 2 Zimmer/5 Betten (s.o.); **Riego de Ambrós:** Mesón Ruta de Santiago, Privatpension, Tel. 987 418151; Pension Riego de Ambros, neu, Tel. 987 695188; **Molinaseca:** La Posada de Muriel, Plaza del Santo Cristo s/n, kleines Hotel (14 Betten) mit Restaurant, sauber, freundlich, nicht ganz billig, Tel. 987 453201; Hostal El Palacio, Calle Palacio, Tel. 987 453073.

Landschaft zwischen Cruz de Ferro und El Acebo

Von der Herberge Gaucelmo bzw. der Kirche in **Rabanal del Camino** geht man aus dem Dorf hinaus in Richtung Berge. Der breite Weg erreicht nach einer Viertelstunde die Passstraße, auf der anderen Straßenseite führt ein schmälerer alter Weg weiter bergan. Er erreicht die Straße wieder bei Km 25 (in Kurve rechts Brunnen), nun auf dieser weiter. Nach einer Waldpassage erreicht man einen Wiesengürtel – hier zweigt in der Rechtskurve der Straße der alte Karrenweg ab, der nach **Foncebadón** (1.30 Std.) hinein führt. Dieser wichtige Standort am Jakobsweg besaß Herberge, Kloster und Kirche, sogar ein spanisches Konzil wurde hier – vor mehr als tausend Jahren – abgehalten. Der Ort war lange praktisch verlassen und wegen seiner wilden Hunde bei Wanderern wenig beliebt. Heute wird er – u. a. mit EU-Geldern – restauriert und bereits jetzt haben in einigen der halbfertigen Häuser Bars, Restaurants und improvisierte Hostals aufgemacht. Neben der komplett restaurierten Kirche entstand eine Pilgerherberge, die nun im Sommer (Mitte Mai bis Mitte Oktober) die alte Beherbergungstradition des Ortes wieder aufgenommen hat.

Der alte Jakobsweg führt durch die Sirga und verlässt das Dorf an der Kirche vorbei. Ein kurzer Anstieg bringt uns zur Passstraße, der wir nach links folgen, bis rechts das **Cruz de Ferro** (2.15 Std.) auftaucht. Auf einem riesigen Steinhaufen steht ein 5 m hoher Baumstamm, der von einem eisernen Kreuz gekrönt wird (s. Titelbild; es heißt *cruz de ferro,* obwohl ein Eisenkreuz in korrektem Castellano als *cruz de hierro* bezeichnet wird). Seit langem werfen Pilger hier einen mitgebrachten Stein ab, stellvertretend für die Lasten, die sie zu tragen haben und derer sie sich mit der Pilgerfahrt zum Apostel Jakobus entledigen können. Nachdem der Baumstamm zweimal gebrochen (oder zerbrochen worden?) war, besitzt er heute einen Metallkern.

Am Cruz de Ferro hat man die Höhe der Berge erreicht. Die Asphalt-

straße, der man ab sofort mit Ausnahme kurzer markierter Abschneider folgt, überwindet keine großen Höhenunterschiede mehr. Zunächst geht es etwas bergab zum verlassenen Bergdorf **Manjarín** (3 Std.), wo die *Asociación Circulo Templario* aus Ponferrada eine pittoreske Herberge betreibt, die alte Templertraditionen aufleben lassen will.

Die Straße steigt nochmals an: Diese schwache Steigung wird von vielen Pilgern als anstrengend empfunden, weil sie nach dem Erreichen der Höhe am Cruz de Ferro nicht mehr auf einen weiteren Anstieg gefasst waren, dabei beträgt der Höhenunterschied gerade mal 50 m.

Vom höchsten Punkt geht es flott, aber keineswegs steil bergab, eine Linkskurve wird nach rechts auf markiertem Pfad abgeschnitten und in einer Rechtskurve, wo sich schon das Panorama der Landschaft des Bierzo zeigt, geht es nach links (Schild: Piedonal) auf einen Pfad und direkt hinunter nach **El Acebo** (5.15 Std., Brunnen bei der Straßenüberquerung am Ortsanfang rechts).

Die vorkragenden Holzbalkone der Häuser dieses Straßendorfes engen die Durchgangsstraße ein, aber sogar Reisebusse passieren heutzutage, der Jakobsweg ist populär. Es gibt zwei Gasthäuser, der Ort ist mittlerweile auf die Pilger eingerichtet, lebt von ihnen.

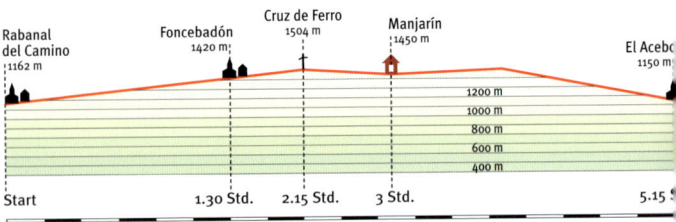

Mit der Straße verlässt man den Ort (Denkmal für einen tödlich verunglückten deutschen Radfahrer beim Friedhof) und folgt ihr eine gute halbe Stunde. In Sichtweite des nächsten Dorfes biegt man in einer Rechtskurve nach links auf einen Pfad ab, der durch streckenweise übermannshohen Ginster nach **Riego de Ambrós** (6.30 Std.) führt. Man erreicht die Hauptstraße des Dorfes, an der sich eine Bar/Privatpension befindet (Schilder). Bei den letzten Häusern des Ortes wendet man sich nach rechts auf eine alte Maultierstraße, die in ein Bachtal hinunter führt; die letzten Reste der meist ausgeschwemmten Pflasterung sind für das Fortkommen eher hinderlich.

Der Bach wird gequert, jenseits geht es über flache Weiden und durch einen kleinen Kastanienhain mit einigen uralten Baumriesen, bis man nach 20 Min. wieder zur Asphaltstraße kommt. Man folgt ihr 100 m nach links und biegt dann in einer Linkskurve auf einen nach rechts abgehenden Fuhrweg. Nach 150 m links wird der Weg zum Fußweg; Ponferrada kommt ins Bild. Hier, etwa eine Viertelstunde nach der Asphaltstraßenkurve, macht unser Weg eine abrupte Rechtskurve und zieht steil in ein Bachtal hinunter. Nach der Bachquerung geht es links, talauswärts, weiter. Dieses Wegstück ist in das anstehende Gestein gehauen, man geht eben, dann sogar ein kurzes Stück etwas ansteigend und hat immer das Bachtal und dann auch die Asphaltstraße tief unter sich. Der Ort **Molinaseca** zeigt sich, Signal für den Abstieg zur Passstraße, der wir nach rechts bis zur Brücke über den Río Meruelo folgen und über diese in den Ort (8 Std.) kommen. Zur Pilgerherberge quert man den Ort, erreicht wieder die Straße nach Ponferrada, und folgt ihr einen weiteren Kilometer.

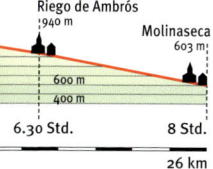

Riego de Ambrós
940 m

Molinaseca
603 m

600 m
400 m

6.30 Std.   8 Std.

26 km

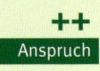

Templerburg und Pilgerstadt

Von Molinaseca nach Villafranca del Bierzo

An einem langen Wandertag besucht man die Templerstadt Ponferrada, durchzieht die hügelige Weinberglandschaft des Bierzo und erreicht das »kleine Santiago«, die ganz auf Pilger eingestellte Stadt Villafranca del Bierzo.

DIE ETAPPE IN KÜRZE

++
Anspruch

8.30 Std.
Gehzeit

32 km
Länge

Charakter: Wegen der Länge und anstrengender Stadtpassagen in Ponferrada mittelschwer, Fuhrwege, Staubstraßen, streckenweise Asphalt

Einkehr und Verpflegung: Ponferrada, Fuentes Nuevos (Bar), Camponaraya, Cacabelos, Pieros (nur Brunnen), Pieros Restaurant-Sidreria Las Ventas (an der N 6), Villafranca del Bierzo

Pilgerherbergen: Ponferrada: Neue Pilgerherberge der Pfarre in der Iglesia del Carmen, Calle de la Loma s/n, 185 Plätze, mit Küche, Tel. 987 413381/427258; **Cacabelos:** Gemeindeherberge im alten Pilgerspital am Río Cua, nur im Sommer74 Betten, neu und komfortabel, keine Küche, kein Telefon; **Villafranca del Bierzo:** Gemeindeherberge, Neubau, 60–80 Plätze, Küche, großer Aufenthaltsraum, Waschmaschine, Tel. 987 542680; O Ave Fénix, bei der Kirche Santiago, private Herberge der Familie Jato mit Tradition, keine Küche, Mahlzeiten, 90+ Plätze, Tel. 987 540229; im Sommer Zeltlager im Ort

Hotels: Ponferrada: Hostal San Miguel*, Calle Luciana Fernández 2, Tel. 987 411047; Hotel del Temple****, Avenida de Portugal 2, Tel. 987 410058; **Cacabelos:** Hostal Santa María**, Calle Santa María 20, Hotelstandard, günstig, Zimmer nach hinten nehmen, Tel. 987 549588; Hostal-Restaurante El Molino, Calle Santa María 10, einfach, Tel. 987 546829; **Villafranca del Bierzo:** Hostal Comercio*, Calle Puente Nuevo 2, Tel. 987 540008; Hostal El Cruce*, Calle San Salvador 37, Tel. 987 542469; Hotel Parador National de Villafranca del Bierzo***, Avenida Calvo Sotelo s/n, Tel. 987 540175

Information: Ponferrada: Calle Gil y Carrasco 4, Tel. 987 424236; **Villafranca del Bierzo:** Calle Díaz Ovelar 10, Tel. 987 540089, nur im Sommerhalbjahr

Nachdem man **Molinaseca** in Richtung Ponferrada durchquert hat, erreicht man die schmale LE 142, auf der man die **Einsiedelei San Roque** bzw. die Pilgerherberge passiert. Danach erleichtert ein parallel zur Straße verlaufender Fußweg das Gehen. Nachdem man eine Anhöhe erreicht hat, wendet man sich nach links auf einen Weg, 300 m weiter wählt man bei einer Gabelung den linken Ast und erreicht nach einer weiteren Anhöhe den Ort **Campo** (1 Std.). In Campo wendet man sich gleich am Ortsanfang nach rechts, geht auf der Calle Camino Real abwärts und folgt der Straße, in die sie mündet, nach links. Eine Brücke führt über den Arroyo de Franca. 10 Min. später mündet die Straße in die LE 161, mit der man nach rechts auf dem engen Puente de Mascarón den Río Boeza überquert und das Stadtgebiet von **Ponferrada** erreicht. (Zur Herberge: Nach der Brücke bleibt man auf der Hauptstraße, die eine Bahnlinie überquert, danach nimmt man die erste rechts abbiegende Straße, die Avenida del Castillo, und gleich wieder die erste Straße rechts, die Calle de Loma, an deren Ende die Iglesia del Carmen mit der Herberge liegt – hierher von Molinaseca kürzer auf der Straße!).

In Ponferrada wendet man sich nach links in den Camino Bajo de San Andrés, der unter einer Bahnlinie durchführt und zur Stadt hin ansteigt. Man geht bei der Kreuzung nach dem Bahnübergang nach links in die Calle Buena Vista und gleich wieder rechts in die Calle del Hospital, die zur Stadt hinaufführt. Am Platz vor der Kirche San Andrés geht man halbrechts zur Plaza del Temple. Die Templerburg liegt links von uns, das massive, ausgedehnte Bauwerk aus dem Hochmittelalter kann besichtigt werden, was sich allerdings wesentlich weniger lohnt als die Betrachtung von außen. Durch die Calle del Comendador geht es zu einem Platz inmitten der Altstadt, rechts steht die Wallfahrtskirche de la Encina. Halbrechts geht es weiter in die schnurgerade Gasse des Uhrturms, Calle del Reloj, in der sich das Stadtmuseum und die Information befinden.

Die Calle del Reloj führt zum Rathausplatz (2 Std.), wo man sich nach links in die Calle Santa Beatriz de la Silva wendet und über Treppen zur Brücke über den Río Sil hinunter geht. Ab hier gibt es zwei **Varianten** für die Strecke bis Camponaraya: Die einfachere und häufiger begangene führt immer entlang der Straße: Man geht von der Brücke zunächst geradeaus bis zu einem großen Stern (Plaza de Lazurtegui) und nimmt von dort die Avenida Camino de Santiago, die unter wechselnden Bezeichnungen schnurgerade nach Camponaraya führt, wobei sie auf halbem Weg die neue Trasse der N VI quert.

Die hier dargestellte Variante meidet die stark befahrene Ausfallstraße, ist aber recht kompliziert angelegt: Unmittelbar nach der Brücke wendet man sich nach rechts und spaziert eine Viertelstunde lang am Fluss entlang durch eine Grünanlage (Parque de la Concórdia). Vor einem Fußballfeld geht man dann nach links hinauf zu einer breiten Straße, der Avenida Huertas de Sacramento, der man nach rechts stadtauswärts folgt. Eine Viertelstunde später mündet sie in eine weitere Avenida, der man nach rechts folgt. Die schwarz-grauen Schlackenhalden des großen Thermischen Kraftwerkes von Ponferrada bleiben links. Wenige Minuten

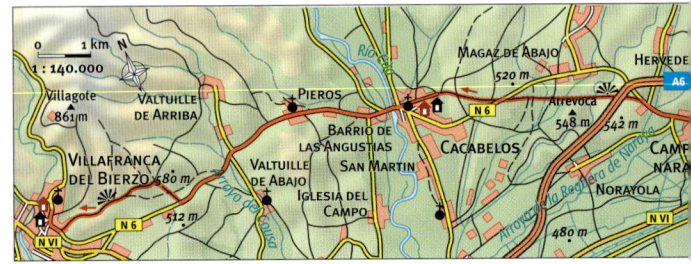

später biegt man in die nächste links einmündende Straße ein und folgt ihr bis zu einer rechts beginnenden Platanenallee. Diese führt in das ausgedehnte Areal einer geplanten Siedlung nach dem Modell deutscher Gartenstädte (Gesellschaft ENDESA), das man mehr oder weniger geradeaus durchquert. Auf der anderen Seite bleibt das Fußballstadion links. Der Weiterweg unterquert die N VI, bei der anschließenden Gabelung nimmt man die nach links am Friedhof vorbei führende Staubstraße. Dort, wo sie eine breitere Asphaltstraße erreicht, wendet man sich nach links in den Ort **Columbrianos** (3.30 Std.), überquert die N 631 und geht geradeaus weiter, bis man auf die in der gleichen Richtung verlaufende Hauptstraße kommt. Dieser folgt man nach rechts bis zu einer Kapelle, wo eine zunächst asphaltierte, später unbefestigte Straße und schließlich ein Fuhrweg nach **Fuentes Nuevas** (4.15 Std.) führt. Man passiert die Siedlung in gerader Linie und geht jenseits auf einem Fuhrweg weiter bis zum Ort **Camponaraya** (5 Std.).

In Camponaraya bleiben Kirche und Pilgerherberge rechts, man folgt der Straße bis zum nördlichen Ortsende und zur Abzweigung einer Staubstraße nach links, an der sich linker Hand eine große Genossenschafts-Weinkellerei befindet *(Cooperativa Viñas del Bierzo)*. Die Staubstraße quert auf einer Brücke die Autobahn A 6 und führt jenseits in die sanftwellige Weinberglandschaft des Bierzo hinein, die uns bis Villafranca begleiten wird. Ein Sattel wird erreicht, von dem sich schöne Blicke auf die Hügel vor uns und die Berge der Kantabrischen Kordillere im Hintergrund öffnen. Der Fußweg führt zwischen Weinbergen hindurch ins Tal und auf der anderen Seite wieder den Hang hinauf, quert eine Asphaltstraße, geht als breite Staubstraße weiter und erreicht den Ort **Cacabelos** (6.15 Std.). Das im traditionellen Stil errichtete Restaurant

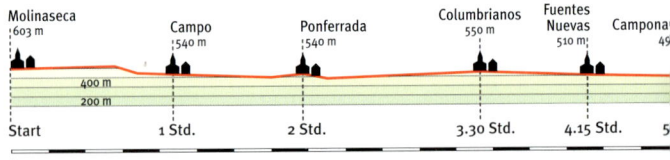

148

La Moncloa de San Lázaro *Prada a tope* lädt gleich am Ortsbeginn zum Besuch ein (es wirkt, der Vergleich ist hoffentlich erlaubt, wie ein auf Wochenendgäste abgestellter Bierzo-Heuriger).

Cacabelos wird geradeaus auf seiner Hauptstraße durchquert, die Kirche bleibt rechts. Am westlichen Ortsrand wird zuerst der Río Cua gequert, danach passiert man eine spätbarock-frühklassizistische Kirche (Iglesia Las Angustias) samt früherem Pilgerhospital, heute wieder als Pilgerherberge eingerichtet, dann muss man auf der N 6 weitergehen, die aber dank der Alternative der (gebührenfreien!) A 6 heute nicht mehr stark befahren ist.

Ein ziemlich anstrengender Anstieg entlang der Straße N 6 (die Kirschbäume am begleitenden Hang bleiben leider außer Reichweite) führt ins Dorf **Pieros,** wo neben der Bushaltestelle ein Brunnen mit kühlem Wasser wartet. Noch ein Stück Anstieg auf der Straße, dann

hat man von der Kuppe einen wunderschönen Blick auf das Land und die Berge vor sich.

Die N 6 senkt sich in ein Bachtal. Nach der Brücke liegt rechts ein Restaurant mit *Sidreria* (Las Ventas). Dahinter überquert man mit der Straße einen Rücken und erreicht das nächste Tal. Dort biegt man nach rechts auf einen Weg ab, der gleich wieder links abbiegt und als Fahrweg in leichtem Auf und Ab zu einer Schulter leitet (ein open-air-Bildhauerstudio bleibt rechts). Wir befinden uns nun bereits oberhalb von **Villafranca del Bierzo** und haben bald die ersten Häuser erreicht. Man folgt dem Sträßchen bergab und hat dann rechts den Blick auf den oberen Ortsteil von Villafranca del Bierzo (8.30 Std.), unten rechts liegt die Gemeindeherberge, links passiert man die Kirche Santiago und knapp danach die private Herberge der Familie Jato, die Stadt ist durch die wuchtige Burg des Marqués de Villafranca verdeckt.

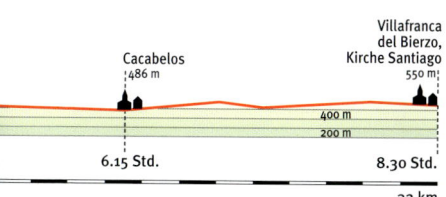

Die Sehenswürdigkeiten

Ponferrada: Die Stadt am Übergang über den Río Sil und den Río Boeza lebt von den Bergwerken der Umgebung und der verarbeitenden Industrie: Das tat die Gegend mindestens seit der Römerzeit, als sich im südlich gelegenen Gebiet Las Medulas die größten Goldminen des *Imperium Romanum* befanden. Die Altstadt hat sich trotz der Verstädterung und Industrialisierung der gesamten Zone ihr traditionelles Gesicht bewahrt, das stark von ihrer Lage am Jakobsweg geprägt ist.

Auf dem Jakobsweg passiert man zuerst die mittelalterliche *Boeza-Brücke,* dann das Hospital der Königin, eine mittelalterliche Stiftung. Die *Templerburg* über dem Río Sil blieb von der Anwesenheit der Templer (1178–1312) übrig. Sie ist eine der besterhaltenen Burgen des Landes, die allerdings nach der Vertreibung der Templer so oft die Hände wechselte, dass von der mittelalterlichen Ausstattung nichts mehr übrig geblieben ist. Die *Kirche de la Encina,* ein Renaissancebau, ist eine bedeutende Wallfahrtskirche, früher befand sich hier die Pilgerherberge. Die Sil-Brücke ist die Namen gebende *pons ferrata:* Als Bischof Osmundo von Astorga im 11. Jh. für den Bau von Brücken im Bereich des Jakobsweges sorgte, wurde die älteste Brückenkonstruktion mit Eisen verstärkt.

Villafranca del Bierzo: Wegen ihrer zahlreichen Kirchen und Pilgerherbergen wurde die Stadt das »kleine Santiago« genannt. Als Gründung des 12. Jh. auf dem und für den Jakobsweg wurde sie, wie Estella in Navarra, von Franzosen besiedelt (also: Stadt der Franken/Franzosen). Die *Kirche Santiago,* die man als erste von Osten her erreicht, ist romanisch. Ihr zum Pilgerweg gewandtes Nordportal, die Puerta del Perdón (Tor der Vergebung bzw. der Absolution), hat besondere Bedeutung: Wer auf dem Pilgerweg erkrankte und daher auf den Weiterweg verzichten musste, bekam bereits hier die Absolution. Der nahe Pilgerfriedhof zeigt, wie oft das nötig war. An der *Burg des Marqués de Villafranca* mit ihren kräftigen Rundtürmen vorbei steigt man in die Stadt hinunter. Die *Colegiata de Santa María* ist ein Bau der Spätrenaissance und des Frühbarock. In der *Kirche San Francisco* gibt es eine prächtige eingelegte Holzdecke (Mudéjar-Artesonado) zu bewundern.

Relief an der Kirche Santiago in Villafranca del Bierzo

Camino duro – der harte Weg

Von Villafranca del Bierzo nach O Cebreiro

Noch einen harten Weg haben die Götter vor Galicien gesetzt – und die Verkehrsplaner, die auf den alten Jakobsweg Tonnen von Asphalt geschüttet haben. Da nimmt man gerne den etwas längeren Weg – und ist dafür vor dem brausenden Verkehr sicher.

DIE ETAPPE IN KÜRZE

+++
Anspruch

8.30 Std.
Gehzeit

29 km
Länge

Charakter: Sehr anstrengend, mit zwei Anstiegen; Staubstraßen, breite Wege, im Mittelteil auf der Schnellstraße, ein Stück gepflasterte alte Maultierstraße; kann auf halber Strecke unterbrochen werden. Die Herberge O Ave Fénix in Villafranca bietet auch im Winter einen sehr preiswerten Rucksack-Transportservice auf den Cebreiro, so dass man diese schwere Etappe lastenfrei gehen kann!

Einkehr und Verpflegung: Trabadelo, Vega de Valcarce (z. B. Mesón Las Rocas mit Pilgermenü), Ruitelán, Las Herrerías, La Faba, O Cebreiro

Pilgerherbergen: Pereje: Pfarrherberge, 30 Betten, Küche, Tel. 987 542670; **Trabadelo:** Gemeindeherberge, 25 Plätze; **Vega de Valcarce:** Gemeindeherberge, 64+ Plätze, Küche, Tel. 987 543192, Schlüssel in der Bar España; Sarracín, private Herberge, 35+ Plätze, keine Küche, Waschmaschine, Trockner, Tel. 987 543045; **Ruitelán:** »Pequeño potala«,

private, sehr persönliche Herberge, 12 Betten, billige Mahlzeiten, der Herbergsvater kocht, Tel. 987 561322; **La Faba:** Herberge der Stuttgarter Jakobusgesellschaft, 28 Plätze; Tel. 987 689563; **O Cebreiro:** Junta-Herberge am westlichen Ortsrand, 80 Plätze, lauter Neubau, zu wenige, schlecht gelüftete sanitäre Anlagen, Küche, Waschmaschine, Tel. 982 367125

Hotels: Trabadelo: Hostal Nova Ruta**, an der Schnellstraße, Tel. 987 566431; **Portela:** Motel Valcarce*, Tel. 987 543180; **Vega de Valcarce:** Pension Fernández, Plaza del Cancello, Tel. 987 543027 (nur im Sommer); **O Cebreiro:** Mesón Antón, mit Bar, Tel. 982 151336; Venta Celta, mit Restaurant, Tel. 982 367137; Hospedería San Giraldo de Aurillac, historische Herberge, Restaurant, nicht teuer, Tel. 982 367125

Feste: O Cebreiro: Wallfahrten zur Gottesmutter und zum »Gral« (Blutwunder) am 8./9. September

Die meisten Pilger nehmen ab Villafranca del Bierzo den nahe liegenden Weg: Sie gehen auf der N 6/N VI, also auf der Trasse des alten Jakobsweges, in das Valcarcetal hinein und nehmen dann ab Vega de Valcarce die alte N 6, die durch die neue N VI und die noch neuere Autobahn A 6 ersetzt wird und nun verkehrsarm ist. Das Stück von Villafranca bis Trabadelo ist zwar Dank einer Betonsperre, die den Fußgängerweg von der Fahrbahn der N VI/N 6 trennt, ungefährlich zu gehen – sieht man von den Straßenquerungen ab –, aber der Marsch auf Asphalt und die oberhalb verlaufende Autobahn sind kein Vergnügen.

Es gibt jedoch eine **Alternative,** die über den Berg westlich von Villafranca del Bierzo führt und erst bei Trabadelo ins Valcarcetal gelangt, das man so nur kurz passieren muss. Diese Variante heißt *Camino duro,* weil der Aufstieg steil und schweißtreibend ist, also hart, *duro.*

Aber er ist wunderschön nur leider wurden die Markierungen seit langem nicht aufgefrischt.

In **Villafranca del Bierzo** steigt man von der Kirche Santiago, in deren Nähe sich die beiden Herbergen befinden, in die Stadt hinunter, wo man sich rechts hält, um durch die Calle del Agua zur Brücke über den Río Burbia zu gehen. Jenseits der alten Steinbrücke mit ihrer modernen Jakobusskulptur hat man die Wahl, links geht man weiter durch das Valcarcetal, aber auf der Straße, rechts geht es auf den Camino duro.

Mit der Markierung »camino duro« geht es zwischen Häusern auf gerippten Betonplatten sehr steil hinauf. Einen Hinweis auf den »duro« liest man auf der linken Steinmauer: *»Solo per peregrinos – buen caminantes«* (Nur für Pilger, die gut gehen können). Eine Stunde lang geht es steil bis sehr steil, aber auf gutem Schotterweg, am Hang entlang, erst durch Kastanienwälder,

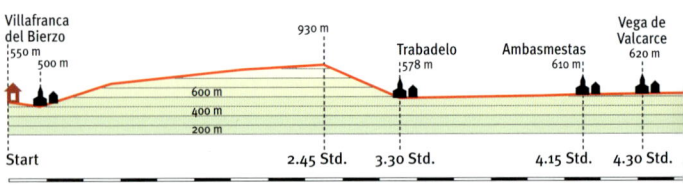

nach einer halben Stunde im freien Gelände, durch grandiose Landschaft. Blick nach links auf die alte Schnellstraße sowie auf die jenseits oberhalb des Tales verlaufende Autobahn und zurück über den Talkessel nach Villafranca. Nach 1 Stunde Gehzeit verflacht der Weg und folgt einem Höhenrücken, freier Blick nach rechts und links – großartig! Vegetation aus Ginster, Heidekraut, Orchideen, leider sind große Flächen durch einen Brand zerstört worden. Nach einer weiteren Stunde kommt man unterhalb einer weithin sichtbaren Sendeanlage vorbei und betritt einen schönen Edelkastanienwald, bestens markiert. Rechts oberhalb, etwa 500 m entfernt, liegt der Weiler **Pradela.** Unser Weg geht nach links (2.45 Std.), verläuft in steilen Schotterserpentinen, immer wieder das Asphaltsträßchen kreuzend, talwärts auf die alte Landstraße durch das Valcarce zu, auf die man ca. 500 m westlich von

Trabadelo bei einem Industriegebäude trifft (3.30 Std.).

In Trabadelo geht man zunächst noch auf der alten Landstraße weiter, muss aber beim westlichen Ortsausgang auf die N IV. Bis bei **Ambasmestas** (4.15 Std.) die LU 634 nach links abzweigt, geht man wieder durch Betonsperre geschützt auf der linken Seite der Hauptstraße. Dann wird es sehr viel besser, denn die Straße, der wir jetzt folgen, ist keine Durchgangsstraße mehr. Man erreicht **Vega de Valcarce** (4.30 Std.), passiert **Ruitelán** (5.30 Std.) und erreicht eine Viertelstunde später die nach links über den Río Valcarce führende Nebenstraße nach Herrerías-Hospital Inglés.

Am Ortsende von **Hospital Inglés** (6 Std.) folgt man dem nach La Faba führenden Sträßchen. 500 m und zwei Brücken weiter nimmt man einen nach links abzweigenden Fußweg. Dieser führt uns durch Wiesen in ein Bachtal und jenseits recht steil hinauf auf einen aussichtsreichen Rücken. Dieses Wegstück durch Laubwald ist ein gut erhaltenes Stück des grob gepflasterten alten Pilgerweges. Fahrradfahrer werden hier durch ein Schild auf die Straße geschickt, sehr zur Recht, das Schild ist wohl das einzige des Spanischen Jakobsweges, das speziell auf Radfahrer zugeschnitten ist.

Tour 33

Palloza in O Cebreiro

Von **La Faba** (6.45 Std.) folgen wir einem Weg, der den Rücken weiter aufwärts in Richtung des Dorfes La Laguna führt, die wesentlich längere, nach rechts abzweigende Asphaltstraße wird genauso wenig beachtet wie die Straße nach San Pedro (nach links). In **La Laguna** (7.45 Std.) geht man wieder geradeaus durch den Ort (Calle Santiago), verlässt aber die aus dem Ort bergan führende Asphaltstraße nach 5 Min., um auf einem Fußweg weiterzugehen. Er verlässt bald den Rücken und leitet nach links in den Hang hinein, wo er ziemlich flach weitergeht (die Asphaltstraße verläuft wenig oberhalb und führt ebenfalls nach O Cebreiro). Die Grenze nach Galicien wird überschritten, ein moderner Grenzstein mit Wappen weist uns darauf hin.

Hier in Galicien beginnen die Entfernungsangaben für Santiago, jeder Kilometerstein markiert einen Kilometer weniger bis zum Pilgerziel, an der Regionsgrenze sind es 152,5 km. Wie alle Entfernungsangaben auf diesem Weg sind auch diese nicht korrekt, durch Trassenänderungen werden sie fast jedes Jahr geändert. Eine Viertelstunde später wird der Ort **O Cebreiro** erreicht (8.30 Std.), die Wallfahrtskirche liegt rechts, die Herberge am anderen Ortsende.

O Cebreiro und die galicischen Pallozas

Der erste Ort der Autonomen Provinz, in der nicht *Castellano* (Spanisch) gesprochen wird, sondern das völlig eigenständige (und mit dem Portugiesischen verwandte) Galicisch, ist ein bedeutender Wallfahrtsort, ein echtes Bergdorf, und besitzt noch eine Anzahl der traditionellen *pallozas*. An diesen vor allem macht sich das Bewusstsein fest, an der Regionsgrenze ein anderes Land betreten zu haben. *Pallozas* sind runde oder elliptische (in einigen Fällen auch viereckige) Steinbauten aus Naturstein, über die sich ein hölzerner Dachstuhl mit weit heruntergezogenem Strohdach wölbt. Die Öffnungen im Steinbau beschränkten sich früher auf eine einzige Schlupfpforte, heute hat man auch Türen und Fenster eingebaut. Dieser auf uralten Vorbildern beruhende Bautyp (an der Atlantikküste liegt die Ausgrabung einer 3000 Jahre alten Siedlung mit solchen Bauten) ist heute praktisch auf die Sierras an der Grenze zwischen Galicien und León-Castilla beschränkt. Neben O Cebreiro haben sich vor allem in der nördlich verlaufenden Ancares-Bergkette Dörfer mit Pallozas erhalten. Eine Palloza in O Cebreiro wurde als Museum restauriert und zeigt, wie einfach man früher in diesen Rundhäusern lebte.

O Cebreiro war Santiago-Herbergsort, seit es den Camino gibt. Der Gebirgsort mit meist sehr unwirtlicher Witterung (Nebel, Schnee bis in den Mai hinein) schrie nach einer Stätte, wo erschöpfte Pilger sich erholen, schlafen, versorgt werden konnten. Die Gründung des Hospizes neben der Kirche verliert sich in der mittelalterlichen Frühphase des Camino. Als König Alfonso VI. Mönche aus Aurillac holte, die nach der Regel von Cluny lebten, war das Hospiz bereits alt.

Im 14. Jh. begab sich in der Kirche des Ortes ein Blutwunder, wie das damals an vielen Orten der katholischen Kirche geschah (der Papst hatte erst kurz zuvor die reale Präsenz Christi in der Hostie während der Wandlung verkündet). Ein Priester, heißt es, also einer der geistlichen Mönche aus Aurillac, las die Messe. Ein einziger Bauer war anwesend, er hatte sich den steilen Weg heraufgequält. Der Mönch dachte bei sich, dass der ein Esel sein müsse, der so einen Weg für das bisschen Brot und Wein zurücklegte. In diesem Augenblick verwandelte sich die Hostie in Fleisch, der Wein in Blut. Kelch und Patene werden in der Kirche ständig für die Gläubigen ausgestellt, sie sind gute romanische Silberschmiedearbeiten. Den »galicischen Gral«, wie der Kelch genannt wird, ziert das Wappen von Lugo und das der Region Galicien.

Mit dem Pilgertourismus auf dem Jakobsweg hat sich O Cebreiro zum Tourismuszentrum entwickelt. An Sonntagen, wenn Massen spanischer Tagesausflügler den Ort überschwemmen, muss man sich den Platz am Mittagstisch regelrecht erkämpfen.

Alles, was der Pilger braucht – Herzlich willkommen

Grünes Bergland Galiciens

Von O Cebreiro nach Triacastela

Wenn die Sonne durchbricht – und das kommt ja bisweilen vor –, hat man von der Sierra einen weiten Ausblick über die grünen Berge, Hügel und Täler Galiciens. Doch meist hüllen Nebel und Wolken die aus Schiefer gebauten Dörfer in geheimnisvolles Grau.

DIE ETAPPE IN KÜRZE

++
Anspruch

7 Std.
Gehzeit

21 km
Länge

Charakter: Mittelschwer; größere Strecken auf neu gebahnten Fußwegen ohne bedeutende Höhenunterschiede, langer Abstieg auf Fuhrwegen und alten Dorf-Verbindungsstraßen, einige Asphaltabschnitte; besonders die erste Weghälfte kann auf den älteren Erdsträßchen und Dorfverbindungswegen nach starken Regen sehr tiefgründig sein.

Einkehr und Verpflegung: Liñares, Padornelo (nur Brunnen), Alto de Poio (Bar, Restaurant), Fonfría (Bar an der Hauptstraße), Biduedo (Bar/Restaurant), Triacastela

Pilgerherbergen: Hospital de Condesa: Junta-Herberge, 18 Plätze, Küche, keine Einkaufs- oder Verpflegungsmöglichkeiten; Tel. 982 367183/982 161336 (Hospedería); **Triacastela:** Aitzena, private Herberge, Plaza Vista Alegre, 38+ Plätze, Mai–September, Tel. 982 548076; **Alto de Poio:** Posada del Peregrino, von Jakobswegverein geleitet, 50 Plätze, keine Küche; **Triacastela:** Junta-Herberge, zwei moderne Kästen in einer Wiese links des Jakobswegs am östlichen Ortsrand, 56 Plätze, keine Küche, Campingmöglichkeit, Tel. 982 548087 (Hospedería)

Hotels/Camping: Alto de Poio: Hostál Santa María del Poio, mit Restaurant, Tel. 982 367167; Bar-Posada de Peregrinos, Tel. 982 367172; **Biduedo:** Mesón Belullaria, mit Bar/Restaurant, Tel. 982 187299; **Triacastela:** Bar Fernández, Tel. 982 548148; Bar O'Novo, Tel. 982 548105; Posada Vilasante, Tel. 982 548116; Campingmöglichkeit bei der Pilgerherberge (nur für Bonafide-Pilger)

In **O Cebreiro** geht man zur Passstraße LU 634 hinunter und folgt ihr nach links bis zum kleinen Örtchen **Linares** (1 Std.).

Variante

Bei schönem Wetter bietet sich für dieses Wegstück eine Alternative über die Anhöhe des Monte Pozo de

Nebelreißen zwischen Biduedo und Filloval

Area, an dessen Fuß O Cebreiro liegt, an. (Diese Variante ist ca. 20 Min. länger als die Strecke auf der Straße.) Man verlässt **O Cebreiro** nach Westen und biegt bei der Pilgerherberge auf einen nach links ansteigenden Fahrweg. Man folgt ihm etwa 20 Min. bis zu einer Verflachung, die man geradeaus überquert. Auf der anderen Seite geht es nur kurz bergab, dann nimmt man eine querende Fahrstraße nach rechts. Sie führt zunächst an einer Hochspannungsleitung entlang und dann nach links hinunter zum Dörfchen **Linares**. Man durchmisst Linares der Länge nach und erreicht bei der Einmündung einer schmalen Asphaltstraße von links die Passstraße nach Triacastela.

Am Ortsende von **Linares** biegt man in eine nach rechts abzweigende schmale Asphaltstraße ein, die man nach 70 m nach links verlässt, um auf schmalem Pfad zur LU 634 zurückzukehren. Zwei Minuten später steht man am **Alto de San Roque,** wo sich links der Passstraße ein me-

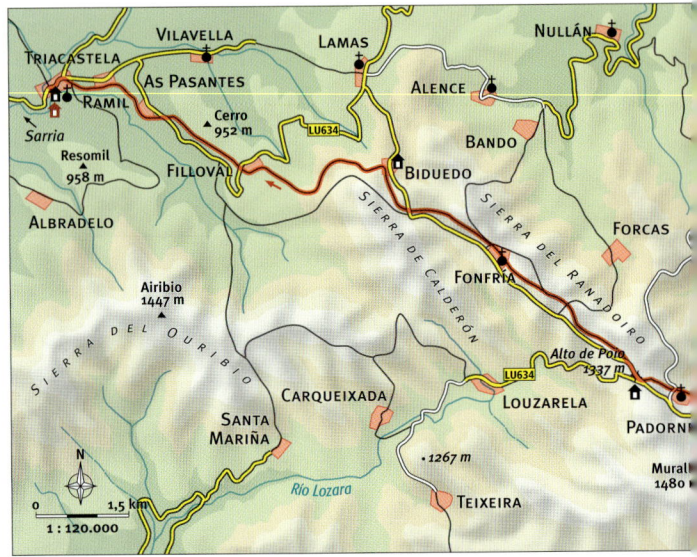

tallener Pilger gegen Regen und Wind stemmt. Hier beginnt rechts der Straße ein Fußweg, der etwas oberhalb parallel zur Straße verläuft, etwas später diese tangiert, aber gleich wieder von ihr wegführt, um als Fahrweg in das Dorf **Hospital** zu führen (2 Std., Herberge gleich rechts). Man nimmt nun das Dorfsträßchen, hält sich noch im Dorf bei einer Gabelung rechts, nach der Kirche, deren Turm nach dem selben Muster gebaut ist wie jener in O Cebreiro, kehrt man (leider) zur Asphaltstraße zurück.

Eine Viertelstunde weiter biegt man in die nach rechts abzweigende schmale Asphaltstraße nach Sabugos ein und wendet sich nach 250 m nach links auf einen Weg, der in den Weiler **Padornelo** (2.40 Std.) führt. Hier geht man kurz auf Asphalt, dann auf einem Schieferplattenweg, bevor ein schlechter Weg steil nach links zu einem Pass hinaufführt, im oberen Teil als Hohlweg. Der Pass, den man erreicht hat, ist der **Alto de Poio** (3 Std., Bar-Posada und Restaurant-Hotel) an der Straße nach Triacastela.

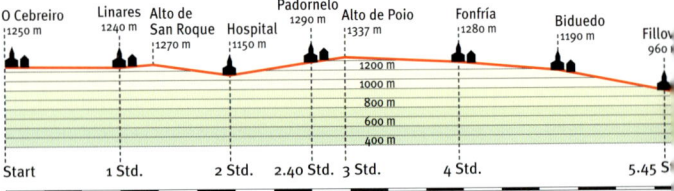

sie erst in Filloval wieder zu treffen). Aber noch ist man sie nicht los: Gute 10 Min. später berührt man sie fast, wenn man den Weiler **Biduedo** erreicht hat, aber eben nur fast: Die Ortsstraße führt nach links und von der Passstraße weg.

In Biduedo hält man sich bei einer Gabelung links (keine Zeichen – diese tauchen erst auf, wenn man sich richtig orientiert hat) und geht fast eben auf einem Viehtriebweg weiter (erst km 136 zeigt uns, dass wir richtig gegangen sind). Es geht bald leicht abwärts in einem großen Linksbogen unter einer Starkstromleitung hindurch. Die Aussicht wird schöner und schöner auf diesem Weg am Nordfuß des Monte Calderón. Nach einem kurzen steileren Abstiegsstück erreicht man (nach einer scharfen Rechtskurve) den Weiler **Filloval** (5.45 Std.). Hier geht man nach links auf einen nur 100 m langen Weg, quert die Asphaltstraße (da ist sie wieder) und folgt dann einem rechts und talauswärts verlaufenden alten Hohlweg. 20 Min. später muss die Asphaltstraße bei einem Picknickplatz mit schönen alten Kastanien nochmals gequert werden (der Tunnel, durch den der Weg eigentlich führen sollte, ist verschlammt). Wenige Minuten später erreicht man das lang gestreckte Dorf **As Pasantes** (6.15 Std.), dessen Dorfstraße sich als von Esskastanien beschattete Verbindungsstraße nach **Ramil** fortsetzt. Nun sind wir aber auch nahezu angelangt. Knapp nach Ramil stehen in einer großen Wiese links zwei schachtelartige Häuser: die Pilgerherberge von Triacastela. Geradeaus geht es noch eine Viertelstunde weiter, und die Ortsmitte von **Triacastela** (7 Std.) ist erreicht.

Am Alto de Poio wendet man sich auf der LU 634 nach rechts, verlässt diese aber kurz darauf, um einen rechts oberhalb der Straße verlaufenden Weg einzuschlagen. Er führt ziemlich geradlinig in das lang gezogene Dorf **Fonfría** (4 Std.), an dessen Ortsende man bei einer Gabelung in drei Äste den mittleren Erdfahrweg wählt. Eine Viertelstunde später erreicht man wieder die LU 634 (bei km 137,5 bis Santiago), verlässt sie sofort wieder auf einem nach rechts aufwärts führenden Fahrweg und quert sie 150 m weiter endgültig (um

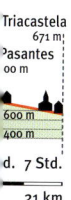

159

Es grünt so grün ...

Von Triacastela nach Sarria

Eine Etappe durch Bauerndörfer, über grüne Hügel und den aussichtsreichen Pass Alto de Riocabo – dass am Zielort Sarria ein Denkmal zu Ehren der Pilger errichtet wurde, kann man gar nicht verstehen: Ist denn das Wandern nicht Selbstverständlichkeit?

DIE ETAPPE IN KÜRZE

++
Anspruch

5 Std.
Gehzeit

17 km
Länge

Charakter: Mittelschwer; Wege, alte Dorfverbindungsstraßen, Staubstraßen, neu angelegte Fußwege parallel zur Straße, kurze Asphaltstrecken; Orientierung nicht ganz einfach, die Etappe ist jedoch gut markiert (gelbe Pfeile)

Einkehr und Verpflegung: Pilgerbrunnen vor San Xil, Furela (Minikiosk in einem Bauernhaus, erkennbar an im Fenster aufgestellten Limonadenbüchsen), Sarria

Pilgerherbergen: Calvor: Junta-Herberge, 22 Plätze, Küche mit etwas Geschirr, keine Einkaufs- oder Verpflegungsmöglichkeiten im Weiler, also aus Triacastela Proviant mitbringen, es besteht die Möglichkeit, das

Essen von einer Bar telefonisch zu bestellen, Tel. 982 531266; **Sarria:** Pilgerherberge, Rúa Maior 79, in der Altstadt, 40 Plätze, gut, Tel. 660 396813; Privatherberge Casa Grande, Rúa Mayor 31, Tel. 600 512565; **Samos** (auf einer markierten Alternativroute): Klosterherberge, 90 Plätze, Praza Colegio Padre Feijoo, keine Küche, spartanisch, Tel. 982 546046 (Kloster)

Hotels: Sarria: Hotel Villa de Sarria **, Calle Benigno Quiroga 49, Tel. 982 533873; Hostal Londres**, Calle Calvo Sotelo 53, Tel. 982 532456; Hotel Alfonso IX***, Rúa do Peregrino 29, modernes und komfortables Hotel in der Unterstadt, Tel. 982 530005

Von Triacastela führen zwei markierte Wege nach Sarria. Der eine führt durch das Tal des Sárria-Flusses und ist besonders im zweiten Tal sehr idyllisch, außerdem hat er mit einem Trumpf aufzuwarten: dem großen Kloster Samos mit seinen zwei Kreuzgängen.

Der landschaftlich noch etwas attraktivere Weg über Montán und Cal-

vor, dem hier der Vorzug gegeben wird, verläuft über kleine Dorfverbindungsstraßen und Fußwege, überquert einen Pass und passiert einige traditionelle galicische Bauerndörfer.

In **Triacastela** folgt man der Hauptstraße des Marktortes in Richtung Samos bis zum Ortsende und zu einer deutlich gelb markierten

Landschaft bei Fontearcuda

und mit Schildern versehenen Gabelung des Jakobsweges. Hier geht es nach links Richtung Samos, nach rechts in Richtung Montán, die beiden Stränge laufen in Sarria wieder zusammen.

Wir gehen also nach rechts hinunter zur LU 634, queren sie und wandern auf der hier abzweigenden Straße nach San Gil/San Xil ein grünes Tal hinauf. Die Ortsnamen in der Autonomen Region Galicien werden alle auf Galicisch angegeben: also San Xil. In der Realität ist aber Kastilisch (Spanisch) oft vorherrschend: also San Gil.

Nach km 128,5 wird ein Bach gequert, bei zwei Gabelungen gelbe Pfeile beachten! Ab dem Weiler

A Balsa (30 Min.) wird die Asphaltstraße zum Fahrweg, bei einer Kapelle und auf einem steilen Hang gar zum schlechten Karrenweg, dessen Qualität nicht dadurch gewinnt, dass er auch als Viehtriebweg dient. Im Wald wird er zum Hohlweg, verflacht sich und mündet auf ein Asphaltsträßchen. Auf der anderen Seite ist ein Pilgerbrunnen mit großem Wasserbecken und einer Steinbank rundherum, wo man gut rasten kann.

Man folgt dem Sträßchen nach rechts und erreicht nach leichter Steigung eine Anhöhe, der Weiler **San Xil** liegt links (1 Std.). Man bleibt auf dem Sträßchen, das eine große Rechtskurve und dann, unterhalb eines bewaldeten Rückens, eine

161

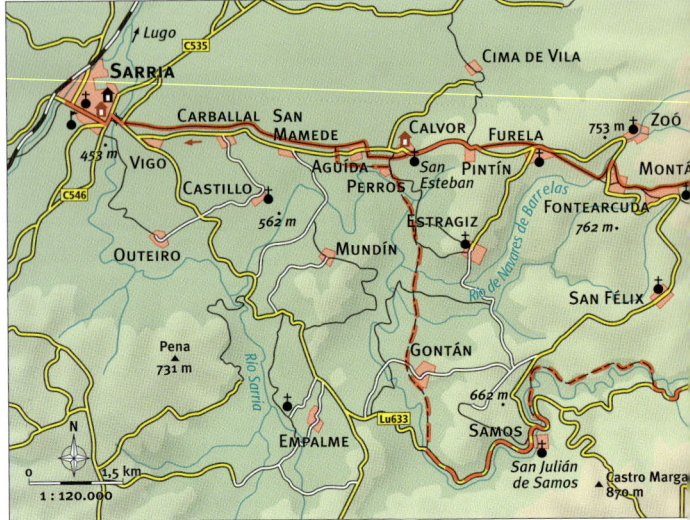

Linkskurve beschreibt und schließlich über diesen Rücken zu einem Pass hinauf zieht. Oben ist man auf dem **Alto de Riocabo** angekommen (1.25 Std.). Die Aussicht nach Süden ist gut, man sieht die parallelen Talungen der Flüsse – in einem von ihnen liegt das von hier aus nicht sichtbare Kloster Samos – und den Bergzug des Oribio südöstlich im Hintergrund.

Ein paar Meter vor dem eigentlichen Straßenpass zweigt rechts ein Weg ab, der das nächste Tal im großen Linksbogen durchmisst und am anderen Talrand im Schatten von Eichen fast flach verläuft. Das Dorf **Montán** bleibt unter uns (2 Std.). Bei einer Gabelung nach km 123 geht es links bergab. Dort, wo der Karrenweg, auf dem wir gehen, eine scharfe Linkskurve macht, gehen wir weiter geradeaus auf einem Pfad. Dieser wird nach kurzer Zeit zum felsig-feuchten Hohlweg, eine der typischen *corredoiras* Galiciens, dieser alten Dorfverbindungswege, die heute fast keine Funktion mehr haben – wer geht schon noch zu Fuß, wenn er nicht muss?

Im feuchten Klima Galiciens kann man alte, wenig genutzte *corredoi-*

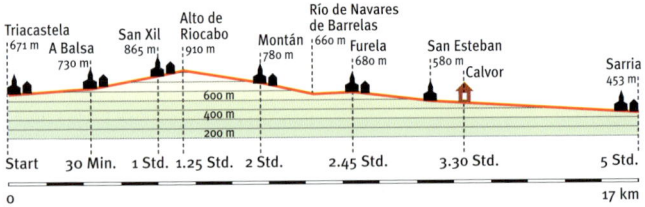

ras oft kaum von Wasserläufen unterscheiden. Nur die tiefsten Stellen und querende Wasserläufe sind durch Trittsteine leicht zu passieren. Nach den häufigen Regenfällen stapft man oft durch Serien von Pfützen und fragt sich, was die Menschen früher als Fußbekleidung trugen, als es noch keine Gummistiefel und Goretex-Trekkingschuhe gab: hohe Holzschuhe, in die sie mit nackten Füßen schlüpften.

Eine Viertelstunde später geht man auf einer Erdstraße nach rechts, bei einer Gabelung hält man sich rechts, erreicht und durchquert den Weiler **Fontearcuda**. Die schlechte Erdstraße mündet in eine Asphaltstraße, auf der man nur 70 m weit nach rechts geht, bevor man sich in Sichtweite des nächsten Dorfes (Zoó) bei km 121 scharf nach links wendet und auf einem schattigen Hohlweg talab wandert. Leider nur 5 Min., dann erreicht man eine Straße, mit der man das Tal nach rechts quert. Die Furt wird von Fußgängern

auf Trittsteinen bewältigt. Ein kurzer Anstieg bringt uns zu einer Asphaltstraße und zum Dorf **Furela** (2.45 Std.).

Nun geht es, abgesehen von einem kurzen markierten Abschneider, auf der Asphaltstraße weiter bis zum nächsten Dorf, **Pintín**. Wenige Minuten später zweigt bei km 117,5 ein Fußweg nach rechts ab, der auf das nicht mehr so ferne Sarria zuzuführen scheint. Er führt uns abwärts durch einen Hang, wir queren eine Staubstraße, die nach links den Blick zu einer einsamen Kirche öffnet, **San Esteban**. Weiter geht es auf einem Waldpfad. Dort, wo er sich am Hangfuß in eine hügelige Bauernlandschaft öffnet, erreichen wir wieder die Straße und die völlig einsam stehende Herberge von **Calvor** (3.30 Std.) – die für galicische Pilgerherbergen übliche blaue Telefonzelle vor der Tür scheint der einzige Draht zur Zivilisation zu sein.

Ab hier geht man ein Stückchen auf der Straße in Richtung Sarria. Nach 5 Min. beginnt auf der rechten Straßenseite ein parallel dazu und meist oberhalb verlaufender neuer Fußweg, der uns ohne Unterbrechung bis an den Rand der Stadt **Sarria** bringt. Dort müssen wir zuerst auf einen Gehsteig, dann auf die Straße selbst, eine große Straßenkreuzung (LU 634) wird geradeaus überschritten. Über die Brücke des Río Sarria erreicht man die auf einem Hügel liegende Altstadt, bewillkommnet von einem großen rosa Granitblock an der Brücke, einem Denkmal, das uns Pilgern gewidmet ist: *Homenaje al Peregrino*. Der Aufstieg erfolgt nach Querung einer am Hangfuß verlaufenden Straße auf Treppen. Auf dem Jakobsweg geht man weiter geradeaus und bergan, zur Herberge geht man nach rechts (5 Std.).

Es grünt so grün, wenn Spaniens Blüten blühn

Es grünt sehr wohl sehr grün in Spanien, zumal wenn man, wie in unserem Fall, Galicien betrachtet. Grüne Weiden, grüne Felder mit Futterpflanzen, grüne, stark gedüngte Wiesen, grüner Wald, nur das Gestein ist grau (Schiefer und Gneis) oder rötlich (Granit). Aber mit den Blüten hat Eliza Doolittle Unrecht: Es blüht wenig, streckenweise sehr wenig, sieht man von der blühenden Luzerne und den Kräutern am Wegrand und auf dem Weg ab, Hirtentäschel etwa und andere trittgewohnten Pflanzen. In Galicien wird eine intensive Rindermast betrieben, der alle anderen Produktionsziele untergeordnet sind. Die Wiesen werden mit reichlich Gülle gedüngt, die sich manchmal ziemlich unangenehm bemerkbar macht, auf den Weiden kann sich sowieso keine Blütenpflanze halten, und die Flurbereinigung hat alle kleinen Ecken natürlicher Vegetation wegrationalisiert. Im Unterland (ab Portomarín) werden wir sehen, dass auch die Wälder durchforstet sind, sie bestehen vorwiegend aus Eukalyptus, dessen für Insekten und Bodenvegetation giftige Blätter alles um sich abtöten. Außer Eukalyptus wächst nichts, lebt nichts in diesen Wäldern, kein Farn, kein Knabenkraut, kein Vogel, keine Maus. Nur im Bergland, und dort nur auf Kalk, haben sich ein paar Inseln natürlicher Vegetation erhalten, an ein oder zwei Stellen zwischen O Cebreiro und Triacastela (Orchideenwiese bei Padornelo, Wiesen bei Filloval). Und selbst diese Stellen sind gefährdet: Seit langer Zeit werden sämtliche größeren Kalkvorkommen als Steinbrüche ausgebeutet, weil der zum Bauen nötige Stein so selten ist. Als die Kathedrale von Santiago de Compostela gebaut wurde, musste jeder Pilger einen großen Stein aus den Kalkbrüchen bei Triacastela mitnehmen und mehrere Tagesreisen später bei einem eigens errichteten Kalkbrennofen wieder abgeben, näher an Santiago war Kalk nicht zu finden – man ist nur froh, dass das heute nicht mehr verlangt wird.

Wo natürliches Grün auf Granit und Gneis vorkommt, dominieren sommergrüne Eichenwälder (Stiel- und Traubeneiche), stehen in Lichtungen mannshohe Ginster- und Erikabüsche, leuchten die roten Blüten von Fingerhut und Weidenröschen, stehen am Rand der Lichtungen Birken und Haselnusssträucher. Für diese nordwestspanischen Eichenwälder gibt es kein einziges Naturschutzgebiet. Die sehr rührige und in den letzten Jahren verstärkt an Publikumsinteresse gewinnende spanische Naturschutzbewegung hat noch einen weiten Weg vor sich.

Nach dem Alto de Riocabo

Land der Corredoiras

Von Sarria nach Portomarín

Auf dieser Etappe werden fast zwei Dutzend Dörfer, Weiler und Hausgruppen passiert. Die Erbteilung hat die Flur in handtuchkleine Stücke zerlegt, die nur an wenigen Stellen zusammengelegt wurden. Alte Wege durchziehen dieses Land, Wasserläufe werden wie früher gefurtet oder auf Trittsteinen gequert.

DIE ETAPPE IN KÜRZE

+
Anspruch

6 Std.
Gehzeit

21 km
Länge

Charakter: Meist einfach, auf den *corredoiras* einige heikle Stellen, ansonsten Wege, Staubstraßen und einige Passagen auf wenig befahrenen Asphaltstraßen

Einkehr und Verpflegung: Rente (Casa rural mit Mahlzeiten), Mercado de Serra (Bar/Tienda, 10 Min. weiter Brunnen), Morgade (Bar), Ferreiros (Restaurant-Bar), Portomarín

Pilgerherbergen: Barbadelo-San Silvestre: Junta-Herberge, 18 Plätze, keine Verpflegungsmöglichkeit, Tel. 982 530412 (Hospedería); **Ferreiros:** Junta-Herberge, 22 Plätze, Restaurant nebenan, Tel. 982 157496 (Hospedería); **Portomarín:** Gute Junta-Herberge, 160 Plätze, Küche, Aufenthaltsraum, Calle Fraga Iribarne, Tel. 982 545143 (Hospedería)

Hotels: Rente: Casa Rural Casa Nova, Zimmer und Mahlzeiten, am Rand von Rente, Tel. 982 187854; **Morgade:** Pension-Bar Morgade, neu, direkt am Jakobsweg, Tel, 982 531250; **Portomarín:** Pension Posada del Camino, Calle Lugo 1, Tel. 982 545007; Hostal Mesón de Rodriguez**, Calle Fraga Iribarne 6, Tel. 982 545054; Hotel Pousada de Portomarín**, Avda. de Sarria s/n, Tel. 982 545200

In **Sarria** geht man den Jakobsweg, gleichzeitig Sirga der Altstadt, weiter hinauf, bis man vor den Ruinen der Burg nach rechts geleitet wird. Auf einem Sträßchen geht man nach links – schöne Ausblicke auf Sarria – zum Obst- und Gemüsemarkt. Nun geradeaus weiter bis zu einem Kloster auf der rechten Straßenseite. Hier geht man auf eine Straße nach links und an der Friedhofsmauer kurz, aber steil bergab zu einer kreuzenden Asphaltstraße. Dieser Straße folgt man kurz nach rechts und biegt bei der nächsten Rechtskurve nach links in einen Weg ein, der über eine alte Steinbrücke auf das andere Bachufer führt. Drüben geht es zwischen dem Bachlauf und einer rechts verlaufenden Bahntrasse wei-

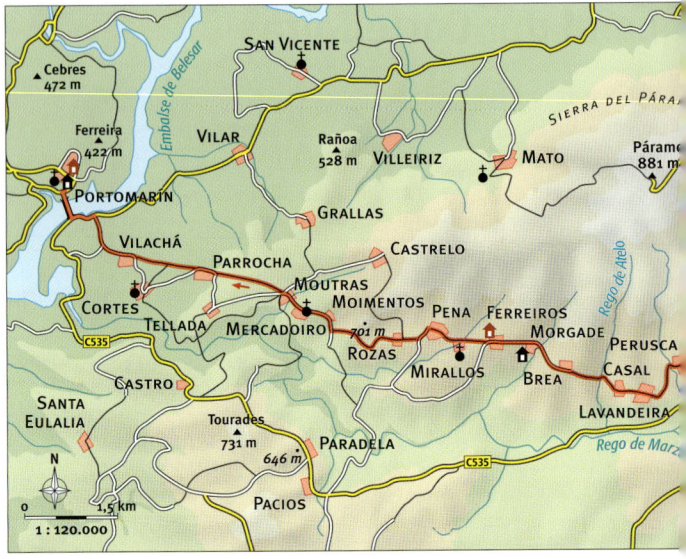

ter, dann überquert man die Bahntrasse und geht auf der anderen Seite nach links weiter. Zwei Minuten später führt ein Steg über einen Nebenbach, am anderen Ufer führt ein Weg durch Eichenwald aufwärts. Wie auch anderswo sind die Äste gestutzt, um den Ansatz von Eicheln im unteren Bereich zu fördern, wo man sie nämlich mit Stöcken abschlagen konnte: Für die Waldmast der Schweine war das in früheren Zeiten unabdingbar.

Nach dem relativ steilen Waldweg folgt eine flache Feldpassage. Bei einem einzelnen Haus geht man rechts und erreicht den Ort **Barba-**delo im Ortsteil **Viley** (1 Std.). Eine Asphaltstraße führt weiter und etwas aufwärts in den Ortsteil **San Silvestre** (1.15 Std.), wo auch die Kirche steht. Hier wendet man sich nach rechts und passiert die isoliert stehende Pilgerherberge, einen typischen Musterbau der Junta von Galicien. In **Rente,** dem nächsten Ort, wendet man sich von der Asphaltstraße ab nach links, muss aber beim Ortsende (dort Casa rural) wieder auf den Asphalt. An einem Eichenwäldchen vorbei erreicht man **Mercado da Serra** (1.40 Std., Bar/Tienda rechts), wo man die querende Asphaltstraße überschreitet und

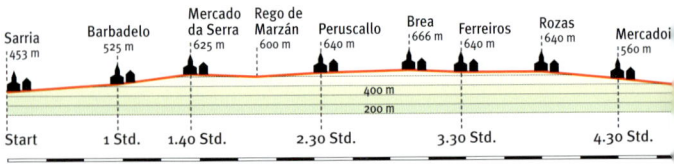

phalt und begleitet von starkem Straßenverkehr) und führt auf der anderen Straßenseite als Asphaltsträßchen weiter. Es zieht im Linksbogen leicht aufwärts zum Dorf **Peruscallo** (2.30 Std.). Am Ortsende geht man ca. 200 m auf einer *corredoira,* quert einen Wasserlauf auf Trittsteinen – diese schöne Passage wurde leider für das Heilige Jahr 2004 »entschärft« –, biegt nach 100 m nach linksund wendet sich auf einen Waldweg erneut nach links. Es folgt eine Kette kleiner Dörfer und Weiler: **Cortiñas, Lavandeira, Casal.** Ein recht feuchtes Wegstück verbindet durch ein Tälchen mit dem Weiler **Brea** und dem Kilometerstein 100 (raus mit dem Champagner aus dem Rucksack!). Von der auf diesen Weiler folgenden Anhöhe ist schon Portomarín zu sehen, was man (falls man keinen Champagner zur Hand hatte) im nächsten Weiler feiern kann, denn in **Morgade** gibt es eine (ganz auf Pilger eingestellte) Bar.

Eine *corredoira* führt geradeaus weiter und durch ein feuchtes Bachtal, ein steiniger Weg leitet über den Gegenhang nach **Ferreiros** (3.30 Std.), auf dessen abgewandter Seite sich Herberge und Restaurant befinden. Von der Herberge kommend nimmt man die beim Restaurant links hinunterführende Asphaltstraße. Nachdem man Kirche und Friedhof passiert hat, nimmt man bei der Gabelung den linken Zweig. In **Pena,** dem folgenden Dorf, geht man nach rechts zu einer breiteren Straße hinauf, auf der die Zeichen nach links weiterleiten. 200 m nach dem Weiler **Rozas** verlässt man die Straße und geht auf einem guten Fußweg weiter in das tiefer gelegene Dorf **Moimentos,** wo man wieder auf die Asphaltstraße trifft. Dieser folgt man nach rechts durch den

auf einem Weg weitergeht. Er führt nach 10 Min. zu einem großen Brunnen, der für die Pilger angelegt wurde.

Ein enges Mosaik aus Wiesen, Weiden, Feldern, Steinmäuerchen zwischen den einzelnen Grundstücken, isolierten Baumgruppen und Weilern mit wenigen Häusern kennzeichnet den Weiterweg. Ein Bach, der Rego de Marzán, wird knappe 10 Min. nach dem Brunnen mittels eines Steinplattensteges gequert. Dann trifft unser Weg auf die breite C 535 (mit den gelben Zeichen des Jakobsweges als mögliche Variante ab Sarria, allerdings über As

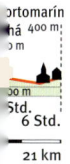

rtomarín
há 400 m
 m

             o m
Std.
    6 Std.

21 km

Weiler **Mercadoiro** (4.30 Std.), eine von rechts einmündende Asphaltstraße wird nicht beachtet.

Wenige Minuten später biegt man nach rechts auf ein Erdsträßchen ab, das in den Weiler **Parrocha** hinunter führt, dort trifft man wieder auf die Asphaltstraße, der man bis km 92,5 folgt. Nun auf einen rechts abzweigenden, grob geschotterten Weg, der zwischen Mauern durch Felder und Wiesen, an Eichenwald vorbei in eine grüne Mulde führt und zum Dorf **Vilachá** (5.15 Std.). Dieses wird auf seiner Dorfstraße gequert, am anderen Ende mündet die Dorfzubringerstraße auf eine Asphaltstraße. Dieser folgen wir nach rechts, queren eine Straße und biegen nach 100 m links hinunter in das Tal des Minho/Miño bzw. zum Stausee von Belesar, wo eine breitere Asphaltstraße nach links und zur Brücke von **Portomarín** führt. Wir queren sie und stehen unter dem Ort, eine Treppe leitet zur Hauptstraße hinauf (6 Std.).

Portomarín und der Stausee von Belesar

Als der Minho/Miño 1962 nach Fertigstellung des Staudamms Belesar aufgestaut wurde, versank der alte Brückenort Portomarín in den Fluten. Mit ihm andere Orte, Bauernhäuser, Brücken und ganze Wälder. Aber Portomarín blieb dennoch erhalten, wenn auch an anderer, höherer Stelle, denn zuvor hatte man in aufwendiger und akribischer Kleinarbeit die wichtigsten Bauten des Ortes abgetragen und wieder aufgebaut. Die romanische Kirche San Juan, die merkwürdig zusammenhanglos in die Landschaft gestellte Treppe, auf der man zum Ort hinauf geht, die kleine Kirche links vom Ortseingang, zwei Stadtpaläste (Casa dos Condes, 16.Jh. und Palacio de Berbetoros, 17. Jh.), das sind gerettete Monumente aus dem ansonsten untergegangenen Ort.

Obwohl die Wehrkirche der Johanniter, selbstverständlich dem Evangelisten Johannes gewidmet, also San Juan, den Ort dominiert und als romanische Kirche mit hochwertiger Bauplastik (Westportal!) einen hohen künstlerischen und kunsthistorischen Wert hat, war doch die Flussbrücke das eigentlich bedeutende Baudenkmal des Ortes. Diese Brücke über den Minho bestand seit dem 12. Jh. (um 1120), sie erleichterte den Verkehr zwischen den Flussufern, was für den Ort sehr wichtig war, erstreckte er sich doch zu beiden Seiten des Tales, vor allem aber für die Pilger, die jetzt wesentlich leichter vorankamen als vorher. Drei Klöster hatte der Ort im Mittelalter und ein großes Hospital der Johanniter, eines der wichtigsten am Jakobsweg.

Heute ist Portomarín ein ziemlich schläfriges Nest, obwohl im Hochsommer einige Touristen kommen, von den Pilgern ganz zu schweigen. Der Stausee wird im Sommer von Booten befahren, es gibt Reitställe, und die guten Käse (*tetilla* – »Brüstchen«) sowie ein für den Ort typisches Backwerk verlocken zum Kaufen und Mitnehmen. Hervorragender Weißwein wird an den Ufern gebaut, Tresterschnaps daraus gebrannt, der bis vor kurzem verbotene *Orujo*. Zu dumm, dass man als Wanderer keinen Kofferraum dabei hat.

Granit und Cruzeiros

Von Portomarín nach Palas de Rei

Ein letzter, schweißtreibender Höhenrücken muss überwunden werden, bevor wir in Palas de Rei das sanft gewellte Tiefland Galiciens erreichen: Granithöcker, Heidekraut, Ausblicke auf das Miñotal. Die ersten steinernen Wegkreuze, die Cruzeiros, und die ersten Eukalypten.

DIE ETAPPE IN KÜRZE

+
Anspruch

7.30 Std.
Gehzeit

24 km
Länge

Charakter: Leicht; geringe Steigungen, überwiegend verkehrsarme Asphaltstraßen, einige Strecken auf Fußwegen, Erdstraßen und Karrenwegen

Einkehr und Verpflegung: Brunnen am Picknickplatz vor Gonzar, Castromaior (Bar), Hospital de la Cruz (Restaurant), Ventas de Narón (Bar), Ligonde (Bar/Camas Fuente de Peregrino), Portos (Bar), O Rosario (Bar Mesón a Brea an der N 547), Palas de Rei

Pilgerherbergen: Gonzar: Junta-Herberge, 22 Plätze, Getränkeautomat, keine Einkaufsmöglichkeit, Tel. 982 157840 (Hospedería); **Hospital de la Cruz** (Gem. Ventas de Narón): Junta-Herberge, 22 Plätze, direkt

an der N 540, Tel. 982 545232 (Hospedería); **Airexe** (Gem. Ligonde-Airexe): Junta-Herberge, 18 Plätze, Küche hat etwas Geschirr, Tel. 982 153483 (Hospedería); **Palas de Rei:** Pilgerherberge (Junta-Besitz) in einem renovierten schönen alten Haus gegenüber dem Rathaus, 60+ Plätze, keine Küche, Tel. 982 374126; Pfarrherberge, öffnet nur bei Bedarf, Tel. 982 380021

Hotels: Ligonde: Bar/Camas Fuente de Peregrino, einfach; **Palas de Rei:** Hostal Ponte Roxán, Ponterroxán, Tel. 982 380132; Pension Ruta Ultreya, Avda. de Lugo, Tel. 982 380071; Bar-Fonda Plaza, Tel. 982 380109

Durch **Portomarín** geht man zurück in Richtung der Straßenbrücke über den Stausee, nimmt aber nicht diese Brücke, sondern eine Fußgängerbrücke, die eine schmale Bucht des Sees nach rechts überquert. Auf der anderen Seite biegt man scharf nach rechts und findet sich am Beginn eines recht steilen, aber schattigen

Fuhrweges. Das steile Stück dauert nicht lang, 20 Min. später verflacht sich das Gelände, man wandert durch Wiesen weiter. Bis man wenig später bei einem Gasthof die gut befahrene C 535 erreicht: 100 m links der Straße, dann nach nicht ungefährlicher Querung auf einem schmalen Fußweg rechts der Straße weiter.

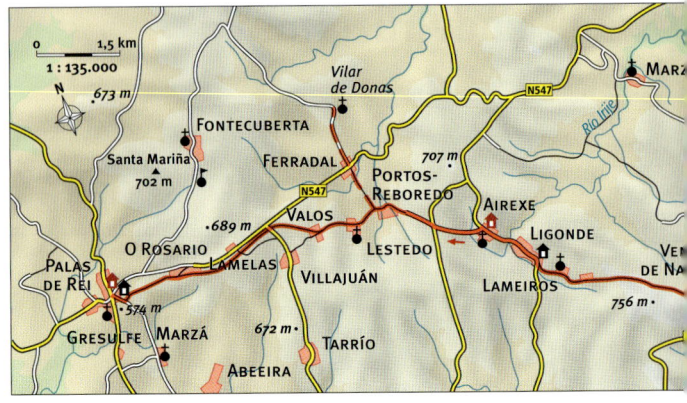

20 Min. später muss man wieder zur linken Seite wechseln, **Vorsicht:** Die Querung auf einer uneinsehbaren Kuppe ist höchst gefährlich!

Nach Überquerung eines schmalen Asphaltsträßchens wird der armselige Weiler **Toxibo** (1.10 Std.) durchwandert, anschließend entfernt sich unser Weg etwas von der Straße. Kurz vor dem Ort Gonzar gibt es einen zwischen Fußweg und etwas erhöht verlaufender Fernstraße gelegenen Picknickplatz mit Brunnen, hervorragend für das zweite Frühstück. Das Dorf **Gonzar** (2 Std.) wird durchquert, auf der Dorfstraße erreicht man die Durchgangsstraße wieder bei der Pilgerherberge am Ortsrand. Unmittelbar nach der Herberge wendet man sich von der Asphaltstraße nach links auf einen Fahrweg und 70 m weiter nach

rechts auf eine Erdstraße, die bald in einen Erdweg übergeht, der sehr angenehm zwischen Natursteinmauern verläuft und von Eichen, Kiefern, Birken und Stechginster beschattet ist, zur richtigen Zeit kann man Brombeeren ernten.

Nach 10 Min. kommt man bei km 81,5 wieder auf einen befestigten Fahrweg, der nach links in den kleinen Ort **Castromaior** hinein führt, wo es aber immerhin am Ortsende eine Bar gibt. Es folgt ein langer Anstieg auf einem asphaltierten Sträßchen, das in die C 535 mündet. Hier geht man nach links auf einem neu angelegten Pfad zuerst links, dann rechts von der Straße weiter. Das Hochland, in dem wir uns bewegen, ist mit Heidekraut bestanden, die Blicke gehen weit über die Täler, die zum Miño hinunteführen.

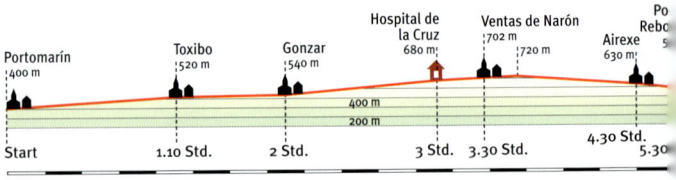

10 Min. später quert man die C 535 nach links, auf der anderen Seite führt der Weg etwas von der Straße ab und erreicht wenige Minuten später den Ort **Hospital de la Cruz** (3 Std.). Wer zur Pilgerherberge möchte, bleibt auf dem geradlinig verlaufenden Dorfsträßchen. Am Ortsende liegt links das Restaurant, einen Steinwurf weiter und direkt an der Fernstraße die Pilgerherberge. Von der Herberge aus geht man am nächsten Morgen am besten den kurzen Weg zur Abzweigung zurück, die Überquerung der Fernstraße ist zu gefährlich.

Wer nicht zur Pilgerherberge möchte, biegt an einer deutlich gekennzeichneten Stelle (Zeichen, Schild) vom Dorfsträßchen nach rechts ab und überquert die in das Gelände eingeschnittene N 540/640

(Lugo–Ourense/Ponteverda) sowie einen Zubringer auf einer modernen Brücke. Nach der Brücke führt die asphaltierte Straße in den Ort **Ventas de Narón** (3.30 Std.), am Ortsende passiert sie einen Picknickplatz mit Brunnen. Sie steigt nur schwach an und führt bald ohne Niveauveränderung weiter, und dennoch hat man den Eindruck, sehr weit oben zu sein: Heidekraut überzieht die Landschaft, links oberhalb brechen kahle Granithöcker aus dem Grün, das sonst die Sierra de Ligonde überzieht, und über die Kiefernpflanzungen unter uns schweift der Blick bis weit nach Norden und Osten. Dort, wo wir (bei km 76,5) wieder bergab gehen, stehen die ersten Eukalyptusbäume dieser Reise – wir werden noch viele von ihnen sehen!

Eine Viertelstunde später macht unser Asphaltsträßchen einen Rechtsbogen, links steht ein schöner alter *Cruceiro*, ein Steinkreuz mit skulptierter Kreuzigungsszene und Mariendarstellung, wie man sie in Galicien an vielen Orten findet. Es markiert den Ortsanfang von **Ligonde**, das vom nächsten Ort Airexe durch ein Bachtal getrennt ist (Trampelpfad als Abkürzung). In **Airexe**

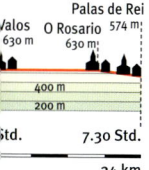

171

Diese idyllische Wegstrecke wurde fürs Heilige Jahr 2004 »entschärft«

(4.30 Std.) steht rechts die Herberge, der übliche von der Junta hingestellte Bau, für den wir als Pilger sehr dankbar sind, was uns nicht daran hindert, uns zu fragen, warum die Junta von Galicien zwar Küchen baute, sie aber weder mit Töpfen noch mit Geschirr und Besteck ausstattete.

Nach Airexe quert das Sträßchen zwei asphaltierte Straßen und erreicht den kleinen Ort **Portos-Reboredo** (5.30 Std.). Bei der Bar kann man sich überlegen, ob man den Abstecher nach Vilar de Donas macht, das etwa 3 km entfernt liegt, dort ist die romanische Kirche zu bewundern. Sie war Kirche eines Damenstiftes und wurde über lange Zeit als Grablege der Ritter des spanischen Ordens von Santiago benutzt, einige der skulptierten Grabsteine haben sich erhalten.

Weiter auf der Straße. Die Weiler **Lestedo** und **Valos** (6 Std.) werden passiert. Eine Viertelstunde später

erreichen wir die N 547 (Lugo – Santiago), queren sie aber nicht, sondern gehen ab dem Café-Restaurant Mesón a Brea auf einem gebahnten Fußweg links von der Nationalstraße weiter. Beim **Alto de Rosario** (km 65,5), einer Kuppe, von der es nach Palas de Rei hinunter geht, bewegen wir uns unweit der Straße auf einem schattigen Weg, einer alten Eichenallee, müssen aber anschließend für 5 Min. direkt an der Nationalstraße gehen, jedoch auf einem gebahnten und von der Straße getrennten Fußweg.

Endlich (bei km 67) **O Rosario**. Ein Steinplattenweg führt in das Örtchen hinein, führt als Fahrweg weiter, erreicht den Rand der Altstadt von **Palas de Rei** als Schotterstraße. Man geht links zum Ort hinunter, rechts an einer Kirche vorbei und erreicht nach einer Rechtswendung Rathaus und Pilgerherberge (7.30 Std.).

Calzadas und Corredoiras

Von Palas de Rei nach Arzúa

Zahlreiche Bachtäler durchziehen das Tiefland Galiciens. Wer das hügelige Bauernland durchmisst, die Bäche auf Stegen oder alten Brücken quert, wähnt sich fern der Nationalstraße, über die der Schwerverkehr von Lugo nach Santiago donnert.

DIE ETAPPE IN KÜRZE

++
Anspruch

9 Std.
Gehzeit

29 km
Länge

Charakter: Wegen der Länge und des wechselnden Untergrunds mittelschwer; Pfade, Staub- und asphaltierte Nebenstraßen, gepflasterte Ortsstraßen, kurze Strecken auf Corredoiras

Markierung: Von Ribadiso bis Arzúa kaum Markierungen!

Einkehr und Verpflegung: Coto (Bar, Restaurant an der neuen N 547), Melide, Peroxe (Brunnen), Boente (Bar); Castañeda (Bar/ Restaurant), Ribadiso (Bar mit Mahlzeiten), Arzúa (Bar am Kirchplatz, ab 6 Uhr morgens)

Pilgerherbergen: Casanova: Junta-Herberge, Mahlzeiten nach telefon. Bestellung, 20 Plätze, Tel. 982 173483 (Hospedería); **Leboreiro:** Gemeinde-Herberge, spartanisch, 20 Plätze auf dem Boden, Tel. 981 507351; **Melide:** Junta-Herberge, Calle San Antonio, modernisiertes, aber schimmelanfälliges Gebäude, 130 Plätze, gut eingerichtet und geführt, Küche mit Geschirr, Tel. 660 396822; **Ribadiso:** Junta-Herberge in historischer Pilgerherberge am

Fluss, 62 Plätze, Campingmöglichkeit, Tel. 981 501182 oder 660 396823; **Arzúa:** Städtische Herberge in umgebautem Altbau, Calle Cima del Lugar, 46 Plätze, Tel. 981 500455; weitere private Herbergen in **San Xulián** und **Ponte Campaña**.

Hotels/Camping: Coto: Restaurant/Hostal »Die Zwei Deutsch«, an der neuen Trasse der N 547, nicht alle Zimmer gut, nicht ganz billig, Tel. 981 507337; **Melide:** Hostal Xaneiro II**, Avda. de la Habana 23, Tel. 981 506140, billiger Hostal Xaneiro I*, Rúa de San Pedro 22 (am Jakobsweg), mit Restaurant (gut und preiswert), Tel. 981 505 015; **Castañeda:** Pazo do Sedor, Tel. 981 193248; **Arzúa:** Hostal O Retiro*, Rúa Ramón Franco 7, am Ortsanfang, preiswert, Tel. 981 5008 30; Mesón do Peregrino*, Calle Ramón Franco 7, Tel. 981 500830; **Camping** Arzúa, Calle Santiso, Tel. 981 500211

Information: Arzúa: Calle Santiago 2, Tel. 981 500000/815001

Vom Rathausplatz in **Palas de Rei** führt der Jakobsweg durch eine Gasse zur N 547 hinunter, quert sie und führt im Bogen nach rechts zu einer weiteren Querung, von der man 200 m weiter und nachdem man ein anrührend naives zeitgenössisches Pilgerdenkmal passiert hat, doch wieder zur Nationalstraße geführt wird. In einer starken Linkskurve (bei km 64) quert man sie erneut nach rechts, nimmt auf der anderen Seite den nächsten nach links abbiegenden Weg und muss die N 547 schon wieder queren. Dann geht es dicht an der Straße weiter bis zu einem 100 m entfernten Parkplatz, wo man endlich auf einen geradeaus weiterführenden Weg kommt (die Straße biegt hier rechts ab). Hätte man besser gleich auf der N 547 bleiben sollen? Das Fahrverhalten auf Fernstraßen spricht dagegen, trotz der unangenehmen Querungen ist der hier geschilderte (und so markierte) Wegverlauf sinnvoller, als die N 547 selbst.

Der Weg kommt an ein Feuchtgebiet – A Lagua nennt es der Kilometerstein 63 –, Trittsteine führen hindurch. Kurz darauf mündet der Weg in eine schmale Asphaltstraße, man geht rechts und nach 50 m wieder links auf einen Fahrweg, der zum Dorf **San Xulián** (1 Std.) führt. Die

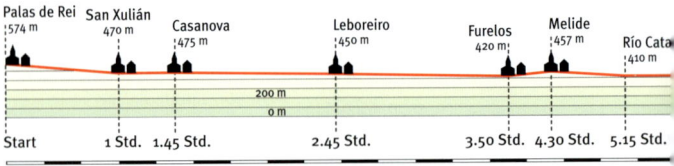

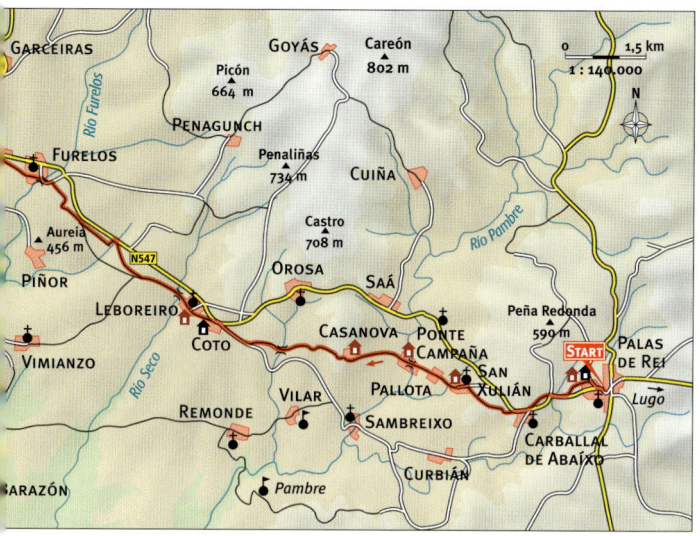

kleine romanische Dorfkirche bleibt links, mehrere schöne *hórreos,* die typischen galicischen Maisspeicher auf Stelzen, wollen bewundert und fotografiert werden, von einem alten *cruceiro* ganz zu schweigen. Nur knapp nach dem Dorf passiert man **Pallota** mit Waschplatz und Resten einer Mühle am Ortsausgang.

Der Fahrweg mündet auf eine Querstraße. Hier geht man bei einem Gehöft geradeaus auf einen schattigen Hohlweg, der sich zur Corredoira entwickelt und hinunter ins fast verlassene Dorf **Ponte Campaña** führt. Der Bach wird überschritten, das kurze Stück Asphalt-

straße gleich wieder nach rechts aufwärts verlassen. Müden Wanderern empfiehlt sich an einer Scheune ein Taxi-Unternehmen aus Melide.

Eine schöne, wenn auch tiefgründige Passage durch Eichenwald folgt, sie endet an einer Asphaltstraße vor dem Ort **Casanova,** am Ortsende steht rechts die Herberge (1.45 Std.). Man folgt dem Sträßchen den Hang hinauf, nimmt bei der nächsten Gabelung den rechten Ast und 100 m weiter einen Weg nach links zwischen Weiden und Wäldchen. Es geht ziemlich eben weiter, ein Fahrsträßchen wird gequert, schließlich eine Asphaltstraße erreicht, wir sind im Weiler **Coto.** Genau gegenüber liegt die Bar Casa de la Somoza mit großem Gastgarten, ein beliebter Pilgertreffpunkt. Nach rechts gehend erreicht man das Restaurant mit Zimmern »Die Zwei Deutsch«, es liegt bereits jenseits der neuen Trasse der N 547.

Von der Bar in Coto geht man noch 80 m nach links, dann folgt

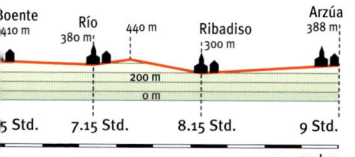

man einem Fuhrweg mit Resten alter Pflasterung hinunter in den alten Ort **Leboreiro** (2.45 Std., offene Herberge rechts abseits in einer Wiese). Die Pflasterung ist im Ort vollständig erhalten (oder gut restauriert), man sieht, dass der Jakobsweg hier auf einer echten Calzada verlief. Auch die folgende Spitzbogenbrücke erinnert an alte Zeiten. Der weitere Weg ist nicht mehr gepflastert, sondern mit Rollsplitt bedeckt. Der Weiler **Disicabo** wird erreicht, bei der anschließenden Gabelung hält man sich links. 5 Min. weiter wendet man sich (100 m nach km 55,5) wieder nach links und nähert sich der N 547, biegt knapp davor nach links ab und gleich darauf nach rechts, zwischen der Nationalstraße und einem Gewerbegebiet hindurch. Ein versumpfter Bach wird mitten in diesem Gebiet gequert, ein modernes Denkmal samt ausgedehnter Namensliste macht anschießend auf den *Orde de Caballeros y Damas del Camino de Santiago* aufmerksam – warum sich die Ordensmitglieder aus Handel und Kommerz ausgerechnet hier feiern, wird nicht klar.

Am Ende des Gewerbegebietes geht man links um einen Betrieb (Granitsägerei) herum und quert ein Waldstück. Deutliche Zeichen machen darauf aufmerksam, dass man den kurzfristig breiteren Fahrweg nach rechts auf einem Weg zu verlassen habe, der durch Wald scharf hinunter zum Ortsrand von **Furelos** (3.45 Std.) führt. Man nimmt die sehenswerte alte Brücke über den Río Furelos und quert den hübschen alten Ort nach links aufwärts. Vom Ortsrand führt ein alter Weg, der mit schwarzem Rollsplitt bedeckt ist (vulkanisches Material ist an diesem Tag an mehreren Abschnitten als Wegauflage zu beobachten), zwischen niedrigen Mauern hinauf zur Stadt **Melide** (4.30 Std.), wo man ohne Richtungswechsel bis zur Hauptstraße geht.

Galicischer Hórreo

Man folgt der Hauptstraße nach links bis zu einem Brunnenplatz, geht dort rechts und gleich wieder links in die Rúa San Pedro. Vor dem Friedhof geht es nach rechts zur Herberge. Am Ende der Friedhofsmauern führt eine Corredoira zur Nationalstraße hinunter, die man quert, um auf der dort mündenden Asphaltstraße weiterzugehen. Nach 150 m wendet man sich nach rechts auf eine Calzada ins Dorf **Santa María,** ab dem Friedhof führt ein schwarzer Fußweg weiter. Beim Brückchen über den folgenden Bach wird ein schöner Waschplatz aus Stein passiert.

Der Weg wird breiter, ein Eukalyptuswäldchen verbreitet den charakteristischen, intensiven Duft dieser Bäume. Ein Steg aus massigen Steinbrocken führt über den **Río Catasol** (5.15 Std.). Eine Viertelstunde später erreicht man wieder die N 547, der man auf der linken Seite auf einem Trampelpfad folgt. Nach nur 80 m biegt ein Fahrsträßchen nach links ab, es führt, flankiert von Bäumen, durch Wiesen und erreicht beim Ort **Parabispo** eine Asphaltstraße. Schon nach 250 m geht der Weg aber wieder geradeaus auf einem Erdsträßchen weiter. Eukalyptus und Eichen begleiten uns, im folgenden Bachtal des Río Valverde kommen noch Birken hinzu (Rastplatz bei km 46).

Nach dem Anstieg aus dem Bachtal kommt man nach **Peroxe,** dessen Brunnen am jenseitigen Ortsrand der Inschrift nach zum *Xakobeo 99,* also anlässlich des Heiligen Jahres, errichtet wurde. Gleich darauf ist man im nächsten Ort: **Boente** (6.15 Std.). Man quert die Nationalstraße zur Kirche hinüber, an der man links vorbei und auf einem Feldweg zum Dorf hinausgeht.

Der folgende Abstieg in das Bachtal des Río Boente quert zunächst ein Asphaltsträßchen, führt dann in einem Tunnel unter der N 547 hindurch und erreicht nach einem Picknickplatz die **Brücke über den Río Boente.** Am anderen Ufer geht es kurz steil aufwärts, nach 5 Min. hat man auf einem flachen Rücken das Dorf **Castañeda** links von sich (km 43).

Im Ort geht man von der breiten Asphaltstraße nach links, das Straßenschild »Río« hilft, die Abzweigung zu finden. Das schmale asphaltierte Sträßchen quert ein Bachtal mit Picknickplatz beim Örtchen **Río** (7.15 Std.) und mündet in eine Asphaltstraße (nach links in Richtung Bascuas). Geradeaus geht es auf einer schwarzen Fahrstraße weiter, die ziemlich steil durch Eukalyptuswald ansteigt. Auf einer Verflachung angelangt (7.30 Std.), wendet man sich bei der dortigen Gabelung nach rechts auf eine Forststraße. Auf dieser wird man in leichtem Abstieg durch Eukalyptuswald und dann auf eine Brücke über die neue, tief in den Fels eingeschnittene Trasse der N 547 geführt. Kurz darauf quert man die alte N 547 und läuft auf einer Asphaltstraße geradeaus weiter ins Tal. Nach der Querung des Río Iso steht rechts die Herberge von **Ribadiso** (8.15 Std.) im Grün der Wiesen. Das Gebäude war auch früher schon eine Herberge, es wurde in den Gebäuden des renovierten Hospitals de San Antón de Ponte eingerichtet.

Es geht kurz steil bergan bis zur neuen Trasse der N 547. Man quert die Nationalstraße nicht (Gott, oder auf jeden Fall Santiago behüte!), sondern wendet sich nach links, unterquert die Schnellstraße und geht dann nach rechts auf der alten Trasse durch den oberen Ortsteil von Ribadiso weiter. Dort, wo man die neue Trasse erreicht, geht es links auf einem Weg weiter, der in einen Gehsteig übergeht und in die Stadt Arzúa hinein führt. In der Ortsmitte, noch vor der Kirche, liegt die Pilgerherberge auf der linken Seite: Bei der Abzweigung der Straße nach Lema/Villantina geht man bei der geradeaus verlaufenden Calle Cima del Lugar (die Hauptstraße schwenkt leicht nach rechts) zur Herberge von **Arzúa** (9 Std.) weiter.

Die Sehenswürdigkeiten

Galiciens Unterland ist reich an kleinen Bauerndörfern, deren dekorative Maisspeicher und alte, von Kreuzigungsszenen und Mariendarstellungen gekrönte Steinkreuze kaum zu zählen sind. Besonders häufig begegnen wir auf unserem Weg den *hórreos,* den Maisspeichern. Diese sind schmale, längliche Kästen mit durchbrochenen Wänden, die Luft hereinlassen und so das Verschimmeln verhüten – in der feuchten Luft Galiciens wäre Mais bald verdorben, ließe man ihn unter Luftabschluss. Aber durch Löcher gelangen Mäuse: Um das zu verhindern, hat man die

Speicher auf Stelzen gestellt und unter den eigentlichen Getreidekasten eine breite Steinplatte gelegt – das hält Mäuse effektiv ab.

Leboreiro: Spätromanische Dorfkirche Santa María mit schönem Portal, im Tympanon Maria mit Kind; gegenüber das alte Pilgerhospiz mit dem Wappen der Adelsfamilie Ulloa (eine der wenigen, die beim Bauernaufstand 1467 nicht behelligt wurden). Der Jakobsweg führt am Ortsende über die mittelalterliche Magdalenenbrücke.

Melide: Der Ort ist wie Puente la Reina ein Angelpunkt des Jakobswegs, denn Pilger, die auf der Nordroute von Oviedo über Lugo nach Santiago unterwegs waren, stoßen in Melide auf den *Camino francés.* Vier gleichzeitig bestehende Herbergen trugen dem im Hochmittelalter Rechnung. In der *Pfarrkirche,* früher Kirche des Klosters und Hospitals des Heiligen Kreuzes, sind Wandmalereien des Spätmittelalters erhalten, die Jakobus als *Matamoros,* als Maurentöter, zeigen. Die kleine Kirche *Santa María de Melide* beim Friedhof hat insbesondere in der Apsis sehr schöne Wandmalereien, die im unteren Teil Marmorinkrustationen imitieren.

Die ungeduldige Etappe

Von Arzúa nach Pedrouzo

Die vorletzte Etappe des Weges nach Santiago: Da ist man mit den Gedanken schon weiter … Was schade ist, denn kleine Bachtäler, hübsche Bauerndörfer und die markanten Hórreos verdienten mehr Aufmerksamkeit.

DIE ETAPPE IN KÜRZE

+
Anspruch

5 Std.
Gehzeit

19 km
Länge

Charakter: Einfach; Fußwege, Pfade, Staubstraßen, einige Strecken parallel zur Fernstraße

Einkehr und Verpflegung: Calle (Bar: hier gibt's »Torta de Santiago«), Salceda (Bar an der N 547), Empalme, an der Abzweigung nach Toxa/Touro (Restaurant), Santa Irene (Brunnen), Pedrouzo

Pilgerherbergen: Santa Irene: Junta-Herberge außerhalb des Ortes direkt an der N 547, 36 Plätze,

sehr gute Führung, Tel. 660 396825; Privatherberge im Ort, 15 Plätze, Küche, , Mai bis Sept., Tel. 981 510000; **Pedrouzo** (Gem. Arca): große Junta-Herberge, 120 Plätze, an der N 547, Supermarkt; Bars nebenan, Tel. 660 396826

Hotels: Rúa: Hotel O Pino*, Rúa de Arca 23, Tel. 981 511148; **Pedrouzo:** Hostal O Cruceiro*, Rúa Marquiño s/n, Tel. 981 510276

Vor der Tür der Pilgerherberge in **Arzúa** wendet man sich nach links in die stadtauswärts führende Gasse, die mit dem alten Jakobsweg identisch ist. Noch im Ort hält man sich bei einer Gabelung links. Noch gehen wir auf einer (neuen) Calzada, doch am Ortsrand wird sie zum Erdweg. Man quert den **Río Ladrón** (25 Min.) und folgt einer Asphaltstraße, die man wenig später erreicht, in das Dorf **Pregontoño**. Dort wendet man sich bei einer Gabelung rechts, kreuzt 2 Min. später eine asphaltierte Straße und quert unter der N 547 durch. Jenseits wendet man sich nach rechts hinauf zu einem Asphaltsträßchen, das zum

nahen Ort **Cortobe** führt, der aber rechts bleibt. Weiter nach **Peroxa** (45 Min.), wo man sich nach links auf einen Weg wendet, der durch Laubwald abwärts führt – bei einer Gabelung rechts – und das wunderschöne Bachtal mit Eichenwald quert. Der Weg führt den Gegenhang hinauf, gewinnt wieder die nur sanft gewellte Hochfläche und kreuzt eine Asphaltstraße (bei km 32,5). Kurz darauf ist der Weiler **Taverna vella** erreicht, eine knappe Viertelstunde später ist man am Ortsrand von **A Calzada** (1.30 Std., beim Kilometerstein 31,1 – hier war ein fleißiger Geometer am Werk!).

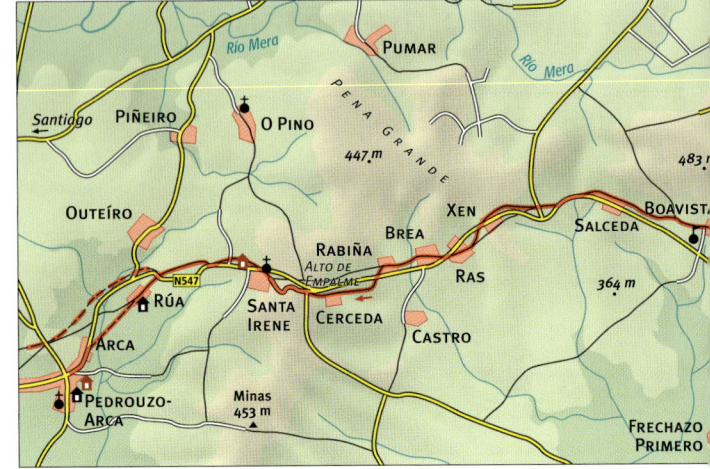

10 Min. später (km 30) erreichen wir das Dorf **Calle,** das mit allen Eigenschaften eines galicischen Dorfes aus dem Unterland aufwartet: gepflasterte Dorfstraße, Steinhäuser und Steinmauern, Hórreos, Trittsteine statt Brücke über den Bach, Stielkohl und Mais auf den kleinen Feldern. Die Durchquerung des Dorfes ist etwas kompliziert, man achte auf die (gute) Markierung. Am Brunnenplatz am Ortsanfang biegt man nach rechts auf eine schöne alte Calzada ein, geht unter einem über die seitlich begleitenden Mauern gebauten Hórreo, nimmt die folgende Querstraße nach links und geht anschließend rechts durch eine Furt mit Trittsteinen, um schließlich den zweiten Teil des Dorfes zu durchqueren. Am Ortsende kurzes

Stück in einem Hohlweg – auf dem alten Jakobsweg! Jenseits einer Asphaltstraße geht es rechts von einem Siedlungshaus auf einem Weg weiter. Dieser Weg führt zum Dorf **Boavista** (bei Gabelung links) und eine Viertelstunde später nach **Salceda** (2.45 Std.), beides kleine Bauerndörfer mit Rinderzucht.

5 Min. nach Salceda findet man sich an der Nationalstraße. Ein Pfad führt rechts parallel zur Straße weiter (rechts Bar mit Getränkeautomat) und zieht in der nächsten Linkskurve nach rechts weg auf eine Staubstraße, die nach leichter Steigung wenige Minuten später in einen Fuhrweg übergeht. Nach nur 10 Min. muss die N 547 überquert werden, drüben geht man auf einem Weg weiter. Der Ort **Ras** (km 24)

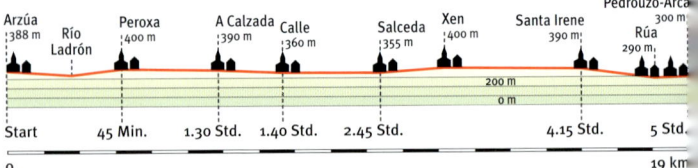

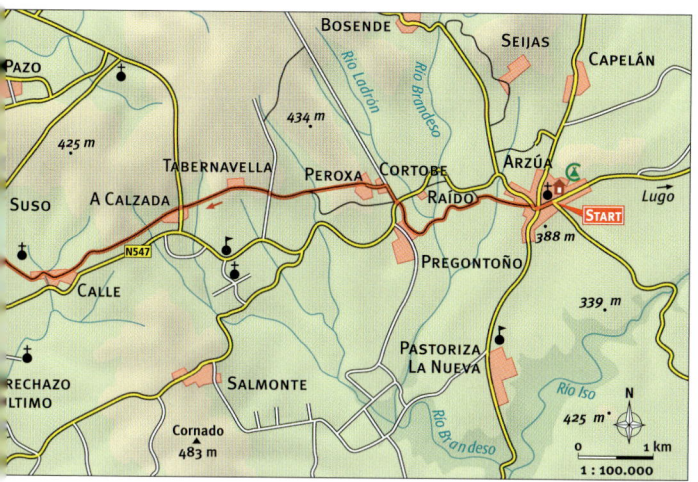

bleibt etwas abseits. Man quert die Nationalstraße noch einmal und läuft auf einer breiten Staubstraße weiter nach **Brea.** Im Ort macht die Straße zwei scharfe Richtungswechsel, zuerst links, dann rechts, nach dem Ort geht man auf einem schlechten Weg weiter nach **Rabiña,** wo man sich bei einer Gabelung links hält.

Schon wieder findet man sich an der Nationalstraße. Zuerst geht man ein Stückchen rechts von ihr auf einem neuen Fußweg, dann muss man sie überqueren. Ein Picknickplatz zwischen Weg und Fernstraße verlockt nicht unbedingt zum Rasten. Es geht leicht aufwärts und man erreicht die Anhöhe Alto de Empalme, das Dorf hier nennt sich **Cerceda** (4 Std., links an der Straßenabzweigung nach Toxa/Touro Bar-Restaurant) und geht nunmehr einige Meter bergab bis zu einer nach links abzweigenden Asphaltstraße. Diese, die alte Fernstraße, durchmisst den Ort **Santa Irene** – private Herberge links, die kleine Kirche liegt rechts unterhalb – und erreicht die neue Trasse wieder am Hangfuß. Gegenüber liegt die Herberge Santa Irene mit Picknickplatz (4.15 Std., Wasser!).

Der Weiterweg führt nach kurzer Passage entlang der N 547 durch Eukalyptuswald. 10 Min. später wird die Fernstraße erneut überquert, kurz darauf passiert man das Dorf **Rúa** (4.45 Std.) und geht auf einer Asphaltstraße weiter, bis man wieder auf die N 547 stößt. Zur Pilgerherberge geht man auf der Nationalstraße nach links weiter und erreicht sie am Ortsrand von **Pedrouzo** (5 Std.). (Die Gemeinde heißt Arca, deshalb liest man immer wieder, die Herberge liege in Arca – einen Ort Arca gibt es aber nicht)

Wer nicht zur Pilgerherberge will, quert vor Rúa nicht die Nationalstraße und wandert ab der Gabelung auf einer Staubstraße durch Eukalyptuswald weiter. 10 Min. später wird man umständlich erst nach links, dann rechts um ein größeres Gebäude herumgeführt und findet sich 100 m weiter auf einem Fußweg, der nach links in den Wald zieht. Er führt in das Dorf San Antón, das man von der Pilgerherberge in Pedrouzo auf anderem Weg erreicht.

Endlich Santiago!

Von Pedrouzo nach Santiago de Compostela

Von der Stelle am Bach in Lavacolla, wo man sich zu waschen hatte, über den Monte de Gozo, wo man zum ersten Mal die Kathedrale von Santiago erblickt und dem Apostel dafür dankt, ist diese letzte Etappe ganz Pilgerweg.

DIE ETAPPE IN KÜRZE

+
Anspruch

5.30 Std.
Gehzeit

22 km
Länge

Charakter: Einfach; Fußwege, Staubstraßen, streckenweise parallel zu Fernstraßen

Einkehr und Verpflegung: Amonal (Laden an der N 547), Cruce de Castrofeite, Labacolla, San Marcos/ Monte de Gozo, Santiago de Compostela

Pilgerherbergen: San Marcos/Monte de Gozo: Herberge im Touristenkomplex Monte de Gozo, Anmeldung an der *Recepción de Peregrinos,* Achtbettzimmer, zu wenig sanitäre Anlagen, keine Küche, günstige Mahlzeiten in der Cafeteria, erste Nacht kostenlos, Tel. 981 558942-2618; **Santiago de Compostela:** Herberge im Seminario Menor de Balvis, Rúa de Belvis, 15 Min. zum Stadtzentrum, spartanische Unterkunft mit 150+ Plätzen in Riesenschlafsälen; Tel. 981 589200/558 942; Acuario, private Herberge, Rúa Estocolmo 2 (nahe Avda. do Camino Francés), 52 Plätze, Rucksackaufbewahrung, vom Zentrum Bus 6, Haltestelle

Rúa do Valiño, Tel. 981 575 438; eine von Holländern geleitete Herberge ist geplant, Info Tel. 981 576668

Hotels/Camping: Lavacolla: Hotel Ruta Jacobea, Calle Lavacolla 41, Tel. 981 888211; **San Marcos/ Monte de Gozo:** Hotel im Touristenkomplex Monte de Gozo, Anmeldung im untersten Container, Busverbindung in die Stadt; Tel. 981 558942; **Santiago de Compostela:** Liste der Hostals und Hotels bei der Touristeninformation

Information: Santiago: Touristeninfo, Rúa do Vilar 43, Tel. 981 584081; Pilgerbüro, Rúa do Vilar 1, Ausstellung der Pilgerurkunde; Pabellon de Galicia, Avda. de Fernando de Casas Novoa, beim Stadion, neues Infozentrum zu Galicien und zum Jakobsweg Tel. 981 557359

Feste: Santiago: Fiesta del Apóstol, 15.–31. Juli mit Höhepunkt am Jakobstag, dem 25. Juli. Fällt dieser auf einen Sonntag, wird ein Heiliges Jahr gefeiert!

Von der Herberge in **Pedrouzo** geht man nach links Richtung Ortsmitte, bis man am westlichen Ortsrand das nach rechts abzweigende Sträßchen nach San Antón findet. Im nahen Ort **San Antón** (20 Min.) ist man wieder auf dem markierten Jakobsweg. Man wendet sich auf eine Erdstraße nach links, bei einer Gabelung hält man sich wieder links und betritt einen Wald. Am Waldrand, eine Viertelstunde später, sieht man über die breite Talung links von sich zu einer bewaldeten Anhöhe: Hinter diesen Bäumen liegt der Flughafen Lavacolla von Santiago, die Landeschneise verläuft genau parallel zu unserem Weg.

Man geht zunächst oberhalb des Dorfes **Amonal** weiter, wird dann aber an den Ortsrand, über den Río Amonal und zur N 547 gelenkt, die man an einer unübersichtlichen Stelle überquert (50 Min.), **Vorsicht!** Jenseits führt ein schöner Hohlweg bergan. Der Hohlweg geht in einen Fuhr- bzw. Forstweg über und durchquert eine halbe Stunde lang einen ausgedehnten reinen Eukalyptuswald (Zeichen beachten). Nach einem leichten Abstieg steht man plötzlich vor dem Verkehrskreisel **Cruce de Castrofeite** von N 547 und 634 (1.30 Std., Restaurant jenseits der Kreuzung). Man wendet sich scharf links und geht oberhalb der Schnellstraße weiter, neben dem Maschendrahtzaun, der das Flughafengelände begrenzt. Der Weg verläuft zwischen Flughafenzaun und Straße. Eine Viertelstunde später kreuzt man nach Querung eines Bachtälchens die N 634/547, nimmt einen parallel zu ihr verlaufenden Weg nach links und gleich darauf die nächste Straße nach rechts. Sie führt am Ort **San Paio** vorbei und schwenkt nach links. Knapp vor der Kuppe nimmt man einen Weg nach rechts, quert eine größere Straße und erreicht eine Viertelstunde später nach einem abrupten Linksschwenk die Kirche von **Lavacolla** (2.30 Std. – in diesem Abschnitt größere Straßenarbeiten, Wegverlegung möglich).

Von der Kirche in Lavacolla geht man nach Straßenquerung hinunter zum Lavacolla-Bach. Einst machten die Pilger hier große Toilette, wuschen sich im Wasser des Baches und zogen sich um, soweit sie noch etwas Anständiges im Rucksack fanden. Heutzutage wäre das Waschen in diesem Bach nicht sehr empfehlenswert, trotzdem lädt eine neue Waschstelle gerade dazu ein.

Die Straße zum Monte de Gozo führt von hier aufwärts, der Fußgängerbereich ist in der Jakobswegfarbe gelb eingelassen. In **Villamaior** (2.50 Std.) hält man sich links und gleich wieder rechts, ein Asphaltsträßchen führt aus dem Ort hinaus nach Westen. Nach einer halben Stunde passiert man den Komplex des Camping San Marcos, folgt der Straße in ihre Linkskurve, biegt 200 m weiter nach Passieren des Areals des galicischen TV nach rechts ab und geht nochmals eine Viertelstunde geradeaus.

San Marcos-Monte de Gozo (4 Std.), das man nun erreicht hat, ist ein altes Dorf, dem man zum Papstbesuch 1989 einen riesigen Beherbergungskomplex zugesellte, der die Hänge am Monte de Gozo mit hässlichen Betonschachteln und Containerbauten verschandelt hat. Monte de Gozo, galicisch Montxoi, Berg der Freude, heißt der bescheidene Hügel, weil die Pilger von hier aus zum ersten Mal die Türme der Kathedrale von Santiago sahen. Von der Kapelle des hl. Markus sieht man heute immer noch die Stadt, die Kathedrale auszumachen ist schwierig, wird sie heutzutage doch von einem Häusermeer umgeben, das sie zwar nicht

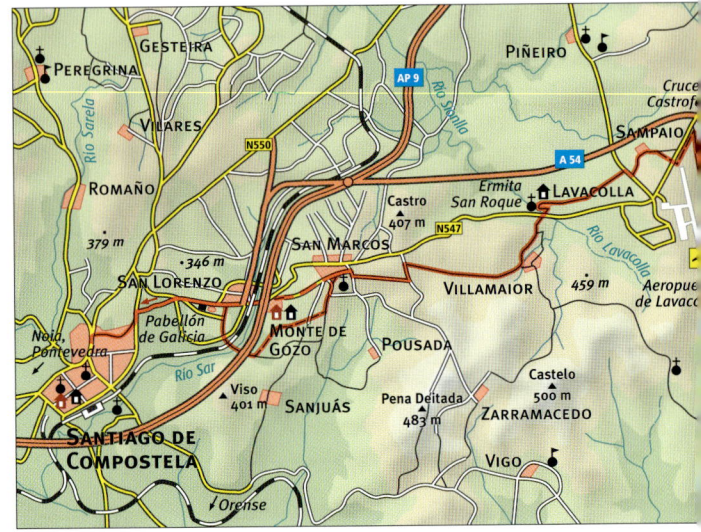

überragt, aber das Suchen zum Puzzlespiel macht. Und dann das klassische Wetter in Santiago: Nieselregen.

Man umgeht das abgezäunte Areal des Beherbergungskomplexes auf dem Monte de Gozo auf der linken Seite und passiert ein großes Pilgerdenkmal (links, etwas abseits). Die asphaltierte Zufahrt zur Rezeption wird gekreuzt, ein größerer Straßenkreisel gequert (geht man vom Dorf Monte de Gozo mit alternativen Markierungen geradeaus bergab, muss man, um zur Herberge zu kommen, wieder ein kleines Stück nach links ansteigen). Auf der anderen Seite folgt man der Straße in einem Rechts-

bogen, unterquert die Autobahn und überquert gleich darauf die Eisenbahn, es folgt der Kreisel der N 634/547, den wir wieder in gerader Linie überqueren. Man passiert zur Linken das Fußballstadion, dann den **Pabellón de Galicia,** einen hochmodernen Informationspalast, in dem es eine Menge über Galicien und den Jakobsweg zu erfahren gibt.

Die breite Avenida de Fernando de Casas Novoa endet blind bei einem Kreisel, hier geht man geradeaus auf eine kleine Straße, die zur Kirche **San Lazaro** (4.45 Std.) im gleichnamigen alten Ort führt. Die Hauptstraße ist heute eine wichtige Ausfallstraße

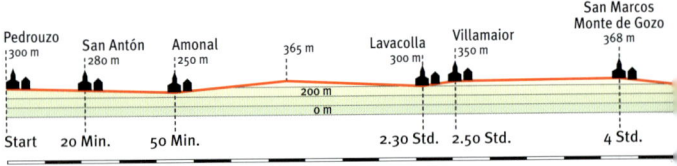

Santiagos, wir folgen ihr nach links stadteinwärts, halten uns 2 Min. später bei einer Gabelung links und stehen 20 Min. später auf einer großen Kreuzung am Rand des schon lange mit Santiago de Compostela verwachsenen Vorortes San Pedro, dem **Cruz de San Pedro** (nach rechts zur Busstation). Man quert diese Kreuzung und geht gegenüber in die Rúa de San Pedro, die den Vorort im leichten Rechtsbogen durchquert. An der Porta do Camiño, der »Pforte des Weges«, betritt man die Altstadt von **Santiago de Compostela.**

Durch die Altstadt geht man geradeaus auf der Rúa das Casas Reais,

Santiago de
Compostela
251 m

5.30 Std.

22 km

wendet sich an der Praza de Cervantes leicht nach rechts und gelangt durch die Azabachería zur Praza de Immaculada vor dem Nordportal der **Kathedrale** (5.30 Std.), dem Pilgerportal.

Santiago de Compostela

Santiago de Compostela, eines der bedeutendsten Pilgerziele der Christenheit, lebt nicht von den Pilgern allein. Im Gegensatz zu Lourdes oder Altötting ist Santiago eine Großstadt – und eine keineswegs behäbig-kontemplative. Auch in der historischen Altstadt mit ihren Klöstern, Kirchen und kirchlichen Verwaltungsbauten wird das ganz deutlich spürbar: Die Studenten der großen Universität der Stadt bestimmen ihr Leben maßgeblich mit. Die Stadt ist nicht nur Romanik und Barock, sie hat sich vielmehr im letzten Jahrzehnt mit einigen interessanten Neubauten umgeben, wovon zwei auf dem Jakobsweg passiert werden: der von Antonio Franco Taboada entworfene *Pabellon de Galicia* der Weltausstellung in Sevilla (1992), der an Santiagos Ostrand verpflanzt wurde und nun als galicisches Infocenter dient, und das *Centro Galego de Arte Contemporanea* (Galicisches Zentrum zeitgenössischer Kunst) des portugiesischen Architekten Alvaro Siza Vieira.

Santiago entwickelte sich buchstäblich über dem Grab des Apostels Jakobus, das im frühen 9. Jh. aufgefunden wurde. Die heutige Kathedrale entstand im 11./12. Jh. Sie wurde nach der Grabeskirche in Jerusalem zum bedeutendsten Pilgerziel der Christenheit, die Zahl der Pilger übertraf jedoch jene nach Jerusalem um ein Vielfaches. Santiago de Compostela war *das* mittelalterliche Fern-

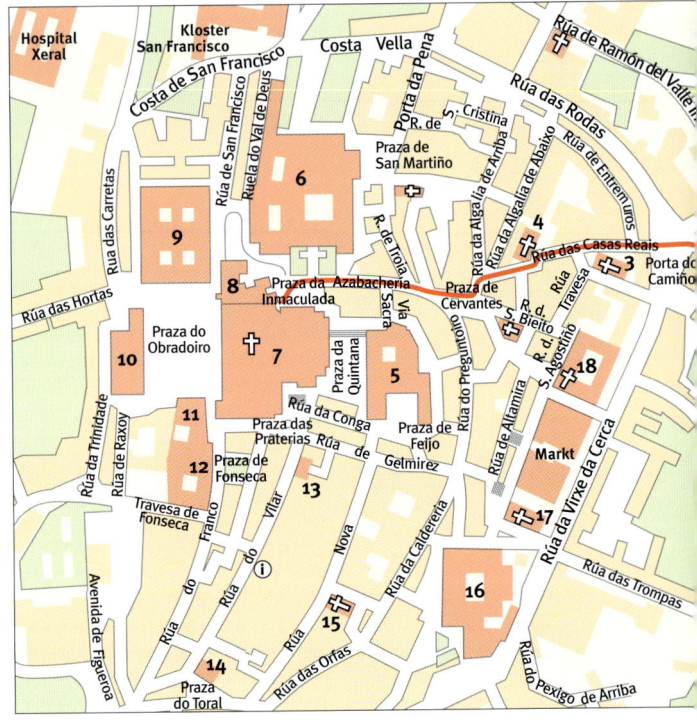

Pilgerziel. Kein Wunder, dass Klöster und Kirchen um die Kathedrale entstanden, dass Santiago auch nach dem Ende des großen Pilgerns seinen Status bewahren konnte und sich ein barockes Kleid überwarf, der Kathedrale die herrliche Westfassade vorgeblendet wurde und der prachtvolle Altar des Apostels entstand.

Auf dem Weg vom Monte de Gozo kommt man am **Pabellon de Galicia** vorbei, durch die Rúa de San Pedro (Kirche San Pedro zur Linken) gelangt man an den Rand der Altstadt und die **Porta do Camiño**, die Pforte des Jakobswegs. Rechts oberhalb liegt das moderne **Centro Galego de Arte Contemporanea** (1), rechts davon das **Dominikanerkloster Bonaval** (2), in dem sich das **Museo do Pobo Galego** befindet, das sehr interessante Museum zur galicischen Kultur und Geschichte.

Betritt man die Altstadt, sieht man links die Kirche **Santa María do Camiño** (3), Unsere Liebe Frau vom (Jakobs-)Weg im Rokoko-Kleid. Etwas weiter steht rechts die frühklassizistische **Capilla de las Ánimas** (4), die Kapelle der armen Seelen, die in einem großen Fassadenrelief im Fegefeuer dargestellt werden. Durch die Azabachería gelangt man zur Praza da Inmaculada. *Azabache,* zu Deutsch Azabach oder Gagat genannt, ist ein schwarz glänzender Kohlenstein, der den Pilgern in verschiedenster Form, häufig als Pilgermuschel, verkauft wurde und wird. Das **Kloster San Pelayo Antealtares** (oder San Paio; 5)

liegt links unterhalb, das **Kloster San Martiño Pinario** (6), heute Teil der Universität, mit prachtvoller barocker Kirche, liegt rechts davon.

Die **Kathedrale** (7) betritt man als Pilger zwar durch das Azabachería-Portal von der Praza da Inmaculada, die Besichtigung sollte man jedoch von der Praza do Obradoiro beginnen, dem Platz, der nach der barocken Schaufassade der Kathedrale benannt ist, dem *Obradoiro.* Sie verbirgt und beschützt den romanischen Portalbereich, den *Pórtico de la Gloria,* dessen Skulpturenschmuck im 12. Jh. von Meister Mateo geschaffen wurde. Vorbei am Apostel Jakobus, der unter dem thronenden Christus des Weltgerichts am Mittelpfeiler des Mittelportals

sitzt, betritt man das Kirchenschiff. Es wird vom barocken Hochaltar dominiert, auf dem ein sehr bunter Apostel Matamoros das Christentum verteidigt. Der Hochaltar wurde über seinem Grab errichtet, einige Stufen führen hinunter. Im Altar ist eine Silberbüste des Apostels ausgestellt, die seine Reliquien birgt, eine Treppe führt hinauf in den Hochaltar, sodass man die Büste von hinten umarmen und dem Apostel die ausgeführte Pilgerfahrt melden kann. Im Kreuzgang, in der so genannten *Catedral Vieja,* und in Nebenbauten ist das *Kathedralmuseum* untergebracht. Ausgestellt wird z.B. die Büste des jüngeren Jakobus, um deren Hals der Reif des Suero de Quiñones liegt (s. S. 134), und der 1999 teilweise wieder hergestellte steinerne *Coro* des Meisters Mateo.

An die Praza do Obradoiro stoßen weitere bedeutende Bauten: Links an die Kathedrale angebaut der **Bischofspalast Paxo de Xelmírez** (8), das **Pilgerhospital der Reyes Católicos** (9), ein aufwendiger isabellinischer Bau, der heute als Parador-Ho-

Endlich am Ziel: Die Kathedrale von Santiago de Compostela

tel genutzt wird, der **Paxo de Raxoi** (10), in dem sich das Rathaus befindet, und das barocke **Colegio de San Xerome** (11), in dem sich das Rektorat der Universität befindet. An derselben Straße liegt ein weiteres Kolleg, das **Colegio de Fonseca** (12) im Renaissancestil. Am Anfang der Rúa do Vilar steht die schöne barocke **Casa del Deán** (13), in der das Pilgerbüro untergebracht ist. Am Ende der Rúa do Vilar liegt links ein Stadtpalast des 18. Jh., der **Paxo de Bendaña** (14). Über die ursprünglich romanische, aber oft umgebaute **Kirche Santa María Salomé** (15) gelangt man zur **Universität** mit **Universitätskirche** (16), der früheren Jesuitenkirche. Vorbei an der **Kirche San Fiz** (17) im Herreras-Stil und am Markt erreicht man das barocke **Kloster San Agustín** (18), das heute den Jesuiten gehört.

Register

Bitte schreiben Sie uns, wenn sich etwas geändert hat!
Alle in diesem Buch enthaltenen Angaben wurden vom Autor nach bestem Wissen erstellt und von ihm und dem Verlag mit größtmöglicher Sorgfalt überprüft. Gleichwohl sind – wie wir im Sinne des Produkthaftungsrechts betonen müssen – inhaltliche Fehler nicht vollständig auszuschließen. Daher erfolgen die Angaben ohne jegliche Verpflichtung oder Garantie des Verlages oder des Autors. Beide übernehmen keinerlei Verantwortung und Haftung für etwaige inhaltliche Unstimmigkeiten. Wir bitten dafür um Verständnis und werden Korrekturhinweise gerne aufgreifen:
DuMont Reiseverlag, Postfach 3151, 73751 Ostfildern
E-Mail: info@dumontreise.de

Abbildungsnachweis

Miquel Gonzalez/laif, Köln: Titelbild, S. 49, 59, 98, 115, 176, 188
Alle übrigen Fotos: Dietrich Höllhuber, Erlangen

Impressum

Titelbild: Das Cruz de Ferro zwischen Rabanal del Camino und Molinaseca

Über den Autor: Dr. Dietrich Höllhuber, geb. 1943, studierte Geographie, Geschichte und Germanistik an der Universität Wien; 1980–82 Professur an der Universität Erlangen; seit 1983 freier Schriftsteller und Studienreiseleiter. Zahlreiche Publikationen, u. a. Reisebücher über Südeuropa, die Mittelmeerländer und die arabischen Staaten. Im DuMont Reiseverlag sind von ihm erschienen der Kunst-Reiseführer ›Spanischer Jakobsweg‹, ›Richtig Reisen: Kroatien‹, die Reise-Taschenbücher ›Kroatische Küste‹ und ›Libanon‹ sowie in der Reihe DuMont Aktiv die Bände ›Wandern am Gardasee‹, ›Wandern im Nationalpark Hohe Tauern West‹, ›Wandern im Nationalpark Hohe Tauern Ost‹.

Danksagung: Der Autor dankt Frau Elisabeth Ebenberger, Braz in Vorarlberg, für die freundliche Überlassung ihrer Beschreibung des Camino zwischen Villafranca del Bierzo und Trabadelo (S. 152/153).

Karten und Höhenprofile:
DuMont Reisekartografie, Puchheim
© MAIRDUMONT, Ostfildern

4., aktualisierte Auflage 2006
© DuMont Reiseverlag, Ostfildern
Alle Rechte vorbehalten
Graphisches Konzept: Groschwitz, Hamburg
Druck: Rasch, Bramsche
Buchbinderische Verarbeitung: Bramscher Buchbinder Betriebe

ISBN 3-7701-5428-2